读史

识人

知世

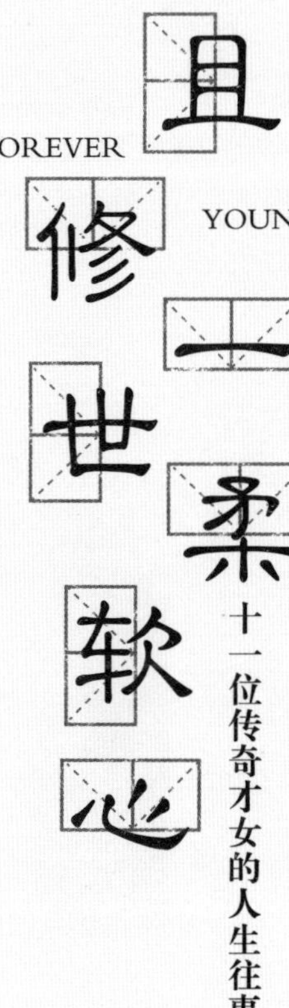

十一位传奇才女的人生往事

青梧

人民交通出版社股份有限公司
China Communications Press Co.,Ltd.

目录

序

有段旧梦
谓之民国

小说《神雕侠侣》中，杨过没有像段正淳一样，把陆无双、程英、公孙绿萼、郭襄等一众女子都揽入怀中，不仅因为小龙女太过优秀，也不是因为杨过痴情，而是，如果那样，他的感情分散了，就不能从对小龙女的爱情中得到那种前无古人后无来者的满足感。在个人体验上，投入与获得是成正比的，你投入多深，你的心就在多深的程度上受到震动。以此论断推测，杨过对小龙女的感情投入之深可见一斑。

正如王尔德在其小说中所说："新享乐主义的目的就是体验本身，而不是体验结出的果实，不管它是甜是苦。扼杀感觉的禁欲主义固然与之无缘，使感觉麻木的低下的纵欲同样与之格格不入。新享乐主义的使命是教人们把精力集中于生活的若干片刻，而生活本身也无非一瞬间而已。"杨过要的是强烈的感情体验，是把精力集中于某一片刻，而不是麻木低下的纵欲，他不是浅薄的韦小宝，满足于低层次的享乐。

所以，只有《神雕侠侣》中杨过这样的人才配得上极为优秀的小龙女。但是这样的人不但在金庸的小说里独一无二，在我们这世间也是少有的。

实际上，在世俗的社会中，爱情的天平总是失衡，不是你多一些就是他少一些，婚姻往往成了“可忍”与“不可忍”，只是“可过”，没有“可意”。丘比特的箭是盲的，这个小爱神蒙着眼睛胡乱射一通，就把两个不相干的人硬捏在一起了。

谁说《秃头歌女》中，一对夫妇对面不相识的情节只是剧作家虚构出来的。人们的情感生活，常似黑夜里的影影幢幢，很难看清楚多少人都孤独地舔着自己的伤口，爱情再也不是疗伤的良药。

没有热情的人，像一群蠕动的虫，一点点把自己的生命蚕食掉。

张爱玲说：“我以为人在恋爱的时候，是比在战争或革命的时候更素朴，也更放恣的。”

爱情是生命力的体现，是美好且崇高的事物。我们的教育从小就教导我们为国为民，却忽略了最基本最真实的人性的东西，个体生命的价值。其实，殉情与殉道同样可歌可泣。殉情是个传说，古时候倒有殉道，可是到了现在，这种“殉”似乎被人看成了愚蠢、愚痴。在某种程度上，殉于爱情不是失去自我，恰恰是珍重自我。这样的人不会因为现实险恶就向现实妥协，勇于享受爱情的浓度，才能体验生命的极致。

世人却多是浑浑噩噩过一生，没有活成自己。

从前有魏晋风骨，后来有民国风范。民国的那些自由精灵们，挣脱封建锁链，腾空而起。11个才女的思想和作为都满浸着民国自由精灵的精神。

辛苦奔走却客死异乡的萧红；为爱舍弃一切，却深陷“海一般深的孤独”的陆小曼；孤独无匹最终归于尘土的吕碧城……

她们或有自己的事业，或有自己的爱情，遵从本心，追求自己最想要的，保全了完整的自我。

对女性的艰难，萧红是深有体会的，“女性的天空是低的，羽翼是稀薄的，而身边的累赘又是笨重的”。一点不假，行走于世，女人比男人更艰难，尤其是在那个时代，到处是羁绊，到处是规矩，到处是闲言，到处是“不可以”。

庐隐却说：“我愿我永远是一出悲剧的主人；我愿我是一首哀婉又绮丽的诗歌；总之，我不愿平凡！”她倔强，凭着自己的喜好去处置自己的生命，谁管得着？她过不惯这个世界，她就拧着来，她不与这个世界和解，她宁愿她的人生是悲剧，也不和解。

至于陆小曼，更是随着自己的性子来，率真得让人怜惜；而林徽因却是她的反面，外柔内刚，行事妥帖。

还有蒋碧薇，作为大家闺秀，与爱慕的人私奔可谓壮举，之后宁做被呵护被关爱的情妇也不做空有名分的妻子又是一壮举。

我最喜欢的是张爱玲，活得恣肆汪洋。人家有那个资本，才高咏絮，目无下尘。她是最通透、最聪明的女子，具有哲人的思想，二十几岁就看透人生。对于感情，她更是一旦有了决断，便可把对方剔除得干净。看清自己的心后，随时放手，不蔓不枝，不牵不滞。

封建社会提倡的“女子无才便是德”，恰是培养逆来顺受品质的温床。男人喜欢控制，采用这种“愚女”的奸诈手段，他们要求女人“听话”“三从四德”“嫁鸡随鸡”。终于有一天，被压制的女人如雨后春笋，次第苏醒，再也不具备男人所要求的“听之任之”的品性，她们要的是“非如此不可”，然后如其所是地活着。

倒是给一些还生活在蒙昧中的现代女性提个醒，我们即是我们本身，也不再是任何人的附属品。

石评梅

不要用一生去试探爱

“我誓将我的眼泪时时流湿你坟前的碧草，直到我不能哭出来。” 象牙戒指的故事似乎已经模糊了，印象里这句话却清晰如昨。

认识石评梅是因庐隐的一篇纪念亡友的小说《象牙戒指》里的沁珠。现实生活中的石评梅——据说她是一个林黛玉型的女子，骨子里的才华，气质里的忧郁，使她的文字里缠绕着清冷的悲哀。

大凡至情至性而又颇具才华的女子多为情所苦，因为她们太过投入，如飞蛾投火，不留退路。

刚刚离开家门的少女又怎么知道世界复杂，人心险恶。石评梅要进京考学，开明的父亲自然支持，便把她托付给北大学生吴天放，希望吴能多加关照。石评梅从小读古书，腹有诗书气自华，再加上她本就清秀可人，这就让吴天放动了贼心，更加扮起他护花使者的角色。

一路上，殷勤呵护，把石评梅带进了京，又帮她找到下榻的旅馆。这旅馆就在他的公寓附近，如此安排，可方便联系。在这个陌生的城市，石评梅就吴天放这么一个熟人，所以难免对他更亲近些。

但是那时她还是长了一点小心眼儿的，女高师录取通知书下来时，吴天放又要送石评梅去学校报到，她婉言拒绝了。女高师的女学生眼尖嘴快，第一天上学就有个青年送她，怕会招出什么闲话来。吴天放表示理解，就帮她叫了人力车。

没过几天，吴天放就约石评梅去逛中央公园，逛逛公园也无妨，何况吴天放是一个风流倜傥的男子。他带着石评梅在北京城游逛，说话又有趣，石评梅也渐渐有了兴致。当走到王羲之的《兰亭集序》碑前时，她兴致勃勃地讲起来，当年王羲之与他的朋友们游览浙江会稽山的兰洛，在兰亭饮酒赋诗，是如何乘兴挥毫，写下这千古流传的碑文的。听得吴天放暗暗佩服，这是一个多么博学多才的女子啊。

他们走到一片花圃前，石评梅不禁为这些怒放的鲜花动容，欢快地游走其间，吴天放很高兴她有这样好的兴致，配合着她说："满鼻扑香，这里的鲜花可都全了。"

“可惜没有梅花。”石评梅说。

就像一切都布置好了一样，吴天放不失时机地从怀里掏出一本精美信笺。他早在火车上就注意到石评梅帕子上绣有一枝梅花，又因为石评梅原名叫汝壁，是自己取名评梅，他猜到她喜欢梅花。在石评梅等录取通知的这些天，他天天跑图书馆，饱读了关于梅花的知识。可谓用心良苦。

石评梅正在慢慢陷入他私欲的罗网。

她一页页翻着，信笺左下角印着“评梅用笺”小字，每页不同的梅花争妍斗芳，还各题有两句咏梅诗，“疏影横斜水清浅，暗香浮动月黄昏。”石评梅情不自禁地吟诵出来，她说她最喜欢林逋这两句。他们谈起梅妻鹤子，谈起各种梅花。吴天放就把他这几天做的功课用上了，他开始引用《范村梅谱》。

石评梅问：“没想到你对梅花谱这么有研究。”

他乘机说：“因为，我爱梅！”

“你也爱梅？”石评梅不禁叫道，然而话音未落便领悟了吴天放的意思，脸上有了红晕……她匆匆走到前面去，岔开了话题。

也许，这个时候，石评梅是“心如鹿撞”的吧。

有哪一位少女能够抵挡这样的诱惑，何况没有抵挡的必要，此时，她还不知道他背后的东西。

吴天放趁热打铁，他们相约郊游，品诗论赋，谈古论今。当时吴天放是一家刊物的诗歌编辑，而石评梅又有很深的文学修养，志趣相投更让这缕情丝紧密缠绕。

但是，“上帝错把生命之花植在无情的火焰下。”

有一天，石评梅因为临时要去听课，不能赴第二天的约，她就去吴天放的公寓找他，看到门口一个小孩儿正在玩耍，小孩儿问她找谁，她说找吴天放，小孩儿说，吴天放是他爸爸。当时石评梅的感受，一定是如同五雷轰顶。

这样的事情一再上演，不只是在那个时代。我有个女友，也是与一网友网上尺素传情多年，网友甚至称不能一天不联络她。直到有一天，他不小心说“我女儿……”她差点当场晕倒，“你有女儿——”她疯狂地咒骂他，说他骗她，他恬不知耻地说：那不是欺骗，那只是隐瞒，你也从来没问过我嘛。别人没问我，我怎么好把自己的家事都往外说。我的女友当场斩断了与那个网友的关系。

但是，石评梅始终没有那么斩钉截铁。一开始她要他给个说法，吴天放怎么舍得下自己的妻儿，他只是想要维持一种私情，他的贪婪让他不顾一切地侮辱石评梅。石评梅不甘这样的屈辱，决定一刀两断时，他就扬言要把他们的情书在报刊上公开。生性孤傲的石评梅愤怒地指责他的欺骗，但是吴天放并不只耍硬手腕，他是软硬兼施，他一边威胁她，还一边跪在她面前，乞求饶恕。

这是一个怎样贪婪无耻的男人，一边享受着自己妻儿带来的天伦之乐，一边让另一个女子孤寂地夜夜等到天明。我曾经在另一本书中总结过这种男人的四个特点：贪婪，自私，懦弱，无耻。他们侮辱起别人来是那样的理直气壮，理所应当，仿佛天下的女子就是为他们准备的。当石评梅决定与另一个真正爱她的男人建立关系时，他竟跳出来捣乱，写信给石评梅："一方面我是恭贺你们成功；另一方面我很伤心，失掉了我的良友……我总觉得这个世界上，所可以安慰我的只有你，所以你一天不嫁，我一天就有安慰。"

人家凭什么用自己的"不嫁"来"安慰"他？但是石评梅本身心性又是懦弱的，多少个过往，多少个熟悉的画面，已深深地刻在她心上，触及每一个拐角处都会心痛。她无法让伤口自行愈合，她对自己狠不下来，对吴天放也狠不下来。她在日记里写道："情感是个魔鬼，谁要落在他的手中，谁便立刻成了他的俘虏。”

是的，健康的爱情可以让两人一起飞翔，而自私的爱情只会让人画地为牢。这是一场你死我活的争夺，一方的利益是另一方的耻辱。所以，要么心痛，要么屈辱。有人说我没有囚禁你，你是自由的，你可以自行选择，可是这选择是多么残忍，局限在两者之间，要么忍受屈辱，要么承受痛苦。这是一种变相欺骗，变相欺辱罢了。

她无可奈何。唯有怒斥：“你毁了我的一生。”

在人生的某些阶段里，我们的一切确实在他人手中掌握，因为我们活得太真了，把自己的生命毫无保留地投入他者。这便是爱情的本质，要么冒险，要么不进入到那个境界。如果对方诚实，皆大欢喜，但是，一旦遇上贪婪者给你一份不对等关系，就够你受的。

石评梅暗下决心再也不会恋爱了。和着泪水，写下这样的诗句：

缠不清的过去，

猜不透的将来？

一颗心！

他怎样找到怡静的地方？

她的青春彻底疲倦了。

真正的投入把心烧成灰烬，不容易转身。

所以，当高君宇捧着一颗真诚的心走近她的时候，她心动了，也陷入两难了。

那是在一次同乡会上，高君宇正在演讲，他的声音洪亮，清脆，人虽不算漂亮，但给人一种温厚善良的感觉，他沉稳，宁静，诚挚，身上有一种炽热的力量。石评梅很欣赏地看着他，被吴天放看在眼里，脸上有了阴翳。他就跟她讲起高君宇来，他说高君宇说了很多激进的话，做了很多激进的事，吴天放的语气阴阳怪气，不知道是赞扬还是讽刺。

石评梅说，高君宇是她父亲的学生，父亲经常提起他，称赞他“立意深造，勤苦力学，所作诗文，多有奇气”。且谈吐不凡、气宇轩昂，众人交口称赞，将来必成大材。

吴天放又说：“高君宇在山西办的那个《平民周刊》，那是反阎的刊物，让阎锡山给查封了，他又迁到北京继续办，还通过铁路工人秘密运回太原。”

石评梅说：“我看过几期《平民周刊》，觉得说了很多真话，你不觉得办刊物和做人一样，最重要的是说真话吗？”

这时候，高君宇那慷慨激昂的演讲也要结束了，人们陆续离去，石评梅让吴天放先走，她要和高君宇说几句话。

高君宇正把几份报刊往手提包里装，一抬头看见一个俊俏的少女正含笑望着他。

石评梅说自己是石铭的女儿。“原来是老师的女儿！”高君宇赶紧过来问候。他和石评梅谈起五四运动，见她感兴趣，就耐心地给她做解释，还从包里拿出几本进步刊物借给她看。

石评梅与高君宇分手后，回到自己的住处，看见吴天放站在胡同口等她，一股温暖的感情油然升起，她泪水盈盈了。

吴天放很狡猾，他要用感动防止她的心的游离，把她向外看的目光扼杀在萌芽状态。这时候，吴天放还没有暴露有妇之夫的身份，所以石评梅对高君宇也只是欣赏，她因敬佩他而爱惜他，同乡会后写信给高君宇，嘱咐他“我希望你不要整日疲于奔命于你的冒险事业，我只希望你自珍身体，免为朋友所悬念，有暇希望来校看我。”她知道他是爱国的，“你本人无疑也是令人敬仰的热血青年，希望能经常互相磋切。”因为她自己也是惆怅烦闷、找不到出路的，就像那时候大多数有志青年一样，内心苦闷。

很平常的一封信，却如一股暖流，流遍高君宇的心。他从来没有过这种感情，温暖且令人倍感安慰。高君宇不由自主地想了解她，亲近她，但是，又隐隐地不安，因为他是有妇之夫。

封建婚姻的枷锁早早套在他的头上，高君宇15岁时，父母逼他与李寒心结婚，他抗婚但没有用处，于是离家出走，考入北大。那个时候包办婚姻的受害者很多，鲁迅之于朱安，胡适之于江冬秀。同样是有妇之夫，但是高君宇跟吴天放不一样的是，他有敬畏心。

在他不能作出决定的时候，他不会任其发展，不会放任自己的私欲沉沦。

听从本心和随心所欲，看起来同样是自由，但本质不同，在这个世界上，有些生命的价值是上升的，有些却是下降的。遵从本心是成全生命的价值，是上升的，但是随心所欲地沉沦，是下降的。能够自己操控自己的意念才是真正的自由，沉沦却是外界的环境把他往下拉，那不是自由，那是对人之劣性的放纵。

高君宇在心里叹息着，把自己的感情压下去，避免见面。

他也确实很忙，他有他的理想，有他的工作，所以暂时没有在感情里沉沦。他是李大钊建立的共产主义小组成员，与邓中夏、张国焘等组织马克思学说研究会，与邓恩铭等代表中共赴苏联参加共产国际召开的会议，所以有好几次，石评梅在同乡会上没有见到他的身影。她的苦闷需要倾诉，所以就写信给高君宇，诉说自己“说不出的悲哀”，并嘱咐高君宇“以后行踪随告，俾相研究”。

如果她不爱他，为什么又让他对自己起心动意呢？她需要他，却不想让他对自己有“非分之想”，打着探讨人生幌子的暗示情感是不是对他有些不公平呢？高君宇果然回信问她为何起了悲哀，表示尽自己最大的力量“救济”她，常与她通信。

此后，石评梅将对高君宇的感情限制在某种程度之内的想法与决心，就很难做到了。他赠她的手书《陋室铭》，被她诚心地贴在墙上。他影响着她的思想，她也让他陷入情网难以自拔了。

太相知，太投契，是人为断不了的。情愫如丝，暗暗地把他们两个系在一起了。

再加上后来知道了吴天放的欺骗，石评梅痛苦不已，忍不住向高君宇倾诉。而高君宇对她的感情也日渐深厚，他觉得自己已经离不开她了，这时候他才开始正视自己的内心。终于在西山养病时，寄给石评梅一封夹着红叶的信，诉说衷情：

满山秋色关不住，

一片红叶寄相思。

君宇

十月二十四日采自西山碧云寺。

吴天放对石评梅造成的心灵创伤还没有平复，她退回了高君宇的求爱红叶，并在红叶背面题写："枯萎的花篮不敢承受这鲜红的叶儿"。

情至深处，高君宇的复信是言不由衷的："退回的红叶收到了……所以我仅通信而不去看你，也害怕这种感情的流露。红叶题诗，那是久已在一个灵魂中孕育的产儿。但是，朋友，请不要为红叶而存心，要了解是双方的，我至今不能使你更了解我，是我的错，但也有客观不允许的理由，这只好请你原谅了……"

他自知缺乏示爱的资格，所以请石评梅原谅，但又难掩深情。为了尊重石评梅，为了尊重这份感情，他决定与家中的妻子离婚。爱情有时候是残忍的，但是高君宇光明磊落，他谁也不欺骗。他既不欺骗石评梅，也不欺瞒自己的妻子，他只遵从自己的内心。只是石评梅初恋受挫，抱持着独身的素心。

他说他只有两条路可走了："爱与死耳"。但是他不会仅仅为爱情而哭泣，他要——"吾心已为Venus（维纳斯）之利剑穿贯，然我决不伏泣于此箭，将努力开辟一新生命。"

面对他的决心，石评梅陷于矛盾的煎熬之中，她说自己的独身素志并未改变，经历了剧痛的心最需要安稳，她害怕这份深情。她不接受他的爱情，只是写诗鼓励他一心放在革命上，"取人间的血，濡染你刀上的花。"她让他的心转移方向，他倍感绝望。甚至无可奈何地说："为了不妨害你对过去的忠诚，不再为君所不愿之要求了。"

说归说，他终究管不住自己的感情。1924年2月，北洋军阀到处通缉高君宇，他在逃亡之际，冒险去向石评梅辞行。之后，便在工作间隙与妻子离了婚。他将此消息告诉石评梅，石评梅却再次让他失望，她说要与他做同志，以事业度过这一生的同志。就像《雪山飞狐》里，胡斐要与程灵素结拜为兄妹，把两人的关系固定在那里，再也不能向着爱情的方向趋近。一次一次的拒绝让高君宇的内心十分凄楚，他悲哀地表白着："我是有两个世界的，一个世界一切是属于你的，我是连灵魂都永禁的俘虏；在另一个世界里，我是不属于你，更不属于我自己，我只是历史使命的走卒。"

石评梅深深地自责："我现在恨我自己，为什么去年不死，如今苦了自己，又陷溺了别人。"她作诗《青衫红粉共飘零》表达自己内心的痛苦：

怜君青衫感飘零，
怨她红粉弹别弦。
世事无常唯余恨，
人情悟尽便是禅。

花魂诗神证夙缘，
杜鹃泣血不知年。
冰天博得知己泪，
英雄心情总黯然。

高君宇的心情黯然，她是懂得的，但只能回报以"知己"，怨只怨她弹了吴天放这根弦。好友陆晶清也曾劝她，不要辜负高君宇的苦心，可是，她的心成了"石头"。

石评梅患猩红热，高君宇侍药送水，她感激涕零，却心门紧闭。精诚所至，金石为开，高君宇身上就有这股子锲而不舍的拗劲，或许这就是张爱玲说的"我爱你，与你无关”，爱你，至死方休；想你，时时刻刻。

高君宇作为孙中山的助手指挥镇压叛乱，他的汽车遭到枪击，窗玻璃碎了一堆，他的手受了伤。在这样的时刻，他第一时间就想到了石评梅，如果死了就再也见不到心爱的人了，他庆幸着，买了两枚象牙戒指，一枚留给自己戴，一枚夹着几块碎玻璃寄给了石评梅。似乎预示着，再不珍惜我们这段感情，就没有机会了。他在附信中说："愿你承受了它。或许你不忍，再令它如红叶一样的命运吧。我尊重你的意愿，只希望用象牙戒指的洁白坚固，纪念我们的冰雪友情吧……"

"为什么会是象牙戒指，这白骨般的戒指——"石评梅化为沁珠在庐隐的小说《象牙戒指》中问。如果不是象牙的，如果是——

或许高君宇就不会死，他们的这段感情就不会这么凄惨。

这一年冬天，高君宇因劳累病重，住进了北京一家德国医院。

1925年春天，他又得了急性盲肠炎，身体每况愈下。石评梅去看望他，但还是坚持独身的夙愿，她请他原谅。他握着她的手说："珠，放心。我原谅你，至死我也能了解你，我不原谅就不会这样缠绵地爱你了。但是，珠！一颗心的盼赐，不是病和死换来的……我现在不希望得到你的怜恤同情，我只让你知道世界上有我是最敬爱你的……”

面对他的挚诚，她的心似乎如这个春天来临一样，也有坚冰融化的迹象。她安慰道：“你若果能静心养病，我们的问题，当在你病好时解决。”

然而就在这个时候，吴天放像一个阴魂，晦气地出现了，“一方面我是恭贺你们成功；另一方面我很伤心，失掉了我的良友……我总觉得这个世界上，所可以安慰我的只有你，所以你一天不嫁，我一天就有安慰。”

谁要你的恭贺，谁要你的伤心，你凭什么把我的不嫁当成你的安慰？貌似表达情愫，内含龌龊的威胁，利用石评梅的善良与优柔。

然而吴天放这几句阴阳怪气的话却让石评梅痛哭一场。刚刚允给高君宇的结合又被她推翻了。

真正的绝望袭来，高君宇的病情恶化，转入协和医院。但是就在这个时候，他还在顾及石评梅的感受，为了不让她担惊受怕，没有让她陪同。

此后，便成永诀！

1925年3月5日，高君宇因手术大出血而死去，他至死没有得到石评梅确切的回复。那一年他才29岁，就这样孤独地离开了这个世界。

听到这个噩耗，石评梅昏厥了。此时，她悔恨交加。她辜负了高君宇一片深情，她将她的爱情再次埋葬。

高君宇入殓时，石评梅把自己的一张照片放在他身边。

“碧海青天无限路，更知何日重逢君。”石评梅写下悲痛的挽联。

追悼会沉痛而庄重，李大钊、王若飞、邓颖超等人出席了追悼会。因为高君宇生前曾在陶然亭从事革命活动，所以留有遗愿，希望死后能葬在陶然亭。石评梅遵其遗愿将他葬在陶然亭畔，并将他生前题在照片上的诗句，以隶书铭刻在他的墓碑上：

我是宝剑，
我是火花。
我愿生如闪电之耀亮，
我愿死如彗星之迅忽。

墓碑的另一侧刻写着：

君宇，我无力挽住你迅忽如彗星之生命，我只有把剩下的泪流到你坟头，直到我不能来看你的时候。评梅

高君宇带走了她的情感，她对他的爱情在他死后坚如磐石。人，总是这样，只有失去了才知道珍惜。她在给友人的信中说："宇死后我更不敢在人间有所希望。我只祈求上帝容许我忏悔，忏悔自己的过错，一直到死的时候……快了，我快要到那荒寂的旷野里，去伴我那多情的宇。"

有些人的名字不被提起，有些人的名字却刻骨铭心，令人终身不忘，比如高君宇，然而那名字却只能在墓碑上读了。

石评梅手上一直戴着那枚象牙戒指。她此后的诗更加哀怨凄凉。

《梦回寂寂残灯后》：

你为什么不流血沙场而死，你为什么不瘐毙狱中而死？却偏要含笑陈尸在玫瑰丛中，任刺针透进了你的心，任鲜血掩埋了你的身，站在你尸前哀悼痛哭你的，不是全国的民众，却是一个别有怀抱，负你深爱的人。

清明节，她又在高君宇墓前写下《墓畔哀歌》：

我爱，这一杯苦酒细细斟，邀残月与孤星和泪共饮，不管黄昏，不论夜深，醉卧在你墓碑旁，任霜露侵凌吧！我再不醒。

石评梅的作品充满清冷悲哀的色调，她喜欢用“冷月、落花、哀鸣、孤坟”等悲凉的词汇，这与她脆弱、善感的古典气质有关；爱情于她，是非常神圣的，虽凄苦亦甜蜜，如泣如诉，哀怨缠绵；她的文字是用眼泪串成的，但不是一味自哀自怜，其中充斥着女性情感的觉醒，个性解放的现代意识，到最后甚至成了一种热烈的呐喊。

如女作家庐隐对她的评价：（石评梅）早期的作品都是些小情小趣，卿卿我我，惜花怜月，失于浅薄，倒是后来，“由悲哀中找到了出路……下观人世的种种色色，以悲哀她个人的情，扩大为悲悯一切众生的同情了……她不但替她自己说话，同时还要替一切众生说话。”但是这种奋发没有延续多久，她就随高君宇去了。

两年后的深秋，石评梅因患脑膜炎病逝。巧得很，她也是于协和医院病逝，与高君宇病逝在同一医院，同一病室，甚至同一时刻。

好友庐隐在整理石评梅遗物时，在她枕头下发现了一本日记，日记里夹着一张高君宇的照片，还有那片被退回的红叶。扉页上写了两行字：

生前未能相依共处，

愿死后得并葬荒丘！

陆晶清、庐隐等友人遵照石评梅的遗愿，把她葬在陶然亭畔高君宇墓旁。并排的两墓似乎在相依相伴，石评梅墓的四角白玉剑碑与高君宇碑型一致，上面刻着：故北京师范大学附属学校女教员石评梅先生之墓。合葬之处，春风对青冢，将爱恋化为永恒。

“为什么会是象牙戒指，这白骨般的戒指——”是否预兆了他们的不幸？青冢相伴，凄凄话生前。

不知道人死后是否真的有灵魂，我希望是有的——

没有怨恨，有的只是相依，谁也不会去打扰他们，谁也打扰不了他们，人世间曾经的恩恩怨怨都是多么的微不足道啊！那个男人还活着，陪着他并不爱的妻，那本书也存在，只是这一切都与他们无关了。所有的插曲都只是最终结局的点缀，陶然亭里，两只蝴蝶在飞舞——

这一年石评梅不满二十七岁，仅仅6年的创作生涯让她留下了小说、诗歌、散文、评论等各种体裁的作品，友人陆晶清、庐隐等人为她编辑了集子《涛语》《偶然草》。这些美丽的文字随着她的香消玉殒留下来，正如她的学生李健吾为她写的悼文："她自己是一位诗人，她的短短的一生，如诗人所咏，也只是首诗，一首充满了飘鸿的绝望底哀啼底佳章。我们看见她的笑颜，煦悦与仁慈，测不透那浮面下所深隐底幽恨；我们遥见孤鸿的缥缈，高越与卓绝，却聆不见她声音外的声音。"

石评梅，庐隐，萧红，张爱玲，民国时的四个才女，却各自收获着自己的不幸。仔细比较，只有张爱玲逃脱了早夭的命运，因为她的冷漠？她的决绝？

有时候我想，爱情不过是魔鬼跟你开的玩笑，他恶作剧般地设下一个又一个美丽的圈套，而人都有着对美的向往，张爱玲跳出了这个圈套，冷静地置身于高处，石评梅却死了，犹如落花。

陶然亭里的爱情，仿佛梁祝化蝶般的浪漫，只是这场悲剧不是因为封建礼教的迫害，却是因了主人公自身的矛盾，她徘徊于过去与现在之间。世间男子啊，如果你不能爱她，为什么不放过她？

高贵是很奢侈的一个词，不要奢求一个平庸的男人可以为了你的幸福而舍弃自己的欲望，你所能做到的唯有自己定夺，不要去看他的态度，如果他的爱不足以让你幸福，请你走开，走向高君宇。可是，如果高君宇没有死，谁会知道那徘徊的脚步是极大的错误？她徘徊着，踟蹰着，害怕这份深情。

可是，一个担当不起高贵这个词的男人，不值得你为他放弃整个世界。

君子坦荡荡，高君宇对于自己已有妻室毫不讳言，让我稍有震撼，就像吴天放威胁石评梅要把他们之间的所有书信刊在报纸上的时候一样震撼——两个灵魂，互为明镜，照出了他们的高尚和卑鄙。

高君宇，多么爽朗的人，他的心是放在阳光下的，他的行为也是放在阳光下的。石评梅却仍旧犹豫，为了那个自私且卑琐的灵魂。真的，坚定一点吧。因为你没有多少眼泪去灌溉君宇坟前的碧草，两年的时间就会灯枯油竭，泪尽而亡。

庐隐

我就是喜欢玩火，宁愿化为灰烬

陶然亭里的爱情，太浪漫，像诗，像画，像一个迷梦，美得有些不真实，在最动人的时刻终止。可是柴米油盐，贫贱夫妻，悲哀之事就出来了。为石评梅的爱情写传记小说《象牙戒指》的庐隐，就深刻地体验了生之悲哀。

庐隐的父亲是举人，其家也算是小康之家，但是庐隐生不逢时。她刚刚生下来，外祖母就去世了，所以母亲觉得她不吉利，把她交由奶妈抚养。2岁时，她全身生疥疮，3岁时还不会走路和说话，身边所有的人对她都不待见。或许是逆反成长，她并没有因此养成低眉顺眼的小女儿心性，她爱哭闹，又执拗。

她曾差点被父亲在赴任长沙知县的途中扔到水里去，而她母亲在宴客时，也把她锁到另一个院子里去，嫌她丢人。后来，父亲因病去世，庐隐一家被舅父接到了北京。舅父是清朝农工商部的员外郎，兼太医院御医，家里高门大院，回廊曲折，花园绚丽，在众多的房子里住着众多的表姐妹。

众姐妹都上学去了，庐隐却只能跟着姨母读《女四书》，天天只是背，背不上来姨母就用竹板打她。她恨这里所有的人。即使后来进了教会学校读书，她也是过着最艰苦的生活，脚上长疮，差点致残，又因肺病而吐血。虽然家里有钱，她却和穷苦人家的孩子一样吃老米饭、窝窝头和不放油的咸菜。她懵懂而厌倦地看着周围的一切，小小年纪便想到了死。

叔本华说：“除以受苦为生活的直接目的之外，人生就没有什么目的可言。”

佛祖释迦牟尼也说，人生来就是受苦的。

家家有本难念的经，人人都有各自的苦难要承受。含着金汤匙出生的陆小曼饱尝寂寞凄凉之苦，生于地主之家的萧红受尽情爱之苦，十全十美的吕碧城却也有未得一心人的遗憾……

为求心灵的安慰，有些人走向艺术，有些人皈依宗教，有些人在爱情里沉沦。

艺术，并不是所有人都具备相应的灵性；爱情，是很不可靠的彼岸。唯有宗教，老幼皆宜。在教会学校里，一位美国太太用颤抖的声音对庐隐说：“亲爱的孩子，上帝来祝福你！”

庐隐说，“我没有看见上帝，他在哪里？”

“上帝时时刻刻都在你的左右，你是看不到他的，但是他却守护着你……主呵，用你绝大的力量，让这个可怜的孩子皈依吧……”那位太太虔诚地祈祷着，并流下眼泪来。

弱小的庐隐也跟着哭起来，她说：“我信了，我真的信了。”她后来说：“宗教的信仰，解除我不少心灵上的痛苦，我每次遇到难过或惧怕的时候，便虔诚地祷告，这种心理作用，我受惠不少……多亏宗教信仰，不然我那童年的残破的心，必更加残破了。”

受尽冷眼的日子并未一直持续，庐隐拼命用功，大哥指导她习作短文，她终于考上高小。母亲和亲戚面上有了喜色，后来她又考取师范学校预科，家人对她更是刮目相看。

有些人生来就不讨人喜欢，比如傅红雪，他在所有人的冷眼中变得性格乖戾，庐隐却成了很现实的女子，充满人间烟火味，她性情豪爽，热情。在师范学校里还与同学组成了“六君子”，以“笑”来发挥她们的调皮。

随着日渐长大，美与不美的观念生出来，庐隐长相平平，她自嘲“丑小鸭”。似乎在中国，爱情与美貌成了正比，平庸的面容不容易获取浪漫的爱情。张爱玲有一极端的说法：没有一个女子是因为她的灵魂美丽而被爱的。中国男人还没有达到能欣赏灵魂的程度。

但是庐隐的爱情来了。

酷爱读小说的庐隐到处搜罗小说。有一次去舅父家，认识了远亲林鸿俊。林鸿俊是个挺漂亮的青年，人也聪明，虽然读书不多，但也让人眼前一亮。两人攀谈起来，庐隐向他借了小说《玉梨魂》。这本小说情节凄婉动人，女主人公的遭际让她流了很多眼泪。她与林鸿俊两人谈得多了，渐渐亲密起来，林鸿俊觉得她是多情的人，也将真心付与，把平生不幸都告诉她，引来了庐隐的同情。

同情不是爱，这是错误的根源。所以他们修不成正果。

然而庐隐却将这种同情继续发挥下去。林鸿俊到家里来求婚，庐隐的母亲和哥哥都不同意，觉得他不会有什么更好的前程，家境又贫穷，配不上已非“笨小鸭”的庐隐。但庐隐的同情在这时起作用了，越是被人反对的爱情越能激起当事人的反抗。

她给母亲的信中说：“我情愿嫁给他，不管将来命运如何，我都愿承受。”拗不过倔强的女儿，母亲只好答应，还给了林鸿俊一笔钱，供他去上大学。母爱在庐隐能自己做主时开始呈现，尽管来得有些晚，但还是来了。

张爱玲说，这个世界是丰富且混沌的。亲人之间，哪里有绝对的爱与恨呢？偶然的心结让母亲对庐隐看不顺眼，渐渐生厌，所以总是把她的好扒拉到一边去，眼不见心不烦，可终究还是自己的孩子，爱是难免的。一边厌恶着，一边又心疼，这是很复杂的母爱。

要么要，要么全不要，庐隐对母亲这种态度也是厌烦的。

她只想远走高飞，摆脱家庭，仿佛小鸟摆脱牢笼，“……到火车站，我匆匆地买好车票，雄心万丈似的跳上车子，当车轮蠕蠕而动，我和表哥告别时，在我心头没有离愁，没有别绪，只有一股洒然的情绪，充塞着我的灵宫。我觉得这十余年如笼中鸟般的生活，我实在厌倦了，时时我希望着离家，去过漂流的生活，因为不如此，似乎无以发泄我平生的抱负。我虽是一个女孩儿，但在这时节，我的心肠没有温柔的情感，我羡慕飞剑侠，有时也希望作高人隐士，所以这一次离家，我是充满了骄傲，好像一只羽毛已经长成的鸟儿，从此天涯海角任我飞翔。”

她要自己闯这个世界去了，要撑起一片天地来，可是，事不如愿。她的同学即在省立安徽女师附小当校长的舒畹荪女士邀请她到女师附小授课，教国文、史地等课，很快她就觉得枯燥无味，半年后便回了北京。

后来，她又经母校校长推荐，去开封女子师范大学当教员。她从来不是低眉顺眼的人，激烈的言辞让同事排斥，再加上一个萝卜一个坑，每个同事都想保住自己的饭碗，庐隐首先成了被挤掉的对象。又熬了一个学期，庐隐逃回了北京。希望她能安定地做份工作的母亲骂她没长性，表姐妹们也开她的玩笑，送她一个雅号：学期先生。

像一次次被贬黜远方更远方直到海南岛的苏轼一样，庐隐也是一肚子的不合时宜。她当然没有苏轼那样“竹杖芒鞋轻胜马，谁怕？一蓑烟雨任平生”的胸怀，她忍受着家人的嘲笑和挤兑，把头低得更低。

1919年秋天，庐隐考进了北京女子高等师范学校国文部，因为过了考期，只能作旁听生，但她学习成绩优秀，经过学期考试，成了正班生。

因为一篇作文，庐隐的名声在大学里慢慢传开，但是她没有“躲进小楼成一统”过自己的写作生涯，而是与十几个志趣相投的人组织了一个秘密团体——社会改良派，她从此成了活跃的“社会人”，一心想担起社会责任。

她的眼界开阔了，思想成熟了，在这群进步青年的熏陶下，庐隐渐渐觉得林鸿俊思想平庸，与她聊不来了。她提出解除婚约。理直气壮地说：“我羡慕英雄，我服膺思想家”，却没想想林鸿俊当初也不是英雄啊，是她自己力排众议，非要与人家订婚。

遇到蔡锷之前，小凤仙也懵懂，直到遇到真英雄，她才说：“非英雄不嫁”。庐隐又遇到了谁呢？

郭梦良，一位无政府主义者，他虽然对社会活动不热衷，但写得一手好古文，常有文章在杂志上发表。北京中央公园来今雨轩召开文学研究会，他与庐隐经常参加，两个人极为投契，在庐隐的眼中，这就是她的思想家，她的英雄吧。

但是，使君有妇。

似乎那个时候的男人都是这么不负责任，早早地有了自己的没有爱情的被“绑架”成婚的妻。进步青年女子所到之处都是这类“骑马找马”者，几乎成了一种风气，处处是地雷。庐隐没有像石评梅那样被这种夹缝生存毁灭，她倒更像乔治·桑，身上有一份蔑视世俗的勇气。但是中国不是法国，她没有乔治·桑那种力量。她不顾家庭、朋友的反对，不顾强烈的社会舆论，在上海一品香旅社与郭梦良举行了婚礼。只有好友苏雪林为她辩护说："不应当拿平凡的尺，衡量一个不平凡的文学家。"

庐隐以为，只要有爱情，什么都不是问题。现实让这个理想主义者尝到了苦头。

新婚的欢娱是短暂的，庐隐与郭梦良应郭父之命回福建老家探亲，看到郭梦良的妻子她才明白自己的处境，卑微而尴尬。她感觉到了周围的歧视和嘲弄，处处是冷遇，"做小"的耻辱让她郁结于心。在致好友程俊英的信中哀叹道："……过去我们所理想的那种至高无上的爱，只应天上有，不在人间……回乡探视，备受奚落之苦，而郭处之泰然。俊英，此岂理想主义者之过乎？"

庐隐与郭梦良又回到上海。郭梦良忙于自己的事业，无暇顾及庐隐，这时候他们的女儿出世了。庐隐应付家庭琐事，照顾孩子，只好把自己的理想——写作丢在一边，她第一次品尝了"贫贱夫妻百事哀"的苦果。庐隐在写给友人的信中连连叹息："我现忙于洗尿布，忙于柴米油盐，而收入甚微，不得不精打细算。营养不良，我们身体都欠佳。啊，这就是人生！"这就是人生？！更不幸的是，与丈夫生活了才两年多，郭梦良就因肠胃病去世了。她自怜自叹："我常自笑人类痴愚，喜作茧自缚，而我之愚更甚于一切人类。”

她绝望至极，但强忍着悲痛，带着女儿送丈夫的灵柩回福州安葬。然后便在福州女子师范学校任教，住在郭家。郭梦良在老家的妻子并没有为难她，但是婆婆却看她不顺眼，按封建传统规矩，她不是正妻，她与郭梦良的婚姻也是不被祝福的婚姻，这使她背上了不守妇道的恶名。婆婆待她相当刻薄，处处指责她，她晚上点煤油灯都被恶骂一顿。

在中国，名分很重要。你不在乎，众人在乎。你不在乎众人，众人就想方设法让你不得不同她们一样，认可名分。庐隐实在无法忍受，就带着女儿离开郭梦良的福州老家，来到了上海。这个时期，她写了《秋风秋雨》《灵海潮汐》等文章，文风凄苦，记载着这段黯淡的日子。

在上海任教期间，庐隐只能住进女生宿舍，课余，继续写作。她总是一副愁容，对朋友感叹，是男人和爱情害了她。可是，男人是她自己选择的男人，爱情是她自己选择的爱情啊。有情皆孽，何况众人反对的爱情，即使是真爱，也会被“不被认同”损耗掉吧。何况又是那样的贫穷——萧红曾经描述过贫穷，真是可怕呢！

这段时期，接二连三的打击不期而至，她经受着一次又一次的死别。母亲死了，因为她执意要嫁给郭梦良，母亲一病回乡，积郁成疾，终于不治而亡；丈夫死了，拼尽力气得到的爱情昙花一现；曾经指导她写作的哥哥也死了；挚友石评梅也离她而去，石评梅生前，她们经常相约去散步，谈心。那段时期，她时常跑到陶然亭荒冢放声痛哭，像个疯女人一样高歌狂舞。

人们把庐隐当成阮籍、嵇康一类的人物，使她落得一个浪漫至情的美名。她说，哪里是浪漫，那是痛苦，无法言说的痛苦啊。石评梅死后，她失去了唯一能够听她倾诉的人，整日沉浸在“悲哀的海里，我但愿早点死去，我天天喝酒吸烟，我试作慢性的自杀。”

这个时期，她写了中篇小说《归雁》。

这篇小说充满了矛盾的感情，一面痛恨自己脑中的封建余毒，不敢打破礼教的藩篱；一面渴望燃烧，追求自我。她为这种不协调煎熬着，为这种痛苦呼喊着，她说自己是被旧势力打败了，“那一只受了伤的归雁，仍然负着更深的悲哀重新去飘泊了。”

哥哥死后，庐隐的悲哀达到了极限。或许是置之死地而后生，她大病一场后，重新活过来，开始积蓄力量。她要把这世界的缺陷填充起来，她要努力，向着生命的光明……

随着信心重拾，爱情再次来到她身边。

瞿冰森比庐隐小几岁，他还在上大学。

庐隐不敢接受他的爱情，她在《归雁》中写道："我最怕人们窥到我的心，用幸灾乐祸的卑鄙的眼光，怜悯加之于我的时候，那比剐了我还要难过。"这个时候，她已经把自己包裹起来，她不愿任何人看到她心上的伤疤。她既害怕别人幸灾乐祸的心理，又厌恶怜悯。她战战兢兢，如履薄冰，把爱情挡在门外。

庐隐拒绝了瞿冰森。瞿冰森哪里知道她的苦心，他像个负气的孩子，竟然找了个漂亮的小女友，带到庐隐面前去招摇，以激怒她。他的幼稚再次伤害了她。

向往爱情的庐隐，是可以为爱情牺牲一切的，可是，她越来越看清，爱情，只不过是一场幻梦，一遇到冰冷的现实就化为乌有了。因为敏感执着的个性，同样的事件，于她却要比常人有更深的痛苦。上帝是公平的，敏感的心性是双刃剑，她也正因为至情至性的敏感才写出那么多引起共鸣的作品。她是用自己滴血的心来写作，所以作品有灵性，有真情，不像"五四"时期的很多空喊口号的作家。

茅盾说："五四"时期的女作家，能够注目于革命和社会题材的，不能不推庐隐为第一人。

死者已矣，追求者盈门。但是庐隐却一个也不动心，只与他们宴游玩乐，生活极其颓废。苏雪林说："这时候的庐隐似微有点玩弄男性的倾向，大概是由于心理过于郁结使然。"

然而，爱情还是照亮了她那片灰暗的世界。李唯建，清华大学的学生，青年诗人，慕名而来。

书信频传，你来我往，两个人的交谈越来越直白。

李唯建自称"异云"，庐隐就署名"冷鸥"。孤独的"冷鸥"真的会在这片"异云"里飞翔？他开始放开胆子，表白道："我愿你把你心灵的一切都交给我，我虽是弱者，但担负你的一切我敢自夸是有余的！"诗人的情感是爆发式的，他说："你是我的宗教，我信任你，崇拜你，你是我的寄托。"

庐隐并不是没有见过世面的小女孩，面对这样热烈的词句，她冷静地审视着这个浪漫而随性的大男孩，婉转地拒绝了他，"我爱你太深，便疑你也深。"李唯建懂得她这种疑惧，便更加肆无忌惮地深入，用火热的词句来烤化她。庐隐终于情不自禁地投入他的怀抱，接受了他同情的抚慰。她的世界瞬间变了颜色，"宇宙从此绝不再暗淡了"。

她说："从前我是决意把自己变成一股静波，一直向死的渊里流去。而现在我觉得这是太愚笨的勾当。这一池死水，我要把它变活，兴风作浪。"庐隐是当红作家，嫁与有妇之夫郭梦良已在文化界轰动，现在又要与小她八岁的学生李唯建结婚，自然又引起轩波。

像第一次婚姻一样，又一次飞蛾扑火。她把他当成她的灵魂伴侣，精神财富，她说："在我的生命中，我是第一次看见这样锐利的人物，而我呢，满灵魂的阴翳，都被他的灵光，一扫而空……"他们的情书也结集出版，名为《云鸥情书集》，见证了两人当时热烈的感情。可是结局再次令人扼腕。

庐隐与李唯建结婚后，寄居日本，开始了他们的爱情生活和创作生涯。这个时期她写了《东京小品》，格调一反之前的沉闷，颇有一些亮色在里面。

由于在日本的生活不能维持，两人回国，住在美丽的西子湖畔，也是在这个时候，庐隐写作了她的长篇小说《象牙戒指》，为好友石评梅留下永久纪念。后来离开杭州去了上海，为了生存，庐隐又开始了她的教书生涯。只是还没有间断写作，一有工夫就写，"不敢为了机械的教书生涯忘记我一向所努力的创作生命……"

她的作品在《女声》《申江日报·海潮》《时事新报·青光》《时代画报》《前途杂志》《现代杂志》等刊物上陆续发表，有小说《女人的心》《情妇日记》，也有散文《花瓶时代》《男人和女人》，她坦率地说自己“自信是为兴趣有时也为名，但为钱的时候，也不能说没有，不过拿文章卖钱究竟是零卖灵魂，有点可怜，所以我宁愿在教书的余暇写文章了。”

庐隐一生清贫，辛苦度日，写作，教书，做家庭主妇。这也与她嫁人不淑有关，所谓灵魂伴侣就真只是灵魂伴侣了，李唯建在生活上，简直一无是处。此诗人非彼诗人，李唯建不是徐志摩，他没有担当，生性懒散，不去工作，在家里东游西逛，这个家只能靠庐隐来支撑，她又要赚钱养家，又得做家务，忙里忙外，如此李唯建还吆五喝六地指派她，发挥他的大男子主义，作威作福。这让庐隐很伤心，借酒浇愁。庐隐的朋友看不过，就出面请人给李唯建介绍了一份工作。

有人说是社会害了庐隐。那样一个黑暗的社会，一个混乱的朝不保夕的社会，确实贫困比比皆是。可是，在哪个社会又没有贫穷呢？当今社会，因为物质因为金钱吵架直至破裂的婚姻我不只看到一桩。而一饭一钵，和和美美过下来的，也不乏其“众”。

贫穷不是庐隐的根本问题。

根本问题大概如庐隐所说：“爱情如幻灯，远望时光华灿烂，使人沉醉，使人迷恋。一旦着迷，便觉味同嚼蜡。”与石评梅不同，庐隐没有生活在有情饮水饱的童话里。她活在张爱玲笔下不纯粹、不彻底的现实世界里，生存让她无法深入爱情，让她接触不到能够深入爱情的男人。无法深入灵魂，苦就独自任意在灵魂里蔓延滋长了。

尤其是她的死，更让人扼腕叹息。1934年5月，庐隐生孩子，为了省钱没有进医院，只雇了一名助产士来家伺候，因难产手术，手术后却流血不止，高烧不退，再送入医院，已经迟了。

徐志摩去世时，郁达夫曾叹息过中国文人的悲哀。

除却少数几个时期，中国是一个不重视文人的国度，所以生在中国的文人或多或少都为生活所累，难以真正发挥自己的潜力。一代文豪杜甫的茅屋为秋风所破，写出“忍把浮名，换了浅斟低唱”千古名句的柳永卒时家无余财，由群伎合资埋葬。物质基础支持上层建筑，基础不牢，上层建筑摇摇欲坠。

庐隐一生的收获大概只有她那几部胜于生命的作品了，李唯建将她所有的作品放入棺内，就让这毕生的心血陪伴着她吧。“我想游戏人间，反被人间游戏了我！”这是庐隐对自己的断语。也难怪后来，家里没有一本她的作品。女儿在学校里被人问起，你不是庐隐的女儿吗，怎么手上就没有你妈的书呢?

庐隐早期的作品有炫才的毛病，一挥而就，绝不再改，不如后期作品耐人寻味，佳境渐生。只可惜早逝的命运截断了她的才华。早逝的几位作家如石评梅、萧红、庐隐的作品都是凄苦、凄清、凄冷的色调，所以人们多以为庐隐也是凄凄艾艾之人，其实不然。

认识她的人都觉得她是慷慨爽利之人，有丈夫气概，好友苏雪林说她“一生英风飒爽”。庐隐也觉察了自己身上并存着的这种双重人格，她在自传中写道：“在写文章的时候，也不是故意无病呻吟，说也奇怪，只要我什么时候写文章，什么时候我的心便被阴翳渐渐遮满，深深沉到悲伤的境地去，只要文章一写完，我放下笔，我的灵魂便立刻转了色彩……”

这种双重人格也让她一生活在矛盾中。庐隐说：“事实上我是生于矛盾，死于矛盾，我的痛苦永不能免除。”

她奉行“生命是我自己的，我凭我的高兴去处置它，谁管得着”的准则。倔强的庐隐对这个世界是过不惯的，于是，她就拧着来，抱着“谁管得着”的态度，无论社会怎样对她，她都不理会。可是，说一句“谁管得着”，社会秩序就真的不管你了吗？记得有个故事：有一人离群索居，结果被老虎吃掉了；有另一个人，生活在人群中，大小事务都掺和，结果累死了。你若不在乎这个世界，你会被老虎吃掉的。这就是她举步维艰的原因。

她与这个世界不相容。

庐隐说：“我愿意我永远是一出悲剧的主人；我愿我是一首哀婉又绮丽的诗歌；总之，我不愿平凡！”她并不通融，与这个世界和解，她宁愿她的人生是悲剧，也不和解。

她要做自己。

在那样一个混乱的时代，做自己谈何容易，但她终究活出自己的颜色。庐隐说：“我就是喜欢玩火，我愿让火把我烧成灰烬。”残酷也罢，悲哀也罢，挣不脱也罢，“女性的天空是低的，羽翼是稀薄的，而身边的累赘又是笨重的。”这一萧红式的断语也落在了庐隐身上，她们有着共同的生为女子的辛酸。

萧红

人间对我都是无情

是的，萧红也承受了生为女子的辛酸。

黎明时分，周围还是一片晦暗，路上行人寥寥，萧红一个人拖着沉重的身子去找船。她在码头上摸索，忽然被缆绳绊了一跤，摔倒在沙滩上。她挣扎着想爬起来，笨重的身子却让她力不从心，她摸着自己的肚子，喃喃地说："孩子呀，孩子呀！你就跌出来吧！我实在拖不起了，我一个人怎么能把你拖大。"这是切身体会，她身上的累赘是笨重的。她也曾想像大鹏鸟一样展翅高飞，可是，她的羽翼是稀薄的，而女性的天空又是低的。

她就这样躺着，感受着大地的冰凉。遥远的天际还有几颗疏疏朗朗的星星，天地苍茫，而她自己是这样的渺小，即使死了，又有谁知道呢？又有谁在意呢？

幸好，一位赶船的陌生人路过，将她扶起来。她就慌忙跑向岸边，等下一班船来……

这是1938年，当时日军进攻武汉，一批文化人纷纷撤退入川。萧红托朋友买船票，只买到了一张，她让丈夫端木蕻良先走，先去找个落脚的地方，自己再等机会与人搭伴入川。当时船票很紧张，再弄到两张票两人一起走不知要等到何时。恰巧田汉的夫人也准备去重庆，说可以与萧红结伴同行，端木蕻良就先走了。但是，买到船票那一天，与萧红结伴的友人突然病倒，不能起程，萧红只好一个人去搭船。

她后来抱怨，仿佛宿命般的无奈："我总是一个人走路，以前在东北，到了上海后去东京，现在到重庆，都是我自己一个人走路。我好像命定一个人走路似的……"

她渴望爱，渴望与人相伴相依，可是，却怎么也遇不到那个长相厮守的人。似乎每一次爱情都别扭着赶不上趟儿。

她跟萧军在一起时怀着汪恩甲的孩子，跟端木蕻良在一起时，又怀着萧军的孩子。人生为何如此尴尬？

因为是女孩子，父亲不支持她上学，作为上学的条件，萧红与汪恩甲订婚。但是随着与学校里进步青年的交往，她的恋爱意识开始觉醒，才发现自己并不喜欢汪恩甲，此人身上纨绔习气太重，思想守旧，还抽鸦片，萧红提出退婚。

可是，她的婚姻不是个人的事，在大家族，牵一发而动全身，长辈自然不同意她的退婚。她就与表哥陆哲舜相约离家出走。

她从一开始就走上了一条不归路，凭一时意气开了头，结果就一泻千里，每一个决定都有意气用事的成分。

她没有想过娜拉出走之后怎么办。

萧红与陆哲舜租住在一个小院里，萧红住一头，陆哲舜住另一头。陆哲舜进了中国大学，萧红进了北师大附属女一中高中。这小院里经常聚集着东北青年，李洁吾是这里的常客。三个人一起看电影，谈论爱情、友情，倒过得逍遥自在。

只是有一次，萧红向李洁吾状告表哥非礼她，李洁吾把陆哲舜狠狠地骂了一顿，骂得他痛哭一场。三个人的关系忽然冷淡下来，然而过了一周，又渐渐一如当初。李洁吾这时候才有所悟，觉得自己多事，那两个人的关系暧昧，他这个外人掺和进来实在是好笑得紧，所以在信中引用了冯延巳的一句词“风乍起，吹皱一池春水，干卿何事？”

果然，表哥就是萧红的意中人。陆哲舜写信回家，提出离婚，可是家里坚决反对，而且还断了他的经济供给。两个人缩减开支也无济于事，天气越来越冷，他们越来越穷。萧红离家时只穿了单衣，现在连件御寒的棉衣都没有。李洁吾看着冻病的萧红，从同乡那里借了20元钱给她。

这样抻着，总有一方败下阵来。

寒假到了，陆家以经济要挟，一筹莫展的陆哲舜只会借酒浇愁，萧红也对他的不作为感到失望，结果两人的关系越来越冷淡，最后陆哲舜向家里妥协，决定回家，萧红只好跟他一起回去。他把她带出去，又带回来，前与后已经有了质的区别，萧红觉得这个懦弱的男人把她害得好苦，在两人的关系里，他还可以抽身，回到妻儿满堂的家去。而她，却无路可退。

两个人回到哈尔滨，陆哲舜回自己的家去，萧红在茫然中，只好向闻风而来的未婚夫妥协了。

生在这世上，要么奋勇向前，要么妥协到底。非要把自己弄夹生了，往后就不好办了。妥协，她心里是不愿意的，但是对表哥的幻灭感，加上身心疲惫，使她不得不对眼前这个男人产生了依赖，这就是车到山前的“路”，前面是上学梦的诱惑，后面是冷冰冰的囚笼般的家，她自然选择与汪恩甲在一起。

一个想要去北平上学，另一个想先回家完婚。争执不下，两人又闹翻。可是，他终究给了她温暖的旅馆房间住着，让她吃美味的饭食，还给她置办了很多高档衣服。萧红疲惫的身体在未婚夫的悉心照顾下逐渐恢复。

就像张爱玲《沉香屑》中的葛薇龙，萧红也在舒适中沉沦。她不再想上学的事，不再展望未来，她觉得自己没有未来了，索性跟汪恩甲一起吸鸦片，过起醉生梦死的生活。他们在“东兴顺”旅馆住了半年多，已经欠下食宿费400元，旅馆的老板开始催债，汪恩甲以去筹钱为由，离开萧红后再也没回来，而此时萧红已经怀孕了。

萧红的路越走越窄，先是求学，现在只求生存。

为了活着，她从一根救命稻草辗转到另一根救命稻草。

萧军就是这时出现的。

在她被旅馆老板看管起来的时候，在她饥肠辘辘无计可施的时候，在她拖着笨重的身体——拖着一个累赘的时候。

在昏暗的小房间里，她一次次设想着，在这兵荒马乱的时代，汪恩甲一定是在路上耽搁了；不好往外拿钱，被家里人绊住了；她等了又等，终于确定，这个男人把她丢下了。又是一个懦弱的男人，没有担当，一遇事自己就逃了，剩下的烂摊子，萧红得自己慢慢收拾。

饥饿让她来不及忧伤，旅馆的老板要把她卖到妓院去顶债，她急中生智，抱着试试的心理，给一家报社写了一封信求救。没想到《国际协报》的编辑裴馨园收到这封信后，非常同情这位素不相识的女读者，便委托该报的自由撰稿人萧军前去探望。

萧军出现在萧红面前，蓬头垢面、衣衫褴褛，但是他的豪爽和坦荡却让萧红倍感亲切。两人交谈起来，萧红得知面前这个流浪汉模样的人，就是她所佩服的作家三郎，更是喜出望外。而萧军对萧红的处境深表同情——未婚夫把已经怀孕的萧红抵押在旅馆，自己一去不还了——他义愤填膺，摩拳擦掌想要拯救萧红。

可是面对几百大洋的债务，萧军也束手无策，他临走时把仅有的五毛钱留给萧红。

赎金一时无法筹措，恰巧哈尔滨连续下了几天大雨，松花江决了堤，“东兴顺”旅馆在洪水中也是一片混乱，旅馆的人都四散逃命去了，萧红也乘乱逃了出来。而此时，萧军想到怀有身孕的萧红一个人在汹涌的洪水中无人照顾，便冒雨游到了旅馆，可是，萧红已经不在那里了。这一次“拯救”虽然无果，却也说明萧军对萧红是有情的。“在这兵荒马乱的时代，个人主义者是无处容身的，可是总有地方容得下一对平凡的夫妻。”在张爱玲笔下，香港沦陷成全了范柳原和白流苏这对夫妻，同样是兵荒马乱，同样是个人主义者无处容身的时候，萧红与萧军相恋了。

“他（范柳原）从被窝里伸出手来握住她的手。他们把彼此看得透明透亮。仅仅是一刹那的彻底的谅解，然而这一刹那够他们在一起和谐地活个十年八年。”但萧红与萧军这点感情却不足以使彼此在一起生活个十年八年，这又是一桩草率的托付，在即将溺水的慌乱中抓住的一根救命稻草。

多年后萧军曾选择性地回忆说，他们第一次见面，他被萧红吸引并不是因为她那诱人的肉体，而是因为几张碎纸片上萧红的短诗，“这时候，我似乎感到世界在变了，季节在变了，人在变了，当时我认为我的思想和感情也在变了……我马上暗暗决定并向自己宣了誓：我必须不惜一切牺牲和代价——拯救她！拯救这颗美丽的灵魂！这是我的义务……”

他以“拯救”为名，把她据为己有后，再肆意践踏伤害，像《巴黎圣母院》里那个虚伪的教士。明明是为了占有，却装扮得那样神圣。

对于萧红，爱情是神圣的。而萧军却是相当随性不负责任的人，他说：“谈什么哲学，爱便爱，不爱便丢开！”

他一次次地不爱，一次次地把萧红丢开。

两人刚住进欧罗巴旅馆时，萧军白天去找工作，萧红一个人待在屋里一边等待着萧军回来，一边忍受着饥饿的煎熬。“……黎明还没有到来，可是‘列巴圈’已经挂上别人家的门了！有的牛奶瓶也规规矩矩地等在别人的房间外。只要一醒来，就可以随便吃喝。但，这都只限于别人，是别人的事，与自己无关……过道越静越引诱我，我的那种想头越想越充胀我：去拿吧！正是时候，即使是偷，那就偷吧！”

生活是残酷的，饥饿是实实在在的。萧军总算找到一份家教工作，一位汪姓庶务科长请他教自己的儿子一些棍棒拳脚功夫。

生活刚刚有一点着落，萧军便饱而思淫欲了。

汪家小姐梳着一头美丽的卷发，涂着胭脂，散发着青春的气息，她与萧红曾是同学，本是同龄人，看上去却天壤之别，萧军的眼光不由自主地在她身上游荡起来。汪小姐经常找他和萧红聊天，三个人常常一起去松花江划船、游泳，高谈阔论，引吭高歌。萧红身体不好，常常耐不住困乏，先去睡了，就剩下两个人在院子里长聊。

有一天，萧军突然说：“有个姑娘爱上了我。”萧红问他是谁，他得意洋洋地说：“那还有谁？”果然是汪小姐，萧红早知道会有这样的事发生。但是这一次外遇没有继续下去，汪小姐很快就与二萧为她介绍的一个编辑打得火热。

然而，前脚刚走，后脚跟进。

二萧合著的《跋涉》出版，上海姑娘陈娟慕名而来，但她只慕萧军。她来到他们在商市街的这间半地下室，一边津津有味地阅读萧军新近发表的文章，一边等着萧军回来。萧红打量着这个不涂脂粉却别有风味的女孩子，见她总不走，只好留下她吃夜饭。

后来，陈娟与二萧交往多起来。她似乎总是避着萧红，只与萧军窃窃私语，这让萧红很不舒服，汪小姐曾开玩笑似的警告陈娟：你会招致妒忌的。

多年后，陈娟在《萧红死后——致某作家》写道："渐渐地我也从她那掩饰的眼光中间觉察了些什么来。是的，她憎嫌我，她对我感到不耐烦……"你总是纠缠着人家的男友，难怪人家憎嫌你。

何况，发展到后来，萧军都对陈娟产生了恋情，萧军给这个"懵懂"的少女寄去了无字信，还夹了一朵玫瑰，甚至追到她家里去，吻了她。她仍旧摆出一副无辜的模样，竭力撇清自己，还把男友带到商市街与二萧告别。敏感的萧红不会觉察不到，陈娟虽有愁烦，却也有着初恋般的兴奋。因着萧红，陈娟没有把这份感情的惆怅说出来，就回南方去了。

陈娟虽然回南方去了，萧军与她的故事却没有终结。

二萧从哈尔滨到青岛，与鲁迅的关系逐渐密切起来。

亦师亦友，二萧经常去鲁迅家里谈到半夜。鲁迅为萧军的《八月的乡村》和萧红的《生死场》作序推介，把他们的书列入“奴隶丛书”系列，自费出版，迅速引起文坛的重视。尤其是有灵性有才情的萧红，她的《生死场》一下子吸引了众多读者，“萧红”这个名字渐为人们熟知。

因为战事，他们又从青岛来到了上海。

刚到上海，萧军便去陈宅拜访陈娟。做了母亲的陈娟与二萧谈笑坦然，萧军却贼心不死，常一个人去找陈娟。吃饭，聊天，都让陈娟感到“害怕”了，可是她为什么不干脆地拒绝他那“强烈的情感”呢?

害得萧红只能搬家。

只是搬家也没有用，萧军怎么绕也要绕到陈娟身边，还向陈娟转述萧红盘问他的话，把萧红当成了一个笑话。

直到陈娟的丈夫催促陈娟北上，萧军为陈娟摆送行酒，之后又盯梢陈娟到电影院。再随后，萧军忽然从电线杆后闪出来，看见陈娟正和另一个男人在一起，他凄厉地笑了几声就走了。

这段感情算结束了，但是萧红的痛苦远没有结束，女人走了一个，又来一个。

萧红从日本回来，萧军正忙着处理好友黄侃的妻子许粤华流产的事，因为那孩子是他的。萧军顾不上萧红，只说让萧红放下个人感情，专注写长篇小说去。

萧红鄙视地说："我的长篇并没有计划，但此时我并不过于自责，'为了恋爱，而忘掉了人民，女人的性格啊！自私啊！'从前，我也这样想，可是现在我不了，因为我看见男子为了不值得爱的女子，不但忘了人民，而且忘了性命。"

二萧经常吵架。有一次，朋友看见萧红左眼青了一块，梅志和许广平关心地询问，萧红为了自尊，掩饰说是晚上不小心碰的。萧军冷笑："别不要脸了，是我打的！"萧军的无耻暴露无遗。

可是，她为什么还不离开他呢？

她需要爱，爱情就像她的氧气。女人的世界是狭窄的，失去萧军，她就失去了一切，"没有家，失去朋友，只有一个他，而今他又对我取着这般态度……已经不爱我了吧！尚与我日日争吵，我的心潮破碎了，他分明知道，他又在我浸着毒一般痛苦的心上，时时踢打。”或许，一个人一味地耽于痛苦，就没有空暇思考痛苦的根源，痛苦在消耗着她，让她没有力量抽身出来。

她只能自怨自艾。在这非人的日子里，她写下《苦杯》：

带着颜色的情诗，
一首一首是写给她的，
像三年前他写给我的一样。
也许人人都一样，
也许情诗再过三年，
他又写给另外一个姑娘。

他又去公园了，
我说：
“我也去吧！”
“你去做什么？”他自己走了。
他给他新的情人的诗说：
“有谁不爱鸟儿似的姑娘！”

“有谁不爱少女红唇上的蜜！”

我不是少女，

我没有红唇了，

我穿的是从厨房带来的油污的衣裳。

她也是清醒的，知道他的感情不会长久，既然恋上别人，那一个女子也将被他厌弃，就像厌弃她一样。他的厌弃让她失去所有的自信，眼巴巴地看着煮饭婆一样油污的自己。萧军的见异思迁，朝秦暮楚，打击着萧红的精神，让她无力从他的折磨中走出。

仿佛一时失了神，被他的虐待打蒙了，不知道该怎么办。朋友，没有一个可以深入交心的，所以，清醒的旁观者也没有一个站出来指给她方向。她沉沦，她害怕外面的世界，不敢走向外面的世界。只能一日一日萎着，当局者迷。

后来人们对她的责怪，说她懦弱，天真，不懂自尊自重都是不客观的，没有亲身体会过就不明白这种吸血鬼似的沼泽。她不是留恋痛苦，也不是留恋这个人，而是时机不到，真正尝受够了的时候，才会顿悟，只有到那个时候，才有离开的力量。

往日的爱人，

为我遮避暴风雨，

而今他变成暴风雨了！

坐在床上哭，

怕是他看到；

跑到厨房里去哭，

怕是邻居看到；

在街头哭，

那些陌生的人更会哗笑。

人间对我都是无情了。

她只有哭，只有哭，待哭够了，就该转身了。

等她转身，他才觉得心底仍依恋她。

终于，端木蕻良出现了。一个面容苍白且清秀的大男孩，沉静、内敛还有一些落拓不羁。他那身与众不同的打扮往左翼文人中一站，便有些鹤立鸡群。

那是1937年8月，胡风出面组织一群作家筹办一个刊物，这群作家中有萧军、曹白、艾青、端木蕻良等人。萧红一听端木蕻良也是东北人，很快便与他聊到一起。

过了两个月，胡风再次组织会议，端木蕻良一进门便把手上那副鹿皮手套摘下来给萧红看，“我的手套还不错吧？”萧红把手套戴在自己的手上：“哎呀，端木的手真细呀，他的手套我戴正合适哩。”会后，端木蕻良搬进朋友锡金的小金龙巷住，恰巧，二萧也住在这里。这样，就有了“三人行”的故事。端木蕻良与二萧住在里间，三个人曾经挤在一张床上睡。锡金借了张竹床住在外边。

仗着男多女少，萧红便娇贵起来。再与萧军争论，她就有了帮手。这段日子是充实且快乐的。四个人一起做“罗宋汤”，番茄、白菜、土豆、青椒、厚片牛肉大锅煮，又香又有营养。

有一次萧军故意挑衅，说长篇小说最伟大，中篇次之，短篇更次之，至于锡金那一行一行的诗，真是微不足道。他还伸出小指头，“你是这个！”而他自己是最伟大的，因为他的长篇小说正在《第三代》上连载，被评论家赞誉为“庄严的史诗”。锡金不理他，萧红却与他理论起来，而端木蕻良则绕着弯地称赞萧红的作品最好，这也让萧红对端木蕻良有了好感，觉得他更亲。

潜移默化地，萧红的心思有些乱了。那天屋里只有她一个人，很静，她不由自主地拿起笔在铺着的毛边纸上写下：

“君知妾有夫，赠妾双明珠。还君明珠双泪垂，恨不相逢未嫁时。”“恨不相逢未嫁时”这一句写了几遍，大有程英面对熟睡的杨过写了无数遍“既见君子，云胡不喜”时的惆怅。端木蕻良回来看到这些字迹，心有异样但也没有多想。倒是萧军觉察到了两人关系的微妙变化，他提笔挥毫，并高声念道：“瓜前不纳履，李下不整冠。叔嫂不亲授，君子防未然。”还觉得不够，又低吟着写下：“人未婚宦，情欲失半”。

萧红佯作不解其意地问：“你写的什么呀，字太差了，没一点文人气。”萧军最怕人家说他没有文人气，因为接下来就该说他像个“强盗”了。他怒目圆睁：“我并不觉得文人气有什么好！”这时胡风来了，要给他们开会，偏偏萧红就拣了有“文人气”的端木蕻良身旁坐下。她终于开始要给萧军点颜色看看了。

二萧又开始经常吵架，有一次，萧军一脚踹开端木蕻良的门：“萧红去哪儿了？”无辜的端木蕻良只好回答：“我真的不知道。”

1938年1月，李公朴邀请萧红、萧军、聂绀弩、端木蕻良等人去阎锡山创办的“民族革命大学”任教。民大在武汉招收了上万名学员，二萧、端木蕻良等人与学生同行，辗转到山西临汾。

在临汾，他们认识了丁玲。二萧仍旧是吵架，而睡在同屋的丁玲早已习惯了，也不关心他们的争吵，自己早早睡了。

后来，萧军为了赌气，说：萧红你和端木蕻良结婚，我和丁玲结婚。

萧红终于要在“强盗”萧军的手中逃脱了。

有一天傍晚，她约端木蕻良一起散步，说要和萧军分手。说着说着便哭起来，端木蕻良问她因何啼哭，萧红说她已经有了萧军的孩子。

“萧军知道吗？”端木蕻良问。

“当然知道！”

“那他还要你和我结婚？”

“是的，他就是这样的人。”回首过往的寸寸伤痕，她咬牙切齿地说，他就是这样的人，这样不负责任，这样爱便爱，不爱便撒手，这样的不管不顾，这样的……

端木蕻良把她抱在怀里：这个小女子受了多少苦啊。他有一种要给予她温暖的热望。

萧军后来也威胁他们两个人，但终究时间不长，就与旅途中遇到的一个女人坠入爱河。很多年以后，他提及与萧红的爱情生活，冷静甚至冷淡地说：“如果从‘妻子’意义来衡量，她离开我，我并没有什么‘遗憾’之情，……在个人生活意志上，她是个软弱者、失败者、悲剧者！”这就是他对萧红的理解，对萧红的评价。他似乎舒了口气，幸好扔掉了这个包袱。而萧红，却把《生死场》的版权留给了他。

端木蕻良尊重萧红，不顾父母兄长的反对，一定要给萧红一个名分，同她正式举行婚礼。他认为萧红之所以受那么多苦，被汪恩甲抛弃，被萧军欺辱，皆是因为没有正式举行婚礼。婚礼上被大伙簇拥着，萧红第一次有了幸福的感觉，她对大家说：“……掏肝剖肺地说，我和端木蕻良没有什么罗曼蒂克式的恋爱历史，是我在决定与三郎永远分开的时候才发现了他。我对他没有什么过高的希求，只是想过正常的老百姓式的夫妻生活。没有争吵、没有打闹、没有不忠、没有讥笑，有的只是互相谅解、爱护、体贴。”她还说：“我深深感到，像我眼前这种状况的人，还要什么名分？可端木蕻良却做了牺牲，就这一点我就感到十分满足了。”

在端木蕻良面前，萧红还是看低了自己。

这却给纯粹的爱情烙上一抹阴影，爱情如何能够“牺牲”呢？

萧红和端木蕻良去了香港，一个教书，一个写作，日子倒也过得逍遥自在。

端木蕻良不会理财，就把钱都交给萧红打理，虽然有保姆，萧红还是经常下厨做几道拿手菜，端木蕻良劝她把时间花在写作上，就时常和她一起去下馆子。

可是，1942年1月22日，仅三十一岁的萧红死在养和医院。很快，骆宾基便嚷出："萧红是被他（端木蕻良）气死的。"

端木蕻良如何气死了萧红，美国学者葛浩文采访端木蕻良这段经历时，端木蕻良放声大哭，没有作出任何解释。外界对他颇有微词。端木蕻良在重庆曾有过一次丢下萧红先撤退的经历，所以坊间传言，香港再次突围时，他遗弃萧红，打算自己先走。尤其不可饶恕的是，萧红死在香港，仿佛就是死在他的手上。

他确实消失了几天，那几天他到底去做什么了？

直到2009年，萧红研究者章海宁访问端木蕻良夫人钟耀群，钟耀群同当年的端木蕻良一样哭起来，她说："端木蕻良多年来一直不愿意说，因为端木蕻良回酒店时发现了骆宾基与萧红的私情，他的感情受到了伤害，他在愤怒中跑了出去。但后来端木蕻良想到萧红在病中，他不忍心丢下萧红，又回到了萧红身边。端木蕻良对萧红非常敬重，他不愿意再提及此事而伤害萧红。”

关于这件事，端木蕻良至死缄口不言，且在她死后也努力护卫她最后的尊严，在日军占领香港时，还竭力将她单独火化，将骨灰分别埋在圣士提反女校和浅水湾。

后来，在批判胡风反革命集团的政治运动中，领导多次让端木蕻良交代问题，他都沉默着，似乎不屑一言，可是当领导说到“很清楚，萧红就是胡风分子，你还能逃脱吗”时，他拍案而起，怒目吼道：“鞭尸是封建帝王的做法！我自己，无论是坐牢、枪毙，由你处置。但我决不许污蔑萧红！”并拂袖而去。这是人们眼中那个“弱”的端木蕻良吗？

唯有他，从未想过抛弃萧红。

可是，萧红却再次有了危机感，她对守在病床边的骆宾基说：“端木蕻良是准备和他们突围的。他从今天起就不来了，他已经和我说了告别的话……你的责任是送我到上海。你不是要去青岛么？送我到许广平先生那里，你就算是给了我很大的恩惠。我不会忘记。有一天，我还会健健康康地出来，我还有《呼兰河传》第二部可写。”

面对要去九龙抢救自己的小说稿《人与土地》的骆宾基，她一边说送她是对方的责任，一边许下恩惠。一切为生存故，她又抓住骆宾基这根救命稻草。她很可能像之前每一次陷入灾难时一样，再次向最临近的男人示爱，所以骆宾基不明就里得意洋洋地在《萧红小传》里写道：如果她活下来会嫁给我。

“他么？各人有各人的打算，谁知道这样的人在世界上是想追求什么？我们不能共患难。”也许端木蕻良正是恰巧听到了这些话而伤心地离开了七八天。

因为有骆宾基照顾萧红，端木蕻良就忙着去处理一些事务，除了取款、筹钱，联系医院，与人交涉等工作外，还回到住处整理萧红和自己的东西，诸如《呼兰河传》《马伯乐》《大时代》等手稿，以及萧红的一枚印章和许广平送的几颗红豆，这时期唯有骆宾基陪在萧红身边。端木蕻良起初是要突围的，但并非一个人突围啊。

因为病痛无援，因为端木蕻良给人一种软弱的印象，因为之前一次次被抛弃的经历，萧红对端木蕻良的怀疑也是情有可原的。她现在只能死死地抓住眼前的骆宾基，不禁诉起自己悲苦的一生来：“和萧军的分开是一个问题的结束，和端木蕻良又是另一个问题的开始……我早就该和端木蕻良分开了，可是那时候我还不想回到家里去，现在我要在我父亲面前投降了，惨败了，丢盔弃甲的了，因为我的身体倒下来了……”她和端木蕻良在一起仅仅是因为“还不想回到家里去”。

原来她从未爱过，先是为了上学，后来为了生存，她从未懂得爱情是什么，她以为爱情只是一种交换条件，一种度过一段时日的依靠，所以凭着本能一场场恋下去，遇到谁就恋谁，遇到萧军就恋萧军，遇到端木蕻良就恋端木蕻良，如今又遇到了骆宾基。

这个年轻人陪她直到她生命的最后一天，也算是仗义。

1942年1月22日，由于养和医院医生误诊，萧红开刀后并没有取出任何肿瘤之类的东西，这一刀却把萧红的生命彻底断送了。

黄昏时分，端木蕻良和骆宾基一起陪伴着奄奄一息的萧红，她喃喃地说：“……我本来还想写些东西，可是我知道我就要离开你们了，留着那半部红楼给别人写去了。”

凌叔华

婚姻从不能将我束缚

萧红临终前，还说过一句话："我一生最大的痛苦和不幸，却是因为我是一个女人。"

女人并不是不幸的代名词，无论从生理上、心理上、经济上，都没有命定说女人就是附属品，而是狂妄自大的男人把女人当成自己的参照物，逐渐地，连女人自己也认同了这种补偿性的身份。萧红临死都没明白这一点，她的不幸不是源于她是个女人，而是源于她太把自己当成男人所界定的女人。她一生都在抗争，却终究没有走出中国传统女子处于附属地位的窠臼。

倒是同时代的张充和、蒋碧微、吕碧城、凌叔华等人，活得恣意潇洒，与男性站在同一地平线上，真正拥有了作为一个人的独立人格。

尤其是凌叔华，不但在事业上与男人并肩而立，在感情上更是如鱼得水，游走在几段爱情之中，尽情享受生命一呼一吸的瞬间。谨慎而聪明的头脑让凌叔华收放自如，站在安全距离之内，然而这份矜持，是否也让她错过了什么？

那个时候，在北京新月社，留学生和文人雅士每月都有一次聚会，胡适、徐志摩、丁西林、陆小曼、陈西滢、林徽因、凌叔华等是这里的常客。有一次，大诗人泰戈尔来到中国，由徐志摩主持接待，他们要办一个别具一格的茶会，最后决定地点选在凌叔华的书房。

“小姐的书房”是比林徽因的“太太客厅”还要早了十来年的文艺沙龙。

凌叔华的父亲凌福彭出身翰苑，与康有为是同榜进士，历任清朝户部主事、军机处章京、顺天府尹等要职，后来又任北洋政界约法会议议员、参政院参政。凌家大宅是一座有99间房子的豪华院落，在史家胡同24号，宽敞的庭院，两进的四合院，中间有带着月亮门的过道连接。

想当年，父亲也是饱读诗书、精于诗词、酷爱绘画，家中文人雅士出出进进，谈诗论画，有齐白石、姚茫父、王梦伯、陈半丁、陈寅恪等著名学者画家，还经常组织“北京画会”。凌叔华在这样的环境下爱上了绘画。

六岁时，她在花园的白墙上，用林炭涂鸦了很多山水与人物，恰被父亲的一个朋友看见，这个朋友就跟凌福彭说起这孩子有天赋。凌福彭虽然对这个姨太太生的女孩不是那么宠爱，但一听说她有天赋，也不禁想到她的曾外公是有名的国画大家，正愁没人接衣钵，就起了培养这小丫头的兴致。

如此，凌叔华便拜慈禧太后宠爱的画师缪素筠为师学画，还向当时被称为文化艺术界一代怪杰的辜鸿铭学古典诗词和英文。她的闺房也被父亲布置成画室，如她在《古韵》中的描绘："我的房间布置得像真正的画室，家具都是父亲挑选的……面对紫藤的窗前摆放着一条黑漆桌案，光滑透亮，可以反照出美丽的紫藤花……一张红漆桌案放在面朝紫丁香的窗前，这种红漆是北平最好的，红得发亮，看久了令人目眩，简直妙不可言。"

这画室也便是凌叔华的书房，豪华却不庸俗，典雅又有情致，据说还是泰戈尔选定在这里举行画会呢。

会上，有三大美女出现，都围绕着年轻浪漫的诗人徐志摩，只是林徽因已有婚约，与徐志摩要保持客气，陆小曼也是有夫之妇，虽然她并不把少妇身份当一回事，但志摩还是有所顾忌，只有凌叔华待字闺中，两个人可以更随意些。凌叔华贤淑文静，虽为这次画会的东道，却不指手画脚，不自以为是，总是恰到好处地出现在客人需要的时候，让人如沐春风。

她还大着胆子忽然问泰戈尔："今天是画会，敢问您会作画吗？"旁边的几个人都大吃一惊，泰戈尔却没在意，即兴在桌上的檀香木片上画下莲叶和佛像。之后两人便攀谈起来，谈诗歌，谈绘画，老诗人建议她："多逛山水，到自然里去找真、找善、找美，找人生的意义，找宇宙的秘密。"

后来，泰戈尔还曾向徐志摩称赞，凌叔华比林徽因"有过之而无不及"。老诗人是否有意让徐志摩把注意力由林徽因身上转移到凌叔华身上呢？因为这期间徐志摩曾托泰戈尔，代自己向林徽因传情达意，遭到拒绝。

苏雪林有一段描述凌叔华的文字，很能说明她的神韵："凌叔华的眼睛很清澈，但她同人说话时，眼光常带着一点'迷离'，一点儿'恍惚'，总在深思着什么问题，心不在焉似的，我顶爱她这个神气，常戏说她是一个生活于梦幻的诗人。"

"生活于梦幻的诗人"自然与诗人更投契，徐志摩也从此与凌叔华成了密友。他正因失去林徽因而痛苦着，便经常与凌叔华通信，有一次在信中写道："不想你竟是这样纯粹的慈善心肠，你肯答应做我的‘通信员’，用你恬静的谐趣或幽默来温润我居处的枯索。”

而凌叔华的文字也总能让徐志摩兴奋不已：“回京后第一次‘修道’，正写这里，你的信来了。前半封叫我点头暗说善哉善哉，下半封叫我开口尽笑自语着捉掐捉掐，你真是个妙人，真傻，妙得傻，傻得妙……”

徐志摩的热情来得太快了，而矜持的凌叔华，还在不紧不慢地支着她闺秀的架势，享受诗人的诗情画意。男人的殷勤总是女人最大的享受，她们喜欢用模糊和推拒来延长享受的过程。

似乎一切尽在不言中，又可以当作什么也没说。

凌叔华的信一次次激发年轻诗人的灵感，内容虽然没有流传下来，但从徐志摩的回信中，足见凌叔华为写信而下了一番功夫。他说：“说也怪，我的话匣子，对你是开定了……我给旁人信也写得顶长的，但总不自然，笔下不顺，心里也不自由。对你不同，因为你懂得，因为你目力能穿过字面。这一来，我的舌头就享受了真的解放。我有着那一点点小机灵，就从心坎里一直灌进血脉，从肺管输到指头，从指尖到笔尖，滴在白纸上就是黑字，顶自然，也顶自由，这真是幸福。”

他为凌叔华的第一部小说《花之寺》作序，也是他一生中唯一一次为人作序；他的处女诗集《徐志摩的诗》出版扉页上的题词“献给爸爸”四个字，就出自凌叔华的手笔。二人的交往越来越密切，半年内通信七八十封，且经常聚会谈天，他们的相知相惜，早已超过普通友谊。

徐志摩称凌叔华为“中国的曼殊菲尔”。曼殊菲尔是徐志摩一直崇敬的外国女作家，她的外貌让徐志摩惊为天人，才华更让徐志摩说是“替自然界多增几分的美，给苦闷的人间几分艺术化精神的安慰”，如此的桂冠，没有颁给林徽因，却给了凌叔华，可见徐志摩对凌叔华的欣赏。他更把她引为知己，徐志摩曾在旅欧途中写的信里说：“女友里，叔华是我一个同志。”

红颜知己做久了，就难以成为恋人了，因为总是云淡风轻，而不是你侬我侬。太相知或自以为太相知，有些话就停在嘴边永不出口了，“人淡如菊”的凌叔华对徐志摩嘘寒问暖，却没有像艳丽热情的陆小曼那样融化诗人的心，所以当徐志摩与陆小曼的绯闻在北京城传得沸沸扬扬时，凌叔华有点难以相信。

但是，她仍旧是“人淡如菊”的“闺秀”姿态，不愠不火，把另一个爱慕者端出水面。

当徐志摩双管齐下，一边给凌叔华写信，一边向陆小曼献殷勤时，凌叔华也一边对徐志摩精神安慰，一边与陈西滢暗通款曲。凌叔华后来也曾公开澄清："说真话，我对徐志摩向来没有动过感情，我的原因很简单，我已计划同陈西滢结婚，陆小曼又是我的知已朋友。"

很多年以后，旅居英伦的凌叔华给寄来《徐志摩年谱》的陈从周回信说："徐志摩同我的感情，真是如同手足之亲……徐志摩与我一直情同手足，他的事，向来不瞒人，尤其对我，他的私事也如兄妹一般坦白相告。我是生长在大家庭的人，对于这种情感，也司空见惯了。"用一个"手足之亲"来定义他们之间的关系，非常得体。你有了陆小曼的时候，我已与陈西滢鸿雁传书两年多了。

所以，当双方托媒人进入凌家的时候，凌父吃了一惊。凌叔华与陈西滢的爱情进行得如此秘密，闪了好多人的眼睛。这时候，人们才后知后觉，仔细一回味，还真是那么一回事。

陈西滢主编的《现代杂志》刊发的第一篇女性作家创作的小说，即是凌叔华的《酒后》，小说一经刊发便引起不小的反响。同年五月，陈西滢又在自己的专栏“闲话”中，刊出短文《庆贺小戏院成功》，这篇短文与他之前以议论为主的“闲话”不同，仅报道了一次演出，这次演出的剧本由凌叔华创作。

那一年，凌叔华26岁，父亲把有28间房子的后花园给女儿做了陪嫁。难怪鲁迅讽刺陈西滢，嫁了有钱人家的女儿。

陈西滢本名陈源，留英博士、学者、评论家。与鲁迅论战失败，成了“反派”角色，但是他并非所谓“汉奸文化”的帮凶，他只是太理智了，多年的留学生活让他习惯了英国的理智和有序，对中国当时的狂热有些看不惯，且又不屑于那些小聪明小机智，所以显得有些“板”。

正是他的“板”，让他立论公正，无论是对友人徐志摩还是对论敌鲁迅，他都能不偏不倚地评论对方的作品，虽然已经与鲁迅交恶，但他写新文化运动的著作时，只选了两个短篇，郁达夫的《沉沦》和鲁迅的《阿Q正传》，他说：“（先前的一些作品）还是一种外表的观察，皮毛的描写，到了《阿Q正传》，就大不相同了。阿Q是一个type，而且是一个活生生的人。他与李逵、鲁智深、刘姥姥是同样生动、同样有趣的人物，将来大约会同样不朽的……我不能因为我不尊敬鲁迅先生的人格，就不说他的小说好，我也不能因为佩服他的小说，就称赞他的其余的文章。”在这里倒也现出这样一个板正的人好玩的一面来。

陈西滢与凌叔华两人都是比较沉静、独立的类型，所以连书房都是分开的，谁也不干涉谁的工作，凌叔华的作品都是在发表了之后，才被丈夫读到的，陈西滢也是，公开发表前，他的文章也没有给叔华看过。

凌叔华的作品与当时女作家庐隐、冰心、丁玲、白薇等人不同，她不写女性追求个性解放，而善于细腻的心理刻画。成名作《酒后》，就写三个人喝完酒之后，友人在他们家睡着了，少妇想去吻熟睡的友人，丈夫说：“夫妻的爱和朋友的爱是不同的呀！”但是终究允许她去吻，她走到友人面前却又退缩了。

这在当时是很大胆的想法，向自己的丈夫明目张胆地要求，去吻另一个男子，或许女人多有这种想法，但只是在心里一闪而过，从未说出来，凌叔华却把这种微妙的心理细致地展现出来，确实是个异数。难怪徐志摩把她比作曼殊斐尔。“曼殊斐尔随你怎样奥妙的、细微的、曲折的，有时刻薄的心理，她都有恰好的法子来表现；她手里擒住的不是一个个的字，是人的心灵变化真实，一点也错不了。”

凌叔华的第一部小说集《花之寺》由陈西滢编定，在新月书店出版，《酒后》之前她也发表过几篇小说，但都不太精练，所以没有收入，可见这本集子也是丈夫精心筛选过的。徐志摩在《新月》月刊创刊号上说："《花之寺》是一部成品有格的小说，不是虚伪情感的泛滥，也不是草率尝试的作品，它有权利要我们悉心地体会……作者是有幽默的，最恬静最耐寻味的幽默，一种七弦琴的余韵，一种素兰在黄昏人静时微透的清芬。"

鲁迅也在《（中国新文学大系）小说二集序》中说："……凌叔华的小说，却发祥于这一种期刊《现代评论》的，她恰和冯沅君的大胆、敢言不同，大抵很谨慎地，适可而止地描写了旧家庭中婉顺的女性。即使间有出轨之作，那是为了偶受着文酒之风的吹拂，终于也回复了她的故道了。这是好的，使我们看见和冯沅君、黎锦明、川岛、汪静之所描写的绝不相同的人物，也就是世态的一角，高门巨族的精魂。"

凌叔华后来流亡英伦，出版了以少儿生活为素材的自传体小说《古韵》，曾受到英国女作家伍尔夫的指导，这本小说在英国成为畅销书，沈从文曾说她的小说是"在自己所生活的一个平静的世界里，看到的悲剧，是人生琐碎的纠葛，是平凡现象中的动静，这悲剧不喊叫，不呻吟，却只是沉默。”

1928年，陈西滢到武汉当教授，兼文学院院长，凌叔华随同前往。

她在武汉结识了苏雪林、袁昌英两位才女，三人成了“珞珈三杰”，常常一起谈诗论画。

日子过得悠然、淡然。

教授的爱总是不愠不火，少了点激情。

疲怠的婚姻恹恹欲睡，朱利安乘虚而入了。

朱利安是英国大作家弗吉尼亚·伍尔芙的外甥，他母亲是一名画家，他毕业于剑桥大学，小有诗名，20岁时出版诗集《冬之动》获得好评。他从小生活在著名的布鲁姆斯伯里文艺小集团，受艺术熏陶的同时也受到小集团性意识开放的影响，成为情场高手。

20世纪30年代正值世界政治混乱时期，血气方刚的朱利安以天下为己任，在伍尔夫及丈夫伦纳德“那里（中国）将发生影响世界的大事”的鼓动下，来到了中国，受聘于武汉大学。结识了陈西滢夫妇。

有“洛伽山美人”之称的凌叔华引起了朱利安的兴趣。

凌叔华三十五岁，已是有孩子的少妇，朱利安二十七岁，正当激情四射的年龄。朱利安有给母亲写信的习惯，且什么都说："我才意识到自己已经难以自拔……她是其中最有才华、最美好、最敏锐和最聪明的人之一。我不知道会发生些什么。我想，等我平静下来，我会让她爱上我……"

而凌叔华是那种外表娴静内里颇有一些心思的女子，像当下流行词汇"闷骚"所形容的那样——"隐忍而不失优雅的性感，有一种含蓄的放肆的内在品质蛰伏在人的体内，隐含、积蓄、含而不露、欲说还休，时机一旦成熟，就立刻苏醒，继而惊世骇俗等等。"

干柴烈火，两人一拍即合。他们很快坠入爱情的罗网。凌叔华这一次的爱情，与和徐志摩的桃花流水不同，与和陈西滢的相敬如宾也不同，是彻底的燃烧，真正的融合。像拍电影一样戏剧化，难怪海外作家虹影以他们为原型写了小说《K—英国情人》——

闵，一个那么正经的女知识分子，一个原来那么羞涩的中国古典女诗人，怎么会是这样一个永远不会满足的女人？

"太疲倦了，"他想，"我恐怕会死在这个女人的欲望之中。"这想法忽然，使他非常惊喜。不管应该不应该，这样的死法太幸福了，世界上有几个男人有这样的福气。

我会幸福地死去，而不是死在战场上，也不会死在刑审室里，吞氰化钾。

裘利安嘲讽地问自己：性，还是革命?

在闵美妙的裸体面前，他毫不犹豫地给性优先选择权。

她重新在另一个诗人身上寻到了爱情的魔力——大概只有诗性气质的人身上才有这种激情，才能让双方达到欲仙欲死的境界。不知是不是朱利安杜撰，他说凌叔华告诉他，她曾经爱过徐志摩，只是当时已惘然。不肯对外人承认，也不肯对自己承认。亦或许这只是朱利安对自己当时被指责为“通奸”的开脱。

两人不满在武汉暗中幽会，又密谋去北京幽会，分头上路。

凌叔华在火车上给朱利安写信：“我昨晚读了劳伦斯的短篇小说……一个人在孤孤单单的旅行途中，心不在焉的时候一定喜欢读这样的东西……”

劳伦斯的小说，莫非是《查泰莱夫人的情人》？冲破所有传统的、道德的、规范的禁锢，赤裸裸的自然之爱，就像那片山林中的植物。

凌叔华陪伴朱利安逛遍古城的名胜，看戏、溜冰、洗温泉，在这里不用偷偷摸摸了，他们尽情享受这段自由的日子，凌叔华潜在的狂野的一面显露了出来。朱利安说："这段疯狂的时间让我脑子一片空白。你能猜到我们是怎样的快乐和愚蠢。K（凌叔华）找不到回去的路了，而我竟丢掉了随身携带的东西。"

回到武汉，炽热的感情让他们忍不住继续缠绵。

陈西滢也觉察到他们走得太近了，警告凌叔华，她答应他远离朱利安，但是转眼两人又黏在一起了。据说有一次，他们正在幽会，陈西滢在外面砸碎了朱利安的玻璃。

武汉大学校园里似乎传出了绯闻，而布鲁姆斯伯里小集团出身的朱利安"天生不相信一夫一妻制"，并没有打算和凌叔华结婚，凌叔华只得以死相逼，随身携带着一瓶老鼠药，还备着一把用来割腕的蒙古刀子，并向朱利安扬言要吊死在他的房里，朱利安被吓住了，陷在感情中的东方女子真是可怕，他支支吾吾地答应跟她结婚。

"东窗事发"后，陈西滢要凌叔华作出抉择：一是离婚；二是不离婚但分居；三是断绝婚外情而破镜重圆。凌叔华选择了第三条。她能够飞蛾扑火，却做不到义无反顾。她退回到安全范围内，她的情人朱利安成了“丢尽面子的洋教授”，从武汉大学辞职，回到英国。

先前是凌叔华以死相逼，要嫁给朱利安，到了关键时刻，要作出最后选择的时候，她还是选择退回到自己的婚姻中去，而这个时候，朱利安却一反先前的犹豫支吾，执意要娶她。

男女间的角逐，莫不如此。

她只是想看看这个热烈的情人到底有多爱她，爱她是否爱到要娶她，当她看到他的退缩他的犹豫时，她就放弃了他；然而在他那一方面，出乎意料，原来她还可以放弃他，原来她还可以放得下他，他的心理不平衡了，忽然生出一股力气来，执拗地想要回她。他想不通一个要为他殉情的女子为何能够下决心离开他，舍弃他而选择另一个男人。

朱利安不再是从前那个热情的大孩子，他现在经常一个人想心事，母亲深知他这段罗曼史，不免暗暗担心。果然，他义无反顾地投入了西班牙战争。果然，如他所预想的，他这不安分的生命不是死于战场就是死于爱情，德国法西斯的飞机击中了他。

武汉大学也为朱利安举行了追悼活动，陈西滢坐在前排，这个男人的风度再次显示出来，他是君子。遥想当初陈西滢曾指斥朱利安“你不是一个君子”，因为朱利安刚承诺不再见凌叔华，转身便食言。

1946年，国民党政府委派陈西滢到巴黎出任常驻联合国教科文组织代表。之后，陈西滢、凌叔华定居欧洲。相安无事，陪伴到老，至于两人感情如何，只能从言语中窥到一二，记得凌叔华曾对陆小曼说：“男女的爱，一旦成熟为夫妇，就会慢慢变成怨偶的，夫妻间没有真爱可言，倒是朋友的爱较能长久。”能发出这样的感慨，可见在很早的时候，他们的感情就已经不好了。

两种不同的人，相敬如宾最后终成相敬如冰吧。

陈西滢板正又固执，他爱她的才华，看中她的才华，却并不懂她这个人，他不知道她需要什么，也没有刻意去思考她需要什么；而凌叔华从来就不是一个安于相夫教子的女人。她抱怨主妇生活，抱怨没完没了的琐事搅扰她的写作：一会儿佣人叫“太太”，一会儿女儿叫“妈妈”，分她的神，让她既厌倦又烦躁，她在给巴金的信中写道：“一个有丈夫的女人真是公仆。”

她既不体贴丈夫，也不照顾孩子。

她说：一个女人绝对不要结婚。结了婚，绝对不能给丈夫洗袜子、内裤。绝对不能向一个男人认错，绝对不能。

在欧洲，凌叔华一直为自己的事业奔走。她通过朱利安的母亲和布鲁姆斯伯里成员的帮助，在英国、法国都办过个人画展，取得了一些成功；她还经常与伍尔夫通信，在这位大作家的指导下写成了她重要的小说《古韵》，这本小说畅销英国，并译成法文、德文、意大利文等多国文字。

陈小滢曾问过老父为什么没有和母亲离婚，陈西滢的回答是："她是才女，她有她的才华。"似乎才华为"出轨"寻找到了原谅的理由，诗人犯点小小的错误是应该原谅的，何况是为了爱情，"爱情最大"，读过劳伦斯的人都知道。陈西滢眩惑于凌叔华的才华，即使没有读过劳伦斯，也可以"原谅"她吧。（凌叔华说"绝对不能向一个男人认错"，她没有认过错，她不觉得自己做错了，又何谈原谅呢。从她这一方面来说，自己是没有错的；但从陈西滢那一方面说，这屈辱真的可以忽略吗？）

晚年的凌叔华内心是寂寞的，她给冰心写信说：

写到这里，我真想立刻飞回北京，同你瞎撩（聊）一些往事，以解心头悲戚。好在现在已经十月了，还有十几日便可相见。希望我住到复兴路大楼七层后，可以多多相见。我在此一肚子苦恼，谁也不要听，只好憋着气，过着惨澹（淡）的时日！

爱情需要激情，绝对的冷静是因为两颗心从没有真正碰触过。虽然不做攀援的凌霄花，但总应该“根，紧握在地下；叶，相触在云里。”凌叔华与丈夫陈西滢之间总像隔着什么，水是水，油是油，在多年后蓦然回首的刹那，她是否像已经嫁给耶律齐的郭芙一样，“不知不觉幽幽地叹了口长气。虽然她这一生什么都不缺少了，但内心深处，实有股说不出的遗憾。”

林徽因

我用一生去回答你

与凌叔华相比，林徽因更知道自己想要什么。

她所选的恰是她想要的那个人，恰是最适合她的那个人。

钱锺书有一篇小说《猫》，据说就是影射林徽因的。小说里女主人公游走于众多男子之间，大有翻手为云覆手为雨的气势，可是到了结尾，她听说，有人看见她丈夫在火车上，跟一个女孩走了，她的眼泪扑簌簌地掉下来……那才是她的主心骨，繁花过眼，留在心底的只是那一个人。追求者众，梁思成才是唯一让林徽因把心放踏实的人。

外人看不出来，只因她如梦、如诗、如花影，被欣赏，被编排，被过度解读了。林徽因已经成为一个传奇，甚或一个传说。

在她去世后半个多世纪的今天，一方面，她忽然成了女性励志的标杆，而另一方面，女人们都对她怀着敌意。这种隔着时空的，暧昧不清的态度，着实值得玩味。我时常想，假如她活在当下，恐怕很长一段时间都将占据报刊娱乐版的头条吧。

人们关注名人，尤其热衷于关注他们的情史。谈论林徽因的文章和书籍汗牛充栋，然而，真正从女性视角去思考她的却并不多。人们谈论她，多是因为男人，因为她与三个非凡的男人——梁思成、徐志摩、金岳霖之间的情感纠葛。就大部分作品而言，其着眼点还在这一段情事上，而忽略了一个女性追求人格独立的历程。

林徽因是一个感情丰富、极具艺术气质的女性，同时也是一个具有理性头脑、勇于思考的人，这一点恰恰被大多数论者所忽略。相较于她的情史，我对她的成长史更加感兴趣，当然，无论是男人也好，女人也好，情史都是成长史中的一部分。因为，只有在爱情当中，人才能获得真正的成长。

法国存在主义作家波伏娃有一个著名的论断：女人，不是生而为女人的，是被变成女人的。实际上，“女人”一词除了性别所指外，更是一种标签。在女权主义兴起之前，数千年的历史上，女性都处于附属地位，甚至只是一个工具。而林徽因所处的时代，正是一个打破男权垄断，女性初步争取自由的时代。对于林徽因来说，争取女性的独立不仅意味着打破“从属身份”，更是一种自觉与自醒，这与她的身世和经历有密切关系。

林徽因的父亲林长民，生于福建一个具有优良文化传统的大家族。这个家族的男人大多有着诗人的气质和志士情怀，曾写下《与妻书》的林觉民（过继给林孝颖）和参加黄花岗起义的林伊民，便是林长民的胞弟，也就是林徽因的叔叔。林徽因的父辈们曾东渡日本留学，林长民拿到了日本早稻田大学的政治学学位。

与那个时代的所有知识分子一样，林长民的身上有新和旧两种东西，一方面他受到西方宪政学说的影响，思想十分西化，而另一方面他又受到儒家“不孝有三，无后为大”的濡染，执意要给林家添个男丁，继承香火，所以当他的妻子不能生育时，他娶了姨太太何雪媛，何氏便是林徽因的母亲。

何氏生下徽因之后，也曾生下一个男婴，可惜后来夭折了，再无所出。故而，林长民又娶了一房姨太太程桂林。程氏一口气为林长民生了一个女儿四个儿子，享受“专宠”的地位，这样一来何雪媛便几乎不被问津了。

林长民和程氏的孩子们住在前院，何雪媛和林徽因住在后院，经常是前院欢声笑语，后院寂若无人。丈夫的冷漠，婴儿的夭折，对何氏打击极大。在自怨自艾中，她逐渐消沉，脾气也乖戾刁钻起来，即便是林长民来后院，也遭到她的抢白和中伤，这样一来，林长民就几乎不来了。何氏是一个没有受过什么教育的女人，一方面她缺乏人格独立，另一方面又缺乏经济独立，所以一切便无法自主。林徽因与母亲生活在一起，对这一切有着深刻的认知。这种“伤痛”直到很多年后，她已经嫁做人妇时还折磨着她。当她的异母弟，也就是程桂林所生的儿子林恒从福建来北京，投考清华大学暂住在梁家时，跟随着林徽因生活的何雪媛突然发作起来。林徽因在一封信中写道：

我精疲力竭，到临上床时还想着，真恨不得去死，或者压根儿没有生在这样的家庭……我知道我真的很幸运，但年幼时的那些伤害，对我是永久性的，一旦勾起往事，就会让我跌进过去的不幸之中。

当然，林徽因之所以是林徽因，就因为她并未被母亲的那些怨语所绑架。对待林恒，她就像对待自己同胞弟弟一般。当林恒成为一名空军飞行员，与日军作战殉国时，她伤心得几乎无法自处。这是一个血液里流淌着英雄情怀的家族，上下两代多人为国殉难。某种意义上，这种情怀也在林徽因的骨子里。

她一生都未停止对自身命运的追寻，既有林家人的那种魄力，也有从母亲的地位而延及的对自身命运的思考。林徽因的创作、与友人的通信中，曾多次对女性地位提出疑问，但她并不企图充当女性解放的启蒙者，她只是要改变自己。她自己的积极进取，乃至对事业的选择都有着对传统女性身份的回击。她通过自身的选择，试图证明，女性绝非天生从属于男性的性别。当然，以她的性格，她不屑于去充当宣讲者，她本质上是一个诗人。

尽管林长民对何氏冷落，但对女儿宠爱有加，就连“二娘”（林徽因对程桂林的称呼）也承认，林徽因是这个家里最受宠爱的孩子。大概是太喜欢这个女儿了，林长民赴欧洲时也带着她，使这个十六岁的少女有了环游世界的体验。1920年夏天，林长民担任“中国国际联盟同志会”的理事并常驻伦敦，林徽因则进入圣玛丽女子学院念书，从而学会了一口流利的英语。

当时，正是一战结束不久，世界各国的精英人物聚在伦敦，林长民在伦敦的寓所几乎成了中国知识分子讨论国家事务的“常设机构”。林徽因一方面充当父亲的助理，另一方面也见识了高级知识分子的社交活动，作为一种社交教育，这是一种启蒙。可以说，多年以后“北总布胡同3号”的“太太客厅”，其渊薮就在这里。

在父亲的诸多“访客”中，徐志摩是最特殊的一位。他比林徽因年长近十岁，是林氏的“父辈”（林徽因称他“徐叔叔”），但他却爱上了这位少女。当面对林徽因时，他总有说不完的话，滔滔不绝地谈论着英国文学，妙语不断，飞珠溅玉。以至于多年后林徽因回忆起那时的生活，还总是想起徐志摩谈论雪莱、济慈、曼殊菲尔与伍尔芙的样子。

徐志摩不知道，早在1919年，林徽因便与梁思成相识，这样的相识决定了他们的一生。当代学者在论及林徐二人的情感纠葛时，往往存在过度解读，甚至有“越俎代庖”之嫌，实际上十六岁的林徽因还远不能真正认识徐志摩对她抱持的感情：一方面徐志摩已婚，妻子张幼仪也来到了英国，并且有身孕；另一方面林家和梁家已有约在先。无论如何，她所面对的问题过于复杂，她对他不可能有什么感情上的要求。这样一来，徐志摩对林徽因的感情就有了几分单恋的味道。

大约在1921年的时候，徐志摩向林徽因透露离婚的打算，并向她求婚。林徽因尽管敬仰他，然而生活体验使她顾虑重重，多年以后她曾和一生的挚友费慰梅谈及此事。林徽因说：“在（徐志摩）这起离婚事件中，一个失去爱情的妻子被抛至一旁，而她却要去顶替这个位置。无法想象自己将走进这样一种人生关系，她自然联想到母亲的羞辱。”好在不久以后父亲决定回国，他们乘坐轮船穿越苏伊士运河和印度洋回到了中国，这一段恋曲暂时落幕。

林徽因回国后，梁林两家再次提及了他们的婚事，并在1923年订立了婚约。作为梁家的主事人，梁思成的父亲梁启超认为，在他们有正式婚姻之前，最好能够完成学业，最好是一起出国留学。当然，梁启超尽管是一个受中国传统文化影响深刻的人，但同时又是一个受过西方思想影响的人，梁林二人的婚事虽然由父辈做主，但他希望他们首先能够培养起感情。

然而，当年5月7日发生的一起事故，推迟了留学的时间。那天梁思成和弟弟梁思永骑着大姐送的摩托车，从郊外的清华园赶到城里参加“国耻日”周年示威抗议活动，结果在转入长安街，追赶游行队伍时被一辆轿车撞倒，轿车扬长而去，梁思成不省人事。这场事故导致梁思成右腿折断，脊椎受损，在医院里住了8个星期。住院期间，林徽因每天都来看他、安慰他、陪他聊天，还经常讲一些小笑话。

梁林关系确立后，徐志摩作为梁启超最出名的弟子，再次进入了他们的生活。尤其是1924年泰戈尔访华，由徐志摩、林徽因二人全程陪同，报刊如是形容："林小姐人艳如花，和老诗人挟臂而行，加上长袍白面、郊荒岛瘦的徐志摩，犹如苍松竹梅的一幅三友图"。"三友"者，神清骨冷的"梅"自然是林徽因，长身玉立的"竹"则是徐志摩，那长髯白袍的苍松，就是诺贝尔文学奖得主泰戈尔了。

泰戈尔访华的高潮，是由新月社为其庆祝63岁生日，总共有400余位社会名流出席了生日宴会。宴会结束后，上演了泰戈尔的英文短剧《齐特拉》，由林徽因扮演公主齐特拉，徐志摩扮演爱神玛达那，林徽因的父亲林长民则扮演春天之神代森塔。宴会和演出被北京的报刊大肆宣传，一时轰动全城。

不过，泰戈尔的中国之行并不顺利，尤其是他的第二次演讲，居然遭到部分听众的抵制。一些听众指责他是"一个为精神至上主义辩护而对中国目前的困境无动于衷的反动派”，这令老诗人特别愤怒，而且伤心。

之后一周，泰戈尔取消了在华的一切公开活动，大多数时间由林徽因和徐志摩陪伴。徐志摩向泰戈尔坦陈自己依旧爱恋林徽因，泰戈尔便代为向林徽因转达徐的这种情感，但失败了。诗人的感情就像流水一样，只要有了出口，便会改变，不久徐志摩就陷入了和陆小曼的感情纠葛。

1924年，梁思成携林徽因赴美国，入宾夕法尼亚大学念书，梁思成进入了建筑系，林徽因则因建筑系不招收女生，而进了美术系。不过，她不肯气馁，以旁听的方式学习建筑系的课程。

由该大学的档案可知，1926年春季班开学时，林徽因已开始担任建筑设计教授的助理，第二个学期更是当上了建筑系的辅导员，这样一来，她实际上是和梁思成一起上课的。他们当年的同学曾回忆：大部分中国学生都比较刻板，但菲丽丝（林徽因的英文名）却十分活跃。她性格开朗，言辞幽默，是一个社交高手，受到男女同学的一致喜欢。

相较林徽因的活跃，梁思成却沉静得多，因着这种性格差异，他们之间经常发生争辩，乃至爆发激烈的争吵和冲突。不过，沉静有沉静的好处，就像清流之于巨石，石至坚而水至柔，流水不论如何激扬，磐石不动、不移、不变。

林徽因是典型的艺术家，她经常满脑子创意，刚画完草图又有了新创意，便草草丢开前面的图纸，而梁思成总能用他精确、熟稔的绘图技术把这一切落实到纸上，变成一张成熟的设计图。他们的老师、著名的建筑大师哈贝森曾夸赞他俩的制图作业完美得“无懈可击”。

梁林二人完成宾夕法尼亚大学的学业后，梁思成申请到哈佛大学的“人文艺术研究所”继续学习并获得批准，而对戏剧充满深情的林徽因则进入耶鲁大学戏剧学院读书。

有些人身上好像带着光环，有一种独特的魅力，不论走到哪里都深受欢迎，林徽因大概就属于这一种。和在宾校一样，她在耶鲁照样有一大群朋友，就连性格极其怪癖，令人难以亲近的史都华·钱尼也对她崇敬有加——这个未满二十岁的青年总是像一个渴望姐姐保护的小孩那样亲近林徽因，林徽因亲昵地称这个小学弟为“我的钱尼”，此人后来成为百老汇著名的舞台设计大师。

1928年3月21日，林徽因和梁思成在位于加拿大首都渥太华的中国总领事馆结婚，并从这里启程赴欧洲度蜜月。他们一路游历了德国、法国、英国、瑞士、意大利和西班牙，他们牵手游历了德国的莱茵古堡，还在瑞士的湖面上一起划船，更留恋于文艺复兴的中心佛罗伦萨……之后，他们转道莫斯科，乘坐穿越西伯利亚的铁路，返回中国。

在横穿西伯利亚的火车上，他们认识了年轻的美国夫妇查尔斯和弗瑞利卡，这两对夫妇很快成为无话不谈的密友。然而乱世纷纭，人的缘分往往很短，除了到北京后他们的生活有过一段交集外，他们后半生再未相见。但是，50年后查尔斯夫妇对这段友谊依然念念不忘，查尔斯在给费慰梅讲述那段经历时说：

1928年初夏，弗瑞利卡和我搭上一列穿越西伯利亚的火车……在那些粗鲁而臭烘烘的旅客中，有一对迷人的年轻夫妇显得特别醒目。除了天生的沉静外，在我们眼里，他们仿佛反映着一种不可抗拒的光辉和热情。

这列横穿欧亚的列车，在穿越森林、荒漠和冰湖后，到达了中国东北，之后转道大连、天津回到北京，在北京林徽因和梁思成充任了查尔斯夫妇的导游，查尔斯讲述说：

菲丽丝感情充沛，爱开玩笑，对任何事都很坚持，走到哪儿都惹人注目。思成则温文尔雅，有幽默感，神情愉快……他们两人是完美的组合，一种气质和技巧的平衡，即使在早年，似乎也能看出两人合为一体，比各自分散所得成果要大得多——一种罕有的奇迹一般的配合。

无论是查尔斯夫妇，还是后来的美国建筑学家斯坦因夫妇，历史学家费正清夫妇，都对梁氏夫妻间的默契感到惊异和过目难忘。时值20世纪30年代，像大多数海外归来的知识分子一样，他们渴望用自己的知识改变中国的命运，最切实的一点就是把所学应用到社会上去。回国后的梁氏夫妇在东北大学开设建筑学课程，还和同仁成立了一个建筑事务所，准备放手大干一场。然而，当时战乱频仍，外敌入侵，使得他们的计划都失败了。

1930年秋天，林徽因和梁思成在东城区的北总布胡同3号安了一个家，就像当年林长民在伦敦的寓所一样，这里成了文人圈子的固定活动场所。为人母，为人妇，又兼文化沙龙的女主角，简直让她忙得像陀螺一般，费慰梅在《林徽因与梁思成》中写道：

徽因为生平第一次操持家务而苦恼，她并不是没有佣人，而是她的家人包括小女儿、新生儿，以及可能最麻烦的、一个感情上完全依附于她、头脑同小脚一样被裹得紧紧的母亲。中国的传统要求她照顾母亲、丈夫和孩子们，监管六七个佣人，还得看清外来卖东西或办事的陌生人。总之，她是这个家庭的主管，这些责任耗掉了她在家里的大部分时间和精力。

渐趋平淡和冗杂的生活，会耗尽一个人的想象力。

梁思成是梁家的长子，他的兄弟姐妹众多，加上七大姑八大姨的，经常需要“照顾”。而从福建来的林家亲戚，也时常上门叨扰。也许正因为如此，梁家的文化沙龙才从未停歇，他们以这样的方式，抗拒着生活的平庸化。在这个沙龙里聚集了当时的文化精英。萧乾在回忆第一次跟随沈从文参加这个沙龙的情景时说：

在去之前，原听说这位小姐的肺病已经相当严重了，而那时得肺病就像今天得癌症那么可怕。我以为她一定穿了睡衣，半躺在床上接见我们呢！可那天她穿的却是一套骑马装，话讲得又多又快又兴奋。不但沈先生和我不怎么插嘴，就连在座的梁思成和金岳霖两位也只是坐在沙发上边叭嗒着烟斗，边点头边赞赏……她是学识渊博，思维敏捷，并且语言锋利的评论家。

当年梁家的沙龙上，不但有作家沈从文、萧乾，还有政治学家张奚若、钱端升，经济学家陈岱孙，考古学家李济，历史学家陈垣、傅斯年，社会学家陶孟和，学者胡适，文学评论家李健吾，诗人徐志摩、卞之琳，物理学家周培源，女作家凌叔华，画家常书鸿，哲学家金岳霖，评论家陈源，外交家叶公超……名字还可以列下去，几乎都是近代中国学术史上闪闪发光的人物，在这些人中，往来最为频繁的是徐志摩和金岳霖，这构成了林徽因最为传奇的情史。

当时，徐志摩已经和陆小曼结婚，但为了应对陆小曼庞大的开支，不得不应胡适之请来北大教书。陆小曼不愿北来，故而来京的徐志摩完全形单影只，便把梁家当成了自己的第二个家。他经常介绍一些新朋友，也就是这个时候他介绍金岳霖到了梁家。金岳霖身材高大，眼神清澈，举止斯文儒雅，是清华大学哲学系的创立者，他很快便融入了梁家的沙龙。我们无从了解他是什么时候爱上林徽因的。总之，这是一生。

金岳霖年轻时曾谈过恋爱，恋爱对象是一个中文名叫秦丽莲的美国姑娘，然而并无结果。他认识林徽因的这一年，已经36岁了，即将步入人生的中年。就像是一个离奇的宿命，徐志摩把他介绍给林徽因，仿佛有所托付似的，也就是在同一年（1931年）的11月19日，徐志摩因飞机失事丧生。金岳霖曾回忆说：

从1932年到1937年夏，我们住在北总布胡同，他们住前院，大院；我住后院，小院。前后院都是单门独户。30年代，一些朋友每个星期六有聚会，这些集会都是在我的小院里进行的。因为我是单身汉，我那时吃洋菜，除了请了一个拉东洋车的外，还请了一个西式厨师。“星六碰头会”吃的冰淇淋咖啡和喝的咖啡，都是我的厨师按我要求的浓度做出来的。除早饭在我家吃外，中饭晚饭都搬到前院和梁家一起吃。这样的生活维持到七七事变为止。

梁家的孩子们称金岳霖为“金爸”，而他对梁家的孩子也宠爱极了，经常让厨师给他们做冰淇淋吃。

林徽因曾向梁思成坦陈，她爱上了一个人，或者说她两个人都爱，她所指的另一个就是金岳霖，这让梁思成非常痛苦。梁让她选择，也让金岳霖选择。最终金岳霖选择了退出，某种意义上来说他选择的只是对现实的却步，在精神上他依然爱她。说起来，那真是一个酣畅淋漓的时代，人们坦诚、纯粹、敢爱，并且不掩饰自己，爱得有风度；为了爱情，为了事业，能够冲破一切阻力，敢冒天下之大不韪。

离经叛道不难，难得的是一生离经叛道。

金岳霖的行事作风，别说在当时，就是在现下，也可以说离经叛道得令人咋舌。他像西方文学中的骑士一样，就算自己恋慕的人嫁为他人之妇，也还是要守护在她身边。而梁思成和他的家人，始终对金岳霖充满信任。

那是一个我们所不能理解的世道，有一群我们所不能理解的人。他们如此之纯粹，不以爱上一个人为羞，尽管那是别人的妻子。九一八事变后，清华北大南开等大学组成西南联大向昆明转移，金岳霖和梁家在长沙时暂时分开，在分开的五个星期里，他说“离开梁家我像掉了魂似的”，至于到李庄以后，他甚至养起了鸡，只是为了给林徽因补补身子。他每天都盼望鸡快点长大长肥，以便杀了给徽因吃。他像一个孩子一样，完全忘记了这是不符合逻辑的，而他是一个逻辑学家。

多年以后，金岳霖已经白发苍苍，而他挚爱的徽因也已经美人成土。有人曾问及这段半个多世纪的恋情，他想了很久很久，好像要说些什么，但最后却摇了摇头，淡淡地说：“我只能对她一个人讲。”

林徽因是一个“存在感”非常敏锐的人，在成为梁家的女主人之后，她并没有完全“沦陷”在家庭的琐碎事务中，而是参与了丈夫的田野考察。实际上，不论是“太太客厅”，还是爬上古建筑测绘，都是她寻求女性自身存在感的具体证明。她绝不会因为嫁为人妇，或身为母亲而认同传统的“相夫教子”的价值观，当然她也坚持履行作为一个妻子、母亲应负的责任。她的性格，乃至她的行事准则，都得到了丈夫梁思成的认同和包容。女人是男人的学校，优秀的女人则是男人的未来。信然！

1934年夏天，在山西考察的费正清夫妇邀请梁氏夫妇和他们一起去旅行。到山西后他们开始了对包括宋代寺院广胜寺在内的一大批古建的研究，距离远的时候，他们就租用传教士的汽车，距离近的时候就借用山西人的小毛驴。一旦确定考察目标，就由梁思成负责拍照，记录，林徽因则抄录能反映建筑信息的碑文或石刻文字。这段旅行尽管收获颇多，但有时候却糟糕透了，他们经常栖身荒野，有好几次不得不向来华传教的外国传教士借宿。关于这趟旅行，费慰梅的一则记录颇有意思，她说：

徽因一如既往，对周遭事物极端的敏感。当她休息够了的时候，对美丽的景色和有意思的遭遇迎之以喜悦。但是当她累了，或因为某种原因情绪低落，这时的她可能很难对付。其实，这次碰到的一些事，我们感觉都不太好。可是她在这个时候就会大声咒骂起来，这对从小受到父母教育要“随时保持风度”的我来说，颇受刺激。

林徽因被赞为女神，但女神也是人。

从费慰梅的这一则记录可以看出，林徽因有正常人的情绪，当然这也是一个普通人的情感，她可能继承了母亲性格里并不令人愉快的部分。从心理学的角度来讲，这是完全可以理解的，凡一个人的压力超过了她自身的承受能力，这时候她性格里最原始的那部分就会暴露出来，以此作为一种防御和宣泄。

这次的山西之行，只是林徽因追随梁思成田野考察的一部分，此后她们又先后考察了河南和山东，其中发现建于唐代的佛光寺轰动了整个建筑学界。

在林徽因的一生中，这一段工作有非同寻常的意义。

当代人谈及她时，经常视为才女，而她却似乎一直避免成为“才女”，或者说寻求才女之外的身份。她并不认同写几首诗或者几部戏剧那样的一生，她的骨子里有一种“力”存在，使她寻求一种能够和男子相匹配的事业，这便是建筑艺术。

1937年抗战爆发，林徽因不得不和北大清华的大批师生一起向大后方转移，开始近乎逃难般的生涯。他们一路上带着大包小包，坐过火车、汽车，甚至还坐过牛车，终于逃到长沙。处于战争阴云下的长沙实在挤了太多人，简直没有一个旅馆有空床位。当时林徽因的肺病发作了，差点就躺倒在泥泞的路边上。幸亏一家小旅馆的八名空军学员为他们硬腾出了一块地方，这批学员和林徽因的目的地一致，都是去昆明。

这些年轻人的家都在沦陷区，所以到昆明后，他们将梁家视作自己的家，把林徽因视作姐姐，不但经常向她倾诉心事，而且还请她作为“名誉家长”出席航空学校的毕业典礼。这些学员毕业后，奔赴前线参加战斗，在与日军的空战中相继殉国。

梁家是他们最后的“家”，所以他们的遗物大多寄给了林徽因，每一次她收到这些东西都会伤心地大哭，疾病加上精神打击，几乎使她陷于崩溃。然而，她不能倒下，战时物价飞涨，他们的积蓄又极少，孩子们嗷嗷待哺，母亲何氏和思成都需要她的照顾。

尽管生活是如此艰难，但梁思成的工作并未停止，在昆明甫一立定脚跟，他立刻就和同行们赴四川开始了长达六个月的考察。这时候，林徽因就一个人承担起了全部的家庭操劳，她不无抱怨地说：我是女人，理所当然地变成了一个纯净的“糟糠”典型，一起床就洒扫、擦地、烹调、课子、洗衣、铺床，每日如在走马灯中过去。然后就跟见了鬼似的，在三餐中间根本没有时间感知任何事物，最后我浑身疼痛着呻吟着上床，我奇怪自己干嘛还活着。这就是一切。

1940年11月，林徽因携带两个孩子和自己的母亲搭上一辆敞篷卡车从昆明出发到重庆，由于生病，梁思成并未同行。这趟颠簸的旅程持续了整整两个星期，依赖她的照料，老人小孩都平安抵达。

抗战的八年间，他们几乎四处流落，却几乎不能避免危险。在昆明时经常有日本人的飞机来扔炸弹，到了被梁思成称作“这个鸟不拉蛋的该死小镇”的李庄，头顶上仍然经常飞过日军的战机，使他们活在危险的阴影当中。然而，林徽因不论处在怎样的痛苦中，都从未被生活本身所“吞噬”，她始终保持着心中的坚韧与明亮，并在自己的研究中寻求安慰。

1946年，林徽因一家终于离开居住了五年的李庄，回到阔别近十年的北京，在李庄的日子，她和四十个家庭结下深厚的友谊。她就像是一盏灯，走到哪里，哪里就充满温暖与光明。

跳出被过度阐释和浪漫化的语境，我们会发现一个真实的林徽因。她的美，并不体现在三个男人对她的痴迷中，而是体现在一种向上的力量之中。相对于她充满感性的诗，她自身闪烁着一种理性的刚强。

张充和

最后的大家闺秀

中国传统的山水画，无论是远山平湖，还是林木旷野，都留有大片的空白，谓之留白。留白拓展了画作的空间感，也赋予作品高逸的意境。旅美作家苏炜在谈及张充和时曾这样说："如果说，20世纪所谓的大历史、大史诗是'有'，张充和这么一个人就是'无'；如果说大历史是一幅中国历史画卷上的真山真水的话，张充和就是真山真水之间的留白。20世纪各种经世致用的学问，各种政治人物、名人、达人的言论、行止也好，阴谋诡计也好，是中国历史的有用的'用'，张充和这么一个人物就是无用之用的'无'。"

身处20世纪上半叶的中国，大多数人尤其是知识分子，不可避免地被卷入大时代的洪流中。这是一个变革的时代，求新不但是一种追求，也是一种时尚。张充和却"逆流"而进，守持传统，并始终如一。如果说20世纪上半叶的大部分知识分子在追求家国存亡的“用”，张充和追求的则是心灵世界的“无”。

张充和出身合肥名门望族，其曾祖父张树声是晚清时期淮军的二号人物（一号人物是李鸿章），其祖父张华奎是光绪年间进士，曾任川东道台，以善于办“外交”著称。到了其父张武龄（后更名张冀牖，又名吉友）这一代，张家地位虽不复昔日显赫，但仍属于合肥的名门望族。

张家后人不但继承了祖上大片田产，且在合肥、南京、苏州、上海、天津等城市都有商号和房产，照常理，张冀牖这样旧式的传统贵公子衣食无忧，不必在世俗中挣扎腾挪。但传统并不意味着守旧和腐朽，张冀牖并不满足于生活在祖上的庇荫之下，而是走出家门，来到上海，后来在苏州创办“乐益女中”，张充和与其姐弟兄妹们都曾在这所学校读书。

张充和的母亲陆英是扬州大盐商陆静溪的女儿，出嫁的那一天，光送嫁妆的队伍就长达十里，站在张府门口迎亲的贵公子张冀牖，尽管见多识广，但看到那绵延不绝的队伍还是吓了一大跳。

我们现在没有更多的影像资料来了解陆英，但从一张旧照片上，大致可以一窥她的风采。她神情沉静，头戴缀花宽檐礼帽，身穿西式束腰长裙，一手略提裙摆，另一手拎着链带女包，有人说这是典型的爱德华时代的装束，而她的背后则是大海（应为照相馆的布景）。总之，在这个东方女性身上，我们看到了时尚的呈现，且如此得体，乃至有一种天衣无缝的协调。

叶稚珊《张家旧事》中说，张冀牖在婚前和陆英并未见过面，将其娶进门后“盖头掀开，新娘子羞怯怯抬眼一看，所有人都愣住了——不得了！新娘子太漂亮了，一双凤眼，眼梢有一点往上挑，光芒四射，太美了。”这位张家的大少奶奶一口气生了十四个孩子（活下来了九个），其中前四个都是女孩，张充和便是家里的“小四毛”（这是张家对女孩的昵称）。

尽管张府上下百十来号人，都对陆英这位大少奶奶敬重有加，但连生四个女孩，还是急坏了张家的长辈。叔婆婆李氏（张冀牖二叔张华轸的夫人）见这位侄媳妇压力太大，便主动要求抚育充和。

说来李氏也是一位旧式名媛，她是李鸿章四弟李蕴章的女儿。李家当年嫁女，极其爱顾这个女儿，陪嫁了大片田产，然而其夫已逝，虽身在豪门，却无意管理，便一心向佛，取法名识修。据说李氏抱走张充和时，曾提出找个先生为孩子算命，但是陆英说：“不必了，命是她自己的，别人妨不到她”。就这样，尚处于襁褓之中的张充和来到了合肥龙门巷的深宅大院。

童年、少年时代的张充和，接受的完全是旧式“贵族教育”，李氏虽然是旧式女子，但毕竟是李鸿章家族的女儿，有眼光和胆识，她不惜重金为张充和聘请最好的老师，教授她历史、书法、诗词、绘画、音乐……使她受到最系统的古典文化教育。

余英时在为《张充和诗书画选》所作的序言中谈及张充和所受的教育时说：“她自童年时期起便走进了古典的精神世界，其中有经、史、诗、文，有书、画，也有戏曲和音乐。换句话说，她基本上是传统私塾出身，在考进北大以前，几乎没有接触过近代的教育。进入20世纪以后，只有极少数世家——所谓‘书香门第’——才能给子女提供这种古典式的训练。”实际上，李氏不但注重张充和的学养，也注重对她精神气质的培养，手把手地教她怎样做一个优雅的女人，从一颦一笑到动静行止，无不细致入微，使她成为一个中国式的名媛。

四岁以前的张充和，对母亲几乎没有什么概念，她一直以为自己是“叔祖母”李氏生的，直到七岁时的一天家里忽然来了一纸电文，她才明确了母亲的含义，然而电文传来的却是母亲陆英病逝的消息。当然，她并非对母亲没有印象，在母亲去世前，李氏也曾带她去苏州寿宁弄的张家别墅里，那是一个非常热闹的环境，有三个神仙般的姐姐和一群乖巧的弟弟。

当时，母亲陆英正在家里发起“教保姆识字”运动，三个姐姐不但是保姆的老师，还给妹妹和弟弟当老师。陆英给她们仨每人一块布，叫她们给自己的学生绣书包。张充和的小老师是二姐张允和，她知道叔祖母李氏的“超前”的教育，自己的古文功底不及四妹，但四妹只知古文，不知白话文，更不知胡适先生，因此二姐将张充和改名为“王觉悟”，来一个“下马威”。

二姐将自己改名为“觉悟”，连带把姓也改了，还把这名字绣在书包上，这让张充和很不乐意。她诘问道：“我为什么要改名叫觉悟？”

张允和说：“觉悟吗，就是醒来后恍然大悟，明白了一切。”

张充和问：“明白什么？”

张允和说：“明白这是一个新的时代，只有民主科学才能救国。”

张充和说：“就算你起的名字没有道理也有道理，我倒问你这个明白道理的人，你为什么要改我的姓，我姓张，你为什么要我改姓王？大王就是皇帝，皇帝和土匪是一样的人，成王败寇，你是说土匪也觉悟了吗？强盗也觉悟，老百姓岂不是要吃苦。什么王觉悟，我不稀罕这个名字，还是老师呢，连姓名都取得不太通。”随后，张充和发出一串银铃般的笑声。

二姐张允和被诘问得无以回答，干脆哭了起来，这便是“王觉悟闹学事件”。多年以后，张充和与夫君从美国归来，二姐允和还戏谑地说：“王觉悟呀，王觉悟，你现在觉悟了没有。”童年的这件趣事，成为家里最温馨动人的画面。

当张充和再次回到苏州，张家已经从寿宁弄搬到了九如巷，家里多了一位继母和一个弟弟。尽管孩子们都不大，但十兄妹在一起使张家充满了诗书之家的韵味。有一回，张充和在苏州小住，回合肥的前一晚上，三个姐姐在家中楼阁上为她诗酒饯行。

当晚，半个月亮挂在天空，满园的花香氤氲扑鼻，四姐妹将一张旧桌案移到窗前，桌上放着四个冷碟和一壶酒。姐妹们从未喝过酒，但念着饯行必佐之以酒，诗酒相映才能成趣，因而也都端杯做个样子。大姐元和先开口成句：更深夜静小楼中。二姐张允和却不接口，原来她真喝了，几杯酒下肚，两腮绯红，艳若桃花，不胜酒力竟然睡着了。

三姐兆和接了个下句：姐妹欣然酒兴浓。大姐元和赶紧接句：盘餐虽少珍馐味。张充和接最后一句：同聚同欢不易逢。宛若《红楼梦》中的姐妹相聚，情景虽然不同，但是中国诗书之家的气象依旧有几分的。

更漏夜深，然而月色甚美，姐妹们全无睡意，自幼与叔祖母生活在一起的张充和第一次体验到何为“百感交集”，她乘兴作了一首五律：

黄叶乱飞狂，离人泪百行。
今朝同此地，明日各他方。
默默难开口，依依欲断肠。
一江东逝水，不作洗愁汤。

次日，大弟张宗和得知昨夜姐姐们的诗会，为没有参加而沮丧，作了一首诗送别姐姐。回到合肥后，张充和把姐妹们的诗和弟弟的送别诗拿给诗词老师左履宽（此人系清末举人）看，左氏认为宗和的诗最佳，因为不受旧式诗词濡染，没有套话，最是通畅明白。

十七岁时，李氏去世了。临终之际，命张充和背诵《史记》中的名篇。这个旧式女子，是喜欢太史公雄奇瑰丽的文章，还是喜欢那些英雄传奇，这始终是一个难解的谜，总之，她把未竟的传奇留给了张充和。李氏无所出，膝下虽有养子张成龄，但仍在遗嘱中将大片田产留给了张充和，此后中国的时局风云变幻，张充和当然不可能领有这些土地，但她一生都保留着有关那些土地的地契和文书，那是一个亲人对她的佑护。

张充和在合肥生活了十七年，李氏亡故后她归宗生身家庭，回到了苏州张家。在辞别合肥前，一拨又一拨的亲友为她饯行，当然这也包括十几年来一起玩耍的伙伴，可是她与朋友们并没有太多的话讲，她当然知道这一别的含义，可能再也不会回来了。

一个人的一生，童年和少年时期的经历会给予此人极大的影响。张充和早期所受的教育，无疑是一种古典的文化教育，这种教育渗透于她的血液中，使她的情感也带有一种古典意味，那是杜丽娘式的情感。她在《别了龙门巷》一文中写道："我和她们都是一句话没有，悄悄地立在晨曦初破的花影下，默然地诉尽了各人的惆怅。"

张充和在龙门巷张家大宅的这一段生活，虽然备受宠爱，却有几分"少年哀乐过于人"的味道，李氏毕竟是一个老人，仆妇们又哪里懂得一个少女的心事——她是孤独的。对于一个孩子来说，这所大宅确实是乐园，有亭台楼阁巧布的大园，有汗牛充栋的书房，有叔祖母清修的斋院，有专司主人家饮食的大厨房，还有花木扶疏的花园，最令她迷恋的是各种树木：香椿树、古槐树、樱桃树、苹果树、石榴树、杏树、桂花树、梧桐树……她曾多次爬上那些参天大树，也曾偷偷从私塾先生的眼皮下溜出来捡拾桐子，然而在这些乐事之外，她的目光也经常掠过楼台，盯着大宅的青砖高墙，这所曾经的王侯之府爬满了苍苔，也布满了裂缝。

张充和在《裂缝》一文中说："我好像有许多不能告诉人的悲哀在那缝里面，它深深的黑黑的，张开它忧郁的口，成天向我叫着烦闷。"墙缝不会有烦闷，烦闷来自张充和自己。同样的，在另一篇题为《罗汉》的文章里，则透露着超越少年体验的东西：李氏是佛教徒，经常带少年张充和出入寺院，她初次踏入寺院的罗汉堂，便好奇于五百罗汉的姿态各异，照当地的说法，多少岁的人数多少个罗汉，数到的那个罗汉便是自己。几乎每次踏入罗汉堂，她都要数一数：

我数到的，有的是一个慈祥的老者手中在抚弄着一只猫，有的拿一本书，有的像变戏法的人似的，身上缠绕一条已驯服的蛇。我每数到一尊时，心里总想：

“我将来会像他吗？一定不会的。”一直数下去，总找不到自己喜欢的。

……

现在仍然有那股傻劲，向罗汉堂中找自己。却更有一股傻劲在这个世界中寻找自己。也许是自己太糊涂，也许太囫囵，连自己都找不到了。找到的自己，总不是理想的自己。让自己忘了自己吧，祝罗汉们道安。

原来姹紫嫣红开遍，似这般都付与断井残垣，良辰美景奈何天，赏心悦事谁家院？朝飞暮卷，云霞翠轩，雨丝风片，烟波画船，锦屏人忒看的这韶光贱，则为你如花美眷，似水流年，是答儿闲寻遍，在幽闺自怜。

这段《牡丹亭》里的戏文，张充和背得烂熟，在她与小伙伴们一起游园的时候，是否在她内心荡起了共鸣呢？当她走到大门口，向成群的仆妇和看守门房的老仆作别，老仆不禁发出一声长长的叹息，他知道大小姐这一别是再也不会回来了。假如以张充和与张氏家族为原型写一部小说，只怕其中的人世哀凉，不会逊于《红楼梦》吧。

回到苏州后的张充和，在父亲创办的乐益女中上学，新式学堂和她接受的旧式教育完全不同，数学和英语等课程令她吃尽了苦头，但有一门课程却成了她的最爱，那便是昆曲。张冀牖见女儿喜欢，就专门请了一个老师来授课，他便是出身昆曲世家的沈传芷。沈传芷是民国“昆曲传习所”第一代“传”字辈的人物，艺术造诣了得，在教学上倾囊相授，使充和受益匪浅。此后，因为战争影响，张家迁往上海避难，但张充和的昆曲学习从未中断过。

张充和在上海光华中学念书期间，加入了由曲学大家吴梅等人创立的幔亭曲社，还曾在上海的兰欣戏院登台演《牡丹亭》中的《游园》《惊梦》两出戏，她演杜丽娘，李云梅（画家吴子深的姨太太）演丫鬟春香。

不过，对于这次演出也有人不满，那便是戏曲大家王季烈，他认为张充和是世家大族的女公子，李云梅虽是昆曲名角，但身份低微，不该与之同台，他甚至叫张充和的弟弟张宗和传话，叫她不要参演。但张家子弟早已摒弃了旧式的尊卑之念，张充和放话给老先生：“那么请王先生不要来看戏，但李云梅一定要上演。”

张充和除师从沈传芷外，还选修过曲学大师吴梅的课程。吴梅是近代以来在昆曲研究和实践上成就最为卓著的一位学者，张充和曾多次登门请教学问。他曾给张充和题字：展生绡，艺林人在；指烟风，花本天开。

1933年9月，张充和到北平参加三姐张兆和的婚礼，期间萌生了报考北大的想法。次年，她化名“张旋”参加考试，其他各门功课都是优等，唯有数学考了零分。按照北大当时的招考规定，凡有一门不佳，则不予录取，何况考了零分。但张充和的国学课程实在是太棒了，她向壁虚构的作文《我的中学生活》更是打动了批阅试卷的老师。以爱才著称的校长胡适便向试务委员会说情，希望他们笔下“开恩”，象征性地给张充和几分，但负责阅卷的老师根本不理胡大校长，胡校长无奈，只好亲自出马破格录取张充和。这令人想起当年钱锺书报考清华，也是数学成绩糟透了，爱才的校长罗家伦破格录取了他。

近代北大的历史，堪称中国近代史的缩影，不但弥漫着学术氛围，同时还有革命风潮。对于青年人来说，恋爱和革命具有同等魅力，那是一种激荡热血，令人为之痴迷的力量。但恋爱也好，革命也罢，张充和显然有自己的理解，这令笔者想到金庸小说《神雕侠侣》中的小龙女。她成长在与世隔绝的古墓中，对现实世界的理解不取决于世俗成见，也不取决于他人灌输，完全遵从自己的心。龙门巷幽暗寂寞的大宅就像是一座古墓，隔断了张充和与“革命中国”之间可能发生的联系，完整地保留了一份传播中国古代文化的使命。

但严格来说，就连所谓“使命”也谈不上，在她而言，她自己所做的一切都是自然而然做出来的，是顺乎一个人对“美”与“知”的追求的。但这并非说她是一个旧时代的“化石”，恰恰相反，她和当时的所有青年一样沐浴在新文化运动的氛围中，接受了平等自由等思想，她的文章《隔》颇似鲁迅的小说《故乡》，其中的人物是她少年时的玩伴，那是一个仆人的儿子。

少年时浑然无邪，无贵贱之别，成年后却对她毕恭毕敬，甚至下跪，这令她感到窒息。就像《故乡》中的闰土和迅哥儿一样，旧思想的遗毒和底层的痛苦生活已经在他们之间划下了一道鸿沟。张充和用少见的愤怒笔触写道：“你这么恭敬叫我冷，你这么胆怯叫我怕……是谁把一大堆一大堆美丽的天真的，无贵贱阶级的，无男女界限的儿时生活埋葬起来了呢？我明知你不肯埋葬，我不肯埋葬，那又是谁呢？”

那一代人，大约很少有没读过鲁迅的，张充和的父亲曾遍读鲁迅作品，她自己不可能不知道那篇著名的小说《故乡》，就算没读过，她的这篇文章和《故乡》也有一脉相承的意义。

然而，仅止于此，因为再往前走一步，那就不是张充和了。

相较于父母一代，张充和这一代人更趋于现代，他们是温和的革新派，以理性平顺的方式打破旧的尊卑观念，顺理成章地接受了人与人之间的平等关系，这种平等不只是一种观念，更是一种情感。曾照顾过张充和的保姆高干干六十岁时，她与弟弟们专门为老人过六十大寿。高干干去世后，她还曾写过一首诗，在她眼里，那不是一个地位不高的保姆，而是她的亲人。

趁着这黄昏，我悄悄地行，行到那薄暮的苍冥。一弓月，一粒星，似乎是她的离魂。她太乖巧，她太聪明，她照透我的心灵。

趁着这黄昏，我悄悄地行，行到那衰草的孤坟。一炷香，一杯水，晚风前长跪招魂。唤到她活，唤到她醒，唤到她一声声回应。

从这诗里，我们可以看出，那情感的表达方式，仍是古典式的。

张充和一生的最大成就是书法和昆曲，她为人洒脱，与士林人物相交，往往磊落得令人喜爱，便是一些大家也愿意毫无保留地为她指点一二。大书法家沈尹默曾指导她的书法长达五年，对其评价很高，称之为“明人写晋人书”。客观地说，张充和的字很别致，却并非风格化的东西，实际上任何艺术一旦流于风格化便不免浅薄，而张充和的字不媚不流，沈尹默的考语，是说其有古意也。沈氏曾赠充和诗云：

四弦拨尽情难尽，意足无声胜有声。
今古悲欢终了了，为谁合眼想平生。

在友情、爱情、亲情之外，有没有另外一种情感呢？那是一种像朋友，却充满恋慕的感情。我想大概是有的。今人说暧昧，古人说意淫，都无法精确地表达这种感情，那是一种古典主义的东西。

张充和直到三十五岁才结婚，丈夫是德裔美国人傅汉思。爱情来临，没有理由，既无关相识的早晚，也不论交往的短长，就是那么一刹那，便决定将自己的一生托付给这个人。叶圣陶曾说：“九如巷张家的四个才女，谁娶了她们都会幸福一辈子。”

张充和才貌俱佳，追求者甚众，在重庆礼乐馆工作时便有雅士别出心裁，用甲骨文写了情书给她，然而终究没能入她的“法眼”。诗人卞之琳对她恋慕半生，据说那首著名的《断章》就是为她而写。歌德在《少年维特之烦恼》中有一个著名的论断：无望的爱情之火最为旺盛。卞之琳直到45岁才结婚，可以说是一个诗人最痴情的坚守。

对于这一段如烟如雾的恋情，据说多年后曾有人问张充和，为何当年没有直接干脆地拒绝呢？张充和回答说：“人家没说请客，我怎么好说不去呢？”原来，她一直在渴望一份炽烈、切实的感情。不过，爱从来无罪，你可以不爱一个人，但不能轻视一个人的爱。卞之琳固然未能得到张充和的爱情，却获得了她的友谊，便是海天相隔，光阴飞逝三十多年后，张家人都还把他看作他们最重要的朋友。

张充和的夫君傅汉思出身学术世家，其父辈都是西方古典文学的教授。傅汉思从小受家学濡染，也热衷于文学研究，精通英语、法语、德语等多国语言，在美国时与胡适相识，受邀请到北京大学担任西班牙语系主任。1948年的时候，傅汉思结识了同在北大任教的沈从文，经常到沈宅聊天，并与住在沈家的张充和相熟。很快，沈从文就发现傅汉思来沈宅的目的并不是找他，而是找张充和，因此傅一来，他便把空间留给他们，以免当电灯泡。

1948年11月19日，相识不到一年的张充和与傅汉思在北平成婚。此时国共内战正酣，解放军即将发动平津大作战，在这兵荒马乱之年，也来不及通知散居各地的兄弟姐妹，参加他们婚礼的除了美国大使馆的人员外，只有十余个亲友。一个月后，张充和甚至来不及与同在北平的三姐张兆和见一面，只打了个电话就随夫乘上飞机离开了故国。此后三十年间，她在耶鲁、哈佛等海外的高等学府讲授中国文化，使西方人了解了中国书法和昆曲的魅力。

昆曲需要笛子伴奏，但美国不生产笛子，张充和便截取自家园子里的竹子自制笛子，当然竹种也是她从中国带去、亲手种植的。上课的时候需要搭档，她便教9岁的女儿学昆曲，母女二人穿着中国的旗袍，站在耶鲁的讲台上，给一群金发碧眼的美国学生上课。她们的发式、装扮、举止深深地打动了学生们，让他们领略到东方文化的魅力。

傅汉思儒雅，宽容，性格宽宏，虽然身在美国，他却经常与妻子说汉语，他曾这样评价妻子，说她是“一个中国诗歌的终身弟子，以及中华文明最美好精致的活生生的化身”。他对中国文明有着深刻理解，因而能与妻子相得益彰。

在他们结婚三十年后的某一天，夫君去加利福尼亚州开会，她回顾往事，灵感突发，在枕上连作二十首诗，其中一语说“涂里相将闲曳尾，强如东海傲云天”，这是借用庄子的典故，说自己宁可像水田里的龟，享受泥涂里自由自在的生命过程。张充和天性爱自由，不为“有用”与否所驱使，人们对她的字评价很高，她却说自己的字是随便写写。就像宋元山水画一样，远山平野之上的留白是原本存在的，并不是画家的构建。

张充和的一生，正是那种自然的存在。

她不曾明确表达过炽烈的情，但那情在骨子里；她不曾参与过什么进步活动，但关于人类情感的爱与美，真与善，都在她的笔下，她是最具中国传统风骨的名媛。

陆小曼

她是中了寂寞的毒

丘比特的箭是盲的，这个小爱神蒙着眼睛胡乱射一通，就把两个不相干的人硬捏在一起了。陆小曼与王庚是两个不相干的人，徐志摩与张幼仪也是两个不相干的人。而陆小曼与徐志摩恰是那一个苹果切成的两半，金童玉女，珠联璧合。然而再契合的灵魂也会被生活磨损，生活不是两个人的事情。

你若爱我，就全心全意，彻底地、纯粹地对我，不要为外物所左右，否则，稍许的倾斜就会在我心里系了结，有了情绪，你往我心上滴镪水，我往你心上滴镪水，所有起初看起来美好的爱情都葬送在这种不彻底上。

初相见的时候，他们的甜蜜羡煞旁人。

那是1924年夏天，在豪华热闹的舞场，两人初次邂逅，才子与佳人步入舞池。“他们彼此深信，是瞬间迸发的热情使他们相遇”，灯光配合着音乐，舞步交错着人影，在这恰到好处的氛围中，谁能不生出些许遐想，何况“他们两个，一个是窈窕淑女，情意绵绵；一个是江南才子，风度翩翩；一个是朵含露玫瑰，一个是抒情的新诗”，一切都为恋爱作好了注脚，写好了冒号，就等着下文。

偏偏老天也来作美，一次义务演戏又让两人碰在一起，在《春香闹学》中，志摩演老学究，小曼演丫鬟春香，第一次亲密接触让志摩触电般地记下，诗人写下热烈的诗句：“你不觉得我的手臂更迫切地要求你的腰身，我的呼吸投射在你的身上，如同万千的飞萤投向火焰？”

他的爱情如飞萤，小曼却是火焰。因为陆小曼此时已经是陆军少校王庚的妻子。

媒妁之言，父母之命。尚且懵懂的少女陆小曼与王庚从订婚到结婚还不到一个月，她自己的态度无可无不可，王庚却是陆小曼之母吴曼华相中的乘龙快婿。气宇轩昂，谈吐不凡，敦厚正直，青年才俊，毕业于美国西点军校，刚回国就成了军阀各方势力争抢的香饽饽……

然而婚后，两人的不协调很快暴露出来。

小曼是被宠爱呵护着长大的，她心性细腻、善感，需要精神上的互动。可是军人王庚却刻板无趣，又是苦日子出身，一心想在仕途上发展。每次回家来，小曼说：你回来了。他嗯一声就进了书房，在书房里一坐就是几个小时，日日如此。虽然对小曼是有爱的，但却不知道给她温存，不陪她玩耍与聊天。在这个寂寥的大房子里，小曼一日比一日寂寞，她又开始流连舞场，在纸醉金迷的社交界沉醉，王庚有时候就会对她大发脾气。他以为把她娶回家去就完成任务了，却不懂得婚姻需要经营，不经浇灌的婚姻会成为死气沉沉的坟墓，情感丰富的陆小曼要么在这坟墓里郁郁而终，要么另寻感情的出口。

恰巧，徐志摩也是王庚的朋友，他一上门，王庚就说：“我没空，让志摩陪你去玩吧。”

其实小曼身边早有张歆海、胡适等人虎视眈眈，木讷的王庚却毫无危机感，而知情知趣的诗人徐志摩自然最能讨小曼的欢心，花前月下，你侬我侬。

没想到会有这样的机会，在初度晕眩之后还能频频相伴。徐志摩陪着陆小曼逛天桥，爬长城，喝茶画画，跳舞看戏，其乐融融，情愫绵延。两个人你中有我我中有你，再也分不开了。

王庚接到调令，要去哈尔滨担任警察局长，让小曼随行，可是哈尔滨没有徐志摩，小曼寂寞难耐，要求回北京。王庚不明就里，竟允她一个人回了北京。

徐志摩和陆小曼经常在“松树七号”也就是新月社的聚集点相会。两人志趣相投，相见恨晚，眉目传情，恋恋不舍，越说越有说不完的话，私语话情愁，也确实有了愁。小曼在日记里写道：“这样的生活一直到无意间认识了志摩，叫他那双放射神辉的眼睛照彻了我内心的肺腑，认明了我的隐痛，更用真挚的感情劝我不要再在骗人欺己中偷活，不要自己毁灭前程。他那种倾心相向的真情，才使我的生活转换了方向，而同时也就跌入了恋爱了。于是烦恼与痛苦，也跟着一起来。”

寂寞的小曼从此找到了知音，这才是可恋之人，才是她的恋人，志摩如一阵春风，在她这一池平静的碧波上吹起了皱。而对于徐志摩，“我的诗魂的资养全得靠你，你得抱着我的诗魂像母亲抱着孩子似的，他冷了你得给他穿，他饿了你得喂他食——有你的爱他就不愁爱不怕冻，有你的爱他就有命！”

你教给我什么是生命，什么是爱，

你惊醒我的昏迷，偿还我的天真。
没有你我哪知道天是高，草是青？
你摸摸我的心，它这下跳得多快；
再摸我的脸，烧得多焦，亏这夜黑。
看不见；爱，我气都喘不过来了，
别亲我了；我受不住这烈火似的活，
这阵子我的灵魂就像是火砖上的。
熟铁，在爱的锤子下，砸，砸，火花
四散地飞洒……我晕了，抱着我，
爱，就让我在这儿清静的园内，
闭着眼，死在你的胸前，多美！

徐志摩的表弟蒋复璁曾谈到当时的情景：“因为陆小曼参加了新月社，自然和志摩很熟，当时志摩恋林失败，正在此时，小曼予志摩照顾周到，饮食与衣物日常送赠，我那时几乎每日到志摩处，颇觉这位王太太对志摩的照顾有逾友谊。”

徐陆之恋闹得满城风雨，王庚的名字在大街小巷被传扬，他忍受着，沉默着，直到去了上海，工作稳定下来，才给小曼下了最后通牒：“一、请放尊重点；二、请火速去上海。”像军队里的命令，他这个军人准备打一场持久战。

但他很快败下阵来。陆小曼的心是站在徐志摩一边的，他怎么拉得过来？还有胡适、刘海粟、张歆海等一大帮人，都站在徐陆一边，甚至连一向看好王庚的岳母吴曼华，最后也因为刘海粟的游说，倾向徐陆那一边。母亲陪着陆小曼一到了王庚身边，几个朋友就举行了一场鸿门宴，对王庚进行围攻。

王庚同意离婚。

陆小曼改嫁徐志摩，在当时那个崇尚“三从四德”“嫁鸡随鸡”的时代，引起轩然大波，把她捧为天人的文人雅士瞬间变成“真的猛士”对她大加挞伐，连走在思想前沿的梁启超也指责小曼轻薄放荡配不上徐志摩，在两人的婚礼上大放厥词：

徐志摩，你是一个有相当天才的人，父兄师友，对于你有无穷的期许，我要问你，两性情爱以外，还有你应该做的事情没有？从前因为你生命不得安定，父兄师友们对于你，虽一面很忧虑，却一面常常推情原谅……我们从今日起，都要张开眼睛，看你重新把坚强意志树立起来，堂堂地做个人哩；

陆小曼，你既已和志摩做伴侣，如何的积极地鼓舞他，做他应做的事业，我们对于你，有重大的期待和责备，以后可不能再分他的心，阻碍他的工作……

当面说的这些话太客气了，梁老夫子背后说的话才叫人哭笑不得："这次看着他陷于灭顶，还想救他出来，或者竟弄到自杀。我又看着他找得这样一个人做伴侣，怕他将来痛苦无限，所以对于那个人当头一棍，盼望她能有觉悟，免得将来把志摩弄死……"

这是徐志摩老师的态度，后面还有徐志摩的父母等着要给陆小曼颜色看呢。

徐志摩奉父母之命带着媳妇回硖石老家，在路上两人满怀憧憬。不管怎样，他们此时是幸福的，是快乐的。志摩说："身边从此有了一个人——究竟是一件大事情，一个大分别；向车外望望，一群带笑容往上仰的可爱的朋友们的脸盘，回身看看，挨着你坐着的是你这一辈子的成绩，归宿……"陆小曼偎依着徐志摩，陶醉的语气不言而喻："在以后的日子中我们的快乐就别提了，我们从此走入了天国，踏进了乐园……同回到家乡，度了几个月神仙般的生活。"

在徐家，陆小曼没有林黛玉的聪慧，不知进了贾府要步步小心，她还是一副娇憨模样，想怎么样就怎么样。完全是大小姐派头，什么都用高档的，北京的墨，外国的手帕，睡觉睡到中午才起床……

她让徐志摩吃她吃剩的米饭，换来徐母剜她的眼神；

她对数字头疼，不想像徐志摩前妻张幼仪那样管账，换来徐父的叹息；

“你学了文学，她再不管家，这个家以后怎么办？你总是护着她，到时候你有苦头吃了，我们两个老人无所谓，看不惯我们可以走，我们可以上幼仪那儿去。”

两个老人说到做到，果然让陆小曼下不了台，不久就到张幼仪那里去了。这是嫌小曼，避小曼啊。眼不见心不烦，对于这难堪的一击，陆小曼无可奈何。

剩下她与志摩两个人，倒也清静不少。携手相依，吟诗作画，登高望远，真正的神仙眷侣啊。与有情人，做快乐事；与有情人，没有寂寞。外面的繁华算什么，只一个人就够了，相看两不厌，静得“连掉一根针的声音都听出来了”。这在陆小曼“可以算得是达到我们的理想生活。”

谁说小曼只爱浮华？谁说小曼生性浅薄？

因为战事，也为了徐志摩的事业，他们离开硖石老家，来到了上海。

上海是个大都会，也是个染缸。滋生浮华的温床。

陆小曼太耀眼，《良友》《上海漫画》《上海画报》等刊物纷纷刊登她的玉照，名人雅士慕名而来，邀请不断，她又开始出入社交场合，过起了之前的夜生活。志摩有志摩的事业，小曼有小曼的娱乐。

对此，徐志摩大为不满："你这无谓的应酬直叫人不耐烦，我想想真有气，成天遭强盗抢，老实说，我每晚睡不着也就为此。眉，你真的得小心些，要知道'防微杜渐'在相当的时候是不可少的。"

经历那么多波折才在一起，可是一旦成功，各自的本性就流露出来了，本性与本性摩擦，难免生出怨来。每个人身上都带着成长的烙印，都充满着习气。陆小曼从小被娇养惯了，衣来伸手饭来张口，想要什么就有什么，想怎么样活就怎么样活，再加上教会对贵族小姐的教育，本来就是用于社交的，她无法从习惯中走出来，这让徐志摩非常苦恼。

但陆小曼自有她的道理："可叹我从小就是心高气傲，想享受别的女人不容易享受得到的一切，而结果反成了一个一切不如人的人。"还有她交朋友的态度，男女不分，没个尺度，志摩只好提醒她："受朋友怜惜与照顾也得有个限度，否则就有界限不分明的危险。”后来果然有了危险，闹出了事端。给陆小曼按摩的世家子弟翁瑞午因为与小曼走得过近，被小报做过绯闻报道。

这场闹剧传得满城风雨。徐志摩躲到国外去了，陆小曼仍旧身正不怕影子斜。

徐父看不惯陆小曼，经济上断了供给。徐志摩为了供陆小曼挥霍，在几所大学教课，课余还要写文章赚稿费。他在日记里写道：“我不愿意你过分‘宠物’，不愿意你随便花钱，无形中养成‘想要什么非要到什么不可’的习惯。我将来决不会怎样赚钱的，即使有机会我也不来，因为我认定奢华的生活不是高尚的生活。爱，在俭朴的生命中，是有真生命的，像一朵朝露浸着的小草花；在奢华的生活中，即使有爱，不能纯粹，不能自然，像是热屋里烘出来的花，一半天就有衰萎的忧愁。”

他希望陆小曼脱离物质的束缚，发挥自己的才华，写文章，画画。他送给她“一本纯粹性灵所产生，亦是为纯粹性灵而产生的书”。他为了让她坚持学画，还用高学费请了老师；他诱导她为他的书写序。可是陆小曼只有三分钟耐心，坐在桌前只等着志摩一声令下，不用写了，就像得了赦令的小孩子一样跑出去玩了。

她知他是为她好，但是她实在力不从心。达不到他的期望，她也是内疚和自卑的。身体这样坏，为了减轻痛苦又有了鸦片瘾，她对自己是无能为力了，索性放纵起来，留恋舞场，抽鸦片，打牌，完全不是先前那个美丽且有灵性的女子了。徐志摩着急也没有用，她吸鸦片，他就窝在她身后打盹儿。这是怎样的爱，像两个无助的孩子相依为命。

有人来劝徐志摩离婚了。他怎么舍得丢下她，怎么能在她有灵性的时候追求她，待她变了样就丢下她呢。无论她变成什么样都还是他的，都是他的责任，他要拯救她，同时也要拯救自己。他在给陆小曼的信中说："安乐是害人的……我的笔尖再没有光芒，我的心上再没有新鲜的跳动，那我就完了……要知道堕落也得有天才，许多人连堕落都不够资格。我自信我够，所以更危险。因此我力自振拔，这回出来清一清头脑，补足了我的教育再说。"

他希望陆小曼争口气，能做成点事，羞羞这势利的世界："再说到你学画，你实在应到北京来才是正理。一个故宫就够你长年揣摹。眼界不高，腕下是不能有神的。凭你的聪明，绝不是临摹就算完毕事。就说在上海，也得想法去多看佳品。手固然要勤，脑子也得常转动，才能有趣味发生。"

她是他的骄傲，他希望她是他的骄傲。陆小曼的一幅山水画长卷，他随身带着到处给人看，找名人题字，有人夸奖，他心里就欢喜。

为了生计，他应胡适之邀去北京教课。陆小曼不愿意随往，一个人留在舒服的上海过纸醉金迷的日子。徐志摩要走，她也不再关心他，也不帮他整理行装，也不动身送他。因为她有她自己的心事，她的心事，就是北京住着一个林徽因。

林徽因一直是她的一个心结。

陆小曼说："早四年他哪得会来爱我，不是我做梦么？我又哪儿有她那样的媚人啊？我从前不过是个乡下孩子罢了，哪儿就能动了他的心？"她一直觉得徐志摩是因为追不到林徽因才转向了自己的。她在日记里写道：

我这两天灰心极了，在他（徐志摩）身上亦不想有多大的希望，他心里的真爱多给了她（林徽因）了，我愈想愈不应闯入他那真情破网里。

他虽然失意，可是他的情仍未死，我为什么去扰乱他……

她当初不是没有犹豫过，但最终接受了他的爱情，是因为“得啦，我的心是最软不过的……”一个女人最无法容忍的是，她的男人曾经深爱过另一个女人，且至今没有放下的迹象。她不是首选，这种退而求其次让骄傲纯粹的陆小曼深受折磨。

而徐志摩呢，也确实不够专一。他有了陆小曼之后，还与林徽因、凌叔华等人保持着一种亲密关系，让陆小曼时时有自卑感。他的爱护始终没有做到位，暗暗地伤害了她，“昨日去叔华家谈了一下半天，知道你寄给她你作的文章，你为什么不寄点给我呢！我的学问虽则是不好，可是我的心是最好强的，你可千万不要看不起我，人家看不起我比什么都难过。我知道你是爱我的，我心里很觉得安慰，只是你对我终没有对她们那一般的情，清夜里想起来使我心酸。”

陆小曼有自己的心酸，所以她拒绝去北京。但是有几人能懂得其中的玄妙，懂得他们之间的嫌隙曲折。很多人都怪陆小曼不与徐志摩一起去北京，让他来回跑，以致赶上飞机失事，是她害死了徐志摩。

徐志摩要去北京，陆小曼嘴上不说，但不满也露出来了，淡淡的，懒懒的。徐志摩曾写信埋怨道：

我家真算糊涂，我的衣服一共能有几件？此来两件单哔叽都不在箱内！天又热，我只有一件白大褂，此地做又无钱，还有那件羽纱，你说染了再做的，做了没有？……你自己老爷的衣服，劳驾得照管一下。

徐志摩的信写得很勤："我如此忙，尚且平均至少两天一信，你在家能有多少要公……连个恶心字也不来……"陆小曼信是回了，但没有热情：

玉器少带两件也好，你看着办吧。既无钱回家何必拼命呢，飞机还是不坐为好。北京人多朋友多玩处多，当然爱住，上海房子小又乱，地方又下流，人又不可取，还有何可留恋呢！

来去请便吧，浊地本留不得雅士，夫复何言！

她那句"人又不可取"说的是自己；"北京的朋友多"主要还是指林徽因，上海没有什么可留恋的，你就请便吧。"夫妻间没有真爱可言，多成怨偶，倒是朋友的爱较能长久。"她常提起凌叔华对她说的这句话，简直当成了座右铭，怕也是在发泄心中的怨吧。但是人非草木，她还是免不了真情流露，在信中"飞机还是不坐为好"的"不坐"下面画了四个着重号。

“你说我是甘愿离南，我只说是你不肯随我北来。结果大家都不得痛快。我这回正式请你陪我到北平来，至少过半个夏。但不知你肯不肯赏脸？”

事实让陆小曼如何赏脸，徐志摩就住在林徽因家的楼下。

据说，徐志摩经常去看望林徽因，都有了流言。陆小曼的信中有讽刺，但也有关切的语句，“近日甚少接家书，想必是侍候她人格外忙了，故盼行动稍自尊重，勿叫人取笑为是。”

是他们自己在毁灭自己的爱情，有人说不作死就不会死，他们是在作死。但是活着不就一直在“作”吗？不“作”，不折腾，那还是人的本性吗？明明相爱，却互相折磨。谁也不肯让步，这就是往死里“作”。这是人的习性，直到有一天事情真的发生了，才能醒悟。

徐志摩为了省钱，搭乘免费邮政班机，因为那天大雾，驾驶员一再降低飞行高度，飞机撞在济南西南的北大山上，三十六岁的徐志摩逝世。

“悲哀的最大表示，是自然的目瞪口呆，僵若木鸡的那一种样子，这我在小曼夫人当初接到志摩凶耗的时候曾经亲眼见到过。”这是王映霞对当时陆小曼的描述。她蓬头散发，脸也没洗，一下子老了好几个年头。她号啕大哭，几次昏厥。

徐志摩唯一留在现场的遗物就是那幅他随身带着给人签名的山水画长卷，见到这幅画，陆小曼又哭倒了。这幅画放在铁箧中，没有和其他的物品一起炸成灰末。她的画，他一直带着，她怎能再怀疑自己就是他最爱的人?

为时已晚！亡羊补牢，为时已晚！她沉痛地写下：

多少前尘惊噩梦，五载哀欢，匆匆永诀，天道复奚论，欲死未能因老母；

万千别恨向谁言，一身愁病，渺渺离魂，人间应不久，遗文编就答君心。

一时，陆小曼成了红颜祸水，指责漫天盖地飞来。

陆小曼的母亲更为女儿抱不平，“志摩害了小曼，小曼也害了志摩，两人是互为因果的！”郁达夫的话比较客观，他说：“情热的人，当然是不能取悦于社会，周旋于家室，更或至于不善用这热情的，志摩在死的前几年那一种穷状，那一种变迁，其罪不在小曼，更不在志摩自身……”

有些爱，就是毁灭性的，你不懂。

陆小曼对所有的指责无动于衷，志摩死了，这个世上再没有什么值得争辩。仿佛大彻大悟般，她喃喃地说：“人生本是梦，梦长与梦短而已，还不是一样地一天天过去。等待着梦醒，好与坏还不是一样！”之前所有的热闹再引不起她的兴趣，这沉重的打击让她如梦方醒，从此再不去社交场合。

一生素服，有时画画，后来一心编辑、收集徐志摩的文章，要为志摩编全集。

徐志摩对陆小曼的爱是一种向上的拉拽，督促她，管教她，这让陆小曼心里不舒服。而为陆小曼按摩的翁瑞午是爱她本来的样子，陪她逛古玩店，上赌场，唱戏，打牌，还有一手能治小曼病痛的按摩功夫，只要她喜欢的，无论字画还是其他什么好玩的，全都送来。像贾宝玉说的：“当初姑娘来了，那不是我陪着顽笑？凭我心爱的，姑娘要，就拿去，我爱吃的，听见姑娘也爱吃，连忙干干净净收着等姑娘吃。”翁瑞午对陆小曼也是百般呵护，他的感情不像徐志摩那样激烈，而是细水长流，让人舒服。

徐志摩死后，父亲徐申如每月给陆小曼两百块钱，可是陆小曼还拖着表妹吴锦一家，生活艰难。后来徐申如连这两百块钱也不给了，她的生活就全由翁瑞午负担。翁瑞午是陆小曼家的常客，他和几个朋友钱瘦铁、陈巨来、赵家壁、陈小蝶等在这里聊天。

有一天，翁瑞午说汽车损坏了，便在陆小曼的二楼烟榻上权睡一宿，后来常常如此，陆小曼独自上三楼去睡。徐申如就是从这天开始断绝了给小曼的生活费，原来他买通了弄堂口看门人，监视着翁瑞午的一举一动。翁瑞午知道后大怒，索性搬上三楼，在陆小曼一边另设一榻而睡。

翁瑞午出身世家，做着房地产生意，但是不太把心放在生意上。他爱玩，有点纨绔子弟的意味，喜欢唱京戏、昆曲，能诗善画，还能鉴赏古董，被胡适称为“自负风雅的俗子”。翁瑞午很随性，没有什么大的人生目标，逍遥自在，淡淡的如茶，如春风。那时还有一些人追求陆小曼，但陆小曼选择了这个温厚的人。

他让她觉得安心，他给她的感觉是“一直在的”。他给她买静安寺老大房的蛋糕，买老大昌食品店的西式点心。苏雪林曾回忆道：“翁瑞午站在她榻前，频频问茶问水，倒也是个痴情种子。”

陆小曼不让他离婚，一是为了徐志摩，二是为了翁瑞午的妻子陈明榴。徐志摩死后成为她心目中的丰碑，而陈明榴贤惠善良，小曼又怎么忍心叫翁瑞午把她丢弃。翁瑞午的随性让他曾做了一件荒唐的事情，他与陆小曼的女佣生了个孩子，后来还是由陆小曼抚养。陆小曼说："我之所以一点都没有醋心，实在是由于我对翁瑞午只有朋友的感情，早已不存在什么爱情了。"

她的心定格在徐志摩的身上，以为与翁瑞午之间只有友情，甚至亲情，可是谁又能说这不是爱情呢?

浓情烈火、肝肠寸断是爱情；笃信不疑、细水长流也是爱情。

她静静地享受着这份静静的爱情。

胡适曾写信给陆小曼，让她到北京，由他来安排她的生活，但是她拒绝了。抗战胜利后胡适仍旧不死心："可从速来南京，由我安排新的生活。"陆小曼没有正面回复他，只说："瑞午虽贫困已极，始终照顾得无微不至，二十多年了，吾何能把他逐走？"陆小曼是重情重义的人，胡适真是白认识了她，竟然提出这样有违陆小曼心性的条件来。

陆小曼的眼光没有错，选择没有错。

翁瑞午是个至情之人，为补贴陆小曼的生活，救治她的病痛，也为讨佳人欢心，他先变卖家中古玩字画，后来连茶山、房产也都卖掉，倾家荡产，大有“撕几把扇子值几个钱”的贾宝玉豪情。在外人看来这是败家，是拎不清，但是从另一方面来讲，他又是怎样的痴人。

即使到了老年，陆小曼容颜憔悴，牙齿也掉了，枯槁的身体再没有几分力气，他仍旧陪伴左右，一往情深。真正的感情不会因为岁月的磨蚀而产生厌倦，就是这个纨绔儿也能羞羞那些“陈世美”吧。

翁瑞午呵护陆小曼至死无怨无悔，他临死时还把陆小曼的朋友赵家壁和赵清阁约到家里，抱拳嘱托：“今后拜托两位多多关照小曼，我在九泉之下也会感激不尽的。”

恰巧，徐志摩临死时，也曾与翁瑞午长谈，希望他能照顾陆小曼，果然飞机失事，翁瑞午担负起照顾小曼的责任，难道是冥冥中自有定数?

王庚又曾对徐志摩说：“我们大家是知识分子，我纵和小曼离了婚，内心并没有什么成见；可是你此后对她务必始终如一，如果你三心两意，给我知道，我定会以激烈手段相对的。”

陆小曼一生是个弱女子，幸运的是她遇见的每个男人，都对她呵护备至，爱入骨髓。与悲惨的萧红相比，她生命中的三个男人才算作男人。

蒋碧薇

爱过之后，他们成了彼此的地狱

在古代，“男怕入错行，女怕嫁错郎。”

女人的命运，就系在一个男人身上，多么可怕。直到现代社会，“被抛弃”的女人还耿耿于自己的婚姻，自己婚姻中的这段感情。像朱安，明明鲁迅并不拿她当妻子，她却还守在鲁迅的家里，让别人称她为周夫人，果然是嫁鸡随鸡嫁狗随狗，她不是自己，她只是所嫁的那个人的附属品。还有另一个女人，张幼仪，她可是强势的现代女性，可是，徐志摩移情别恋后，她仍旧恋恋于徐志摩的“原配”这个名号，仍旧逢人便说，在所有爱过徐志摩的女人当中，她是最爱志摩的。

有什么用?

人家弃你如敝屣，你却抱着人家的名头，标榜自己仍旧远远依随。还不是自取其辱。

真正的爱情容不得半点渣滓。

它与友情与亲情不一样，它是唯一性的，是无法宽容的。

所以，当徐悲鸿向孙韵君求婚，孙韵君的父母不同意，逼其另嫁他人，徐悲鸿极其沮丧，又回到发妻蒋碧薇身边时，蒋碧薇不愠不火，只淡淡地说："假如你和孙韵君决裂，这个家的门随时向你敞开。但倘若是因为人家抛弃你，结婚了，或死了，你回到我这里，对不起，我绝不接收。"

有些男人不懂，我回来了还不行吗？不行，我不要别人剩下的。

别人抛弃的东西我绝不接收。你是退而求其次，你把我当其次，你侮辱了我的爱情。蒋碧薇对爱情是有洁癖的，她拒绝得堂堂正正。徐悲鸿要吃"回头草"，她告诉他没得可吃。她要自己的爱情，你不在乎我，自有在乎我的人。

蒋碧薇后来在回忆录《我与悲鸿》中这样写道："如此我从十八岁跟他浪迹天涯海角，二十多年的时间里，不但不曾得到他一点照顾，反而受到无穷的痛苦和厄难……"

十八岁的蒋碧薇，不顾一切，与穷画家私奔。据说家人看到她恶作剧般留下的遗书，还真摆了灵堂。不然如何交待？她十三岁就已经与苏州名门望族查家二公子查紫英订了婚，两家可谓门当户对。

蒋家在宜兴也是大户人家，蒋碧薇的父亲蒋梅笙是一位学士，饱读诗书，办过学校。蒋碧薇在书香之家受着熏陶，隽秀优雅，气质卓绝，表面看上去安安静静，却有着自己的主见。

当时徐悲鸿父亲重病，他的压力非常大，在三家学校教授图画，往返有三十多里路，他为了节省路费，坚持步行。因为与蒋梅笙是同事，经常来蒋家串门，蒋梅笙对徐悲鸿的才学非常赏识。父母总在女儿蒋碧薇面前夸耀这个贫苦上进的青年，有一次还当着她的面说："我们要是再有一个女儿就好了。"言外之意是再有一个女儿就可以将她许配给徐悲鸿。

潜移默化地，蒋碧薇对徐悲鸿就有了好感。

蒋梅笙受聘上海复旦大学，去了上海；不知道是不是冥冥之中自有牵引，后来徐悲鸿因为要深造，也到了上海，半工半读。女性需要崇拜，更容易对她所崇拜的人产生爱慕，恰巧，在她父亲大学里上学的未婚夫查紫英又太不争气，有一次考试，竟然请求未来的岳父提前给他一张试卷，这让蒋碧薇非常蔑视。她的心自然转向了让她崇拜的徐悲鸿。

妹有意，郎有情。

徐悲鸿请蒋家一个远房亲戚朱了洲带去私奔的口信。“如果有一个人，想带你出国，你愿意吗？”蒋碧薇毫不犹豫地说：“我去，怎么会不去。”答案如此笃定，她的心早跟着那个人飞了，少女的心——天涯海角，生死相随。

徐悲鸿得到蒋碧薇肯定的答复后，欢喜异常。他先是为心爱的人想到一个心爱的名字：碧薇——蒋碧薇原名是蒋棠珍，祖父给起的这个名字从此被“碧薇”替代了。然后徐悲鸿订了一枚戒指，刻上“碧薇”两个字。

他深情地把戒指戴在她的手上，那一刻，一定是蒋碧薇此生最难忘的时刻。“今夕何夕，得此良人。”在爱情中的人如在幻梦中，醉一回，死也值了。

第二天，他们就相依相偎地开始了私奔之路，徐悲鸿带着蒋碧薇去了日本。

两个人下榻在一家叫“下宿”的旅馆里，日子过得非常清贫。酷爱艺术的徐悲鸿看到喜欢的日本仿制原画，就毫不犹豫地买下来。虽然蒋碧薇不买鞋子，不买衣服，但两个人身上所带的钱不到半年就花光了。

只剩下回家一条路。

蒋碧薇“死而复生”出现在娘家，风言风语就传出来了，好在蒋父蒋母都是开通的人，并没有怎么为难他们。而徐悲鸿找到康有为，用一幅画折服了他，弄到一个官费留学名额。学费有了保障，至于生活费，省俭一下总过得去，蒋碧薇还想自己可以做女工挣点钱。两个人再次启航，到了巴黎。

徐悲鸿进了艺术学院攻美术，蒋碧薇先练习法语，后来学音乐。这个时期，两个人的日子既甜蜜又清苦。因为初到异乡，没有别的朋友来分心，两个人之间就靠得更紧，更容易拧成一股绳，就像旅游中的情侣，一致对外，比疲沓地待在家里更关心彼此。

私奔也是爱情的一种纯粹形式。像刘震云的小说《一句顶一万句》中写的那样，几乎每对夫妻中都有一个人在偷情，没有爱情的婚姻像满溢的水往外寻求，可是最终不了了之，只有馒头房的女人和首饰匠扔下自己安定的生活，相约“跑”了。两个人，在火车站上，一个擦皮鞋，另一个卖洗脸水，两个人吃一块烤红薯，头挨得那么近，亲昵地有说有笑。他们抛家弃子，放弃一切，成全了自己的爱情。能够“私奔”的人，一定至情至性。

真爱，打破了“贫贱夫妻百事哀”的至理名言。“咸鱼白菜也好好味”，只要有你与我共聚。

国内连年战乱，徐悲鸿的官费总是赶不上支出的趟儿，两个人到了饿肚子的地步。有一次蒋碧薇硬着头皮去中国驻巴黎的领事家借钱，领事夫人很热情地与她聊天，她几次欲张口借钱，可是话到嘴边又咽下去。直到出了领事家门，借钱的事也没说出口。

大家庭里的小姐哪里求过别人，如今沦落到这种地步，也是委屈了她。一回到家蒋碧薇就扑到徐悲鸿怀里，呜呜咽咽地哭了，她抱歉地说：“对不起，悲鸿，我没有借到钱。”

徐悲鸿抱着妻子默默无语，作为一个男人，让正当好年龄的妻子离乡背井，跟着自己受苦，他的内心是苦涩的。

巴黎这个时尚之都，是豪门贵族的太太小姐们展示魅力的舞台，蒋碧薇自有她独特的魅力，可是，正值二十一岁的青春年华，却没有条件打扮自己。

一件别致的风衣引她驻足，穿在身上飒姿英爽。售货员一个劲儿地说，这衣服就像为她量身定做的，又端庄，又大方，老板也从旁边怂恿她买下来，可是蒋碧薇囊中羞涩，不好意思地脱下来，匆匆离开了。

她几次去那家商场，每次都要看看自己喜欢的那件风衣，却没钱买。

徐悲鸿觉得很愧疚，他唯有刻苦绘画，以改变他们的生活。有一次，他的一幅画卖了一千元，他连夜赶到那家商场，把那件风衣买下来。蒋碧薇穿在身上，激动地哭了。

蒋碧薇看到男人们都喜欢怀表，只有徐悲鸿舍不得买，她就在饭钱里一分一分地省，最终攒够了一块怀表的钱，给丈夫买了一块怀表。很多年以后，徐悲鸿去世时，这块怀表还揣在他的兜里。即使分开了，那段感情还在吧。过去不代表消失，它在时间的轴线上存在着，它一直存在着，那段相濡以沫的日子刻在心上，怎会抹去。蒋碧薇尽管决绝，但得知这一情景后也不由得怆然泪下。

情到真处，泪不由己。

那样的日子都熬过来了，蒋碧薇没有离弃丈夫。可是当徐悲鸿功成名就，两人却分道扬镳。且蒋碧薇的态度是那样坚决，也是爱之深，才会恨之切。

由爱转恨，恨更加惨烈。

从借钱那件事看，蒋碧薇的面皮非常薄，可她却对徐悲鸿的离婚开出天价，索要一百幅画，四十幅古画，还有一百万元钱。因为她值得，她付出的感情值那个价，她要拿回自己应得的。

在最困苦的日子里，两人恩爱相依，渐渐地有了一定的经济基础，有了孩子，他们还是陷入了柴米油盐的疲惫中。徐悲鸿醉心于自己的艺术，不理会家庭，对妻子顾不上。蒋碧薇不能接受这种被忽略的状态，没有关爱，没有呵护，家就像没有人居住的街道一样荒凉起来。再加上徐悲鸿和学生孙多慈的师生恋传扬出来，蒋碧薇更加愤怒。

她认为徐悲鸿是个自私的男人，她不顾一切投入自己的感情，而他给她带来的是：一场自由的私奔和新婚快乐、多年的奔波困窘、一次背叛、两次公开登报、片面声称与她断绝夫妻关系的人格侮辱。

不要逼得你的女人失了优雅。女人是具可塑性的，需要呵护浇灌。记得《半生缘》里姐夫祝鸿才觊觎曼桢花儿一样的清纯鲜嫩，囚禁并强奸了她。此后，曼桢在他眼中成了再普通不过的女人，他懊恼地自言自语："跟了他的女人怎么都失了先前的那份鲜活？！"什么样的男人培植什么样的女人，你的每一份牵引都会产生效果。

徐悲鸿的冷落在蒋碧薇那里产生了反弹的效果，徐悲鸿的背叛更让蒋碧薇愤怒以致决绝。他背叛了他们的感情，他侮辱了他们的感情，就是侮辱了她。所以他们的矛盾是不可调和的。有人却说她的性格不能妥协于他的不专一。不怪他的变心，倒怪起她的不妥协来了，天理何在啊？不怪那偷自行车的贼，倒怪丢车人没锁好车，简直滑稽。

是徐悲鸿让蒋碧薇出离愤怒了，她要告诉人们她这个原配不是好欺负的。

1931年，蒋碧薇省亲奔丧途中，忽然接到徐悲鸿的一封来信："碧薇，你来南京吧，你再不来的话，我会爱上别人的。"他也知道自己不好，但就是管不了自己的心，蒋碧薇来了就能管得了吗?

徐悲鸿爱上的这个女学生是孙韵君。他故伎重演，又给心爱的人起名，为孙多慈，又做了两枚镶有红豆的戒指，分别刻字"大慈""大悲"。原来他所对你做的事情，也会对另外一个女子做。

孙多慈同样陷入徐悲鸿爱的罗网，得知徐悲鸿患脑溢血去世时，当场晕倒，不顾丈夫感受，为徐悲鸿守孝三年。后悔当初没有不顾地切阻拦，与徐悲鸿结为夫妻。一则她缺乏蒋碧薇那样的勇气，二则这个原配夫人实在厉害。

自尊心极强的蒋碧薇，无法容忍丈夫的出尔反尔，什么爱才心切，什么只有爱护之意，她一定要自己找出答案。蒋碧薇走进徐悲鸿中央艺术系的画室，瞬间映入眼帘的一幅画让她如遭雷击。这幅画题名《台城月夜》，披着白纱的孙韵君与深情款款的徐悲鸿坐在一起看月亮，敏感的蒋碧薇凭直觉感到，他们这微妙的关系，已撼动自己的家庭大厦。

蒋碧薇的感情崩溃了，没有哪个女人可以容忍自己的丈夫把另一个女子奉为偶像。她当即把这幅画搬走了，“这幅画，永远也不能让它面世。”

随后，她就让仆人把门前的一百棵枫树苗砍了，点着生火。这一百棵枫树苗是孙韵君赠给徐悲鸿的，可见她的恨与怒。徐悲鸿虽有怨怼，但也无可奈何。为了表示抗议，他制作了一枚印章，章上刻字“无枫堂”。

一些小报大肆渲染徐悲鸿的师生恋，而他自己爱上孙韵君的破绽也一一显露，徐悲鸿不知不觉地把蒋碧薇置于尴尬境地。

蒋碧薇是心气极高的人，她陪他共患难过来，临了，他却把她扔在一边。她才不做什么温良恭让、逆来顺受的旧式女子，她要争取自己的权利，她要维护自己的尊严。她和徐悲鸿大吵大闹。

蒋碧薇没有坐以待毙。

她先是去找孙韵君，说：“你以后少和我家徐先生来往，我警告你，徐先生是有爱人的。”她当着满宿舍的学生痛骂孙韵君，围观的人越来越多，还是学生的孙韵君哪里经得了这样的阵仗，脸上挂不住了。徐悲鸿甩卖自己的画为孙韵君筹备留学，蒋碧薇分别给国民党元老吴稚晖和朋友兼领导褚民谊写信，哭诉自己的委屈，希望阻止孙韵君出行。

吴稚晖给徐悲鸿写信，要徐："存天理，去人欲。"经过多方活动，孙果然未成行。蒋碧薇写信给孙韵君的父母，让他们"管教管教"自己的女儿。孙家也是有身份的人家，怎么会允许自己的女儿做出这样的事，赶紧将其催回了家，之后便张罗女儿的婚事去了。结果孙韵君很快奉父母之命，嫁给了国民党浙江省教育厅厅长许绍棣。

徐悲鸿转头回来，又想与蒋碧薇复合，蒋碧薇却忽然觉得一切索然无味。经过了这场战争，她累了，也灰心了，何必为一个并不懂得珍惜的男人消耗力气？何必与一个爱别人的男人苟且度日下去？

这一次，她是彻底凉透了心的。她指责孙韵君，"而他自己，更由于他的性格使然，一着错，满盘输，生活既不安定，情绪更感苦闷，于是健康的耗损，严重地戕害了他的艺术生命。时至今日，我敢于说：如果不是这场恋爱事件所导致的一连串恶果，他在艺术上的成就会更辉煌，说不定他还不至于五十八岁便百病丛生地死于北京。”

而廖静文却抱怨她的不是：“为了还清她（蒋碧薇）索要的画债，悲鸿当时日夜作画，他习惯站着作画，不久就高血压与肾炎并发，病危住院了，我睡在地板上照顾了他四个月才出院。”

廖静文是徐悲鸿追求孙韵君不成，又遇到的一位红颜知己，于1944年结婚。第一次为了孙韵君，徐悲鸿登报与蒋碧薇解除同居关系，这一次，又为了这个红颜，他再次登报说自己和蒋碧薇已经解除了同居关系。

这是男人的任性，既残忍又自私。好似故意，侮辱相濡以沫多年的妻子。难怪蒋碧薇恨他入骨。她把这两则消息从报纸上剪下来，镶在镜框里，以供瞻仰和示人。对于自己受的屈辱，她并不遮着掩着，这就是她的气势。不知道徐悲鸿来的时候，看到这个镜框作何感想。

他心里是有愧的，虽然嘴上什么也不说。他为了赶出蒋碧薇索要的一百幅画，废寝忘食，对于她的要求完全照办。后来蒋碧薇到了台湾，就是靠这些画过起滋润的日子。是因为他欠她的，他心甘情愿地给她，还是因为他欠她的，她要得心安理得。徐悲鸿还特意多给了一幅《琴课》。

这幅《琴课》还是他在法国时画的，画的是蒋碧薇练习小提琴的情景：一个优美的侧影，一袭典雅的旗袍，纤纤细手握着一把小提琴，俯首低眉，极其专注。不消说，是画家饱蘸爱意的笔墨才让她在画中如此静美。至死，这幅画都摆在她的卧室里。

蒋碧薇的性格里有孤注一掷、玉石俱焚的成分。她投入太多，就相应地要求多，苛责多，她把自己整个放进这段感情，于是在生活的矛盾中激发出严重的嫉妒、讽刺、控诉，这种方式只能让感情以决裂终止。

他们是彼此的地狱。

一路打将过来，终至心灰意冷。

心灰意冷的女人，最终会投入另一个人的怀抱。

早在巴黎的那段日子，蒋碧薇就有了一个极其痴心的爱慕者。

此人便是张道藩，他当时正在英国伦敦大学文学院美术部学画。徐悲鸿在画界已经小有名气，他是慕名而来。然而第一眼却被蒋碧薇吸引了，蒋碧薇红色上衣上点缀着朵朵黄花，下身一袭灰黄底色的长裙，犹如一幅泼墨画，站在那里。还有些书生气的张道藩怔怔地望着她， 再无心与徐悲鸿寒暄，直到徐悲鸿介绍说这是自己的夫人蒋碧薇。

原来已是别人的夫人，张道藩怅然若失。

直到1925年，徐悲鸿回国筹款，蒋碧薇一人留在巴黎，徐悲鸿托天狗会里的朋友们帮忙照顾妻子，他的这位“三弟”张道藩尤为尽心。

有一次，张道藩为了欢迎徐志摩，在家里摆了一桌牌局，邀蒋碧薇作陪。蒋碧薇打得挺起劲，可是天快亮时还是倚在沙发上睡着了。她一醒来，见身上盖了条毯子，屋里却空无一人。门是虚掩着的，外面传来脚步声，她走出去一看，张道藩正在外面踱着方步。他为了避嫌，竟在屋外踱了好几个钟头。

这是一个怎样细腻的男人啊，蒋碧薇又感激又惊讶。

蒋碧薇曾回忆说：“道藩最重感情，热情洋溢，乐于助人。悲鸿不在我身边，他确实帮过我很多忙，我对他寄予极大的信任，常常请他充当我的男伴。”

人非草木，日久生情。

终于有一天，张道藩给蒋碧薇写了一封热情洋溢的信，把自己那颗滚烫的爱心赤裸裸地奉上：

为什么我深爱一个女子，我却不敢拿出英雄气概，去向她说“我爱你。”

为什么我早有相爱的人，偏会被她将我的心分去了？

为什么我明明知道我若爱她，将使我和她同陷痛苦，而我总去想她？

为什么我一点儿都不知道她对我是否也有同等的感情，我就爱她？

为什么理智一向都能压制住我，如今离开了她，感情反而控制不住了？

为什么我明知她即使爱我，这种爱情也必然是痛苦万分、永无结果的，而我却始终不能忘怀她？你不必问她是谁？也无须想她是谁？如果你对我的问题有兴趣，请你加以思考，并且请你指教、解答和安慰；以你心里的猜度，假如我拿出英雄气概，去向她说“我爱你”，她会怎么样？假如我直接去问她“我爱你”，你爱我不爱？她又会如何回答我？

蒋碧薇吃了一惊，在“天狗会”中，我是他的二嫂，他是我的三弟。弟怎么爱上嫂？她要躲过这场爱情烈火。于是回了一封极其理智的信：“你既然这样爱她，对于她的性格和为人，你一定深切了解，那么她将会怎样回答你，你至少也该晓得个十之八九，又何必叫我来胡乱猜度？至于你说她会扰乱你的心神，你难道不能想个办法，不为她动心么？我倒劝你把她忘了……”

蒋碧薇很干脆地拒绝了，张道藩赤诚的热情遭受如此打击，心里很受伤，不久就与法国少女素珊订婚。素珊是个天真、纯洁、可爱的女子，她与张道藩在舞厅里认识。两个人的感情发展迅速，朋友们都觉得他们是天生的一对。可是在订婚宴上，张道藩却喝得烂醉，别人以为他是因获得佳人的兴奋而酒醉，蒋碧薇却明白张道藩心里的苦。

1927年初，蒋碧薇怀孕。

徐悲鸿得知这个消息非常高兴，两人相约回国。孩子是夫妻关系的粘合剂，这一时期他们的生活稳定和美，蒋碧薇曾欢欣地在日记中写道：“回到祖国，父母姐弟夫妻大团圆，又生了伯阳这个全家人当作宝贝看待的孩子，生活过得安定，精神十分愉快，有时回想过去十年的苦难艰辛，仿佛是一场惊骇恐怖的噩梦，而目前的欢欣快乐，就如一叶轻舟，荡漾在风平浪静的海洋里，两相比较，真有天渊之别。我常常想，像我这样结合十年方始有家的女人，在世间恐怕不多，此后，上天再不会把我的幸福快乐夺了吧。”

可是，徐悲鸿却爱上了别人。

徐悲鸿与蒋碧薇因为孙韵君的事争吵，徐悲鸿离家出走，写信寄回来说：“此后我按月寄你两百元，直到万元为止，两儿由你抚养。总之你亦在外十年，应可自立谋生。”

女人自然需要独立，但这话从嘴里说出来就成了残忍。被抛下的蒋碧薇整日落落寡欢，从前那个简单纯净的张道藩再次出现在她的生活中，扮演起温柔体贴的护花使者。现在的张道藩在国民党政府担任要职，事业上春风得意，婚姻上却与妻子素珊有隔膜，他的心里一直没放下蒋碧薇。

有一次，在一个大雪纷飞的夜里，他走进蒋碧薇家，一边说屋里好暖啊，一边把皮大衣递给佣人。

晚餐后，屋里只剩下他们两个人，张道藩在这安静祥和的气氛中陶醉地说：“屋里和屋外是两个世界，只有在你这里，我才感到温暖和舒适。”

又说：“最近我常常感到焦躁、烦闷，好像生命之火快要燃烧光了，只剩下了一点灰烬。”

没有爱情的人，自然觉得生活无味，生命蹉跎，刚刚开始已成灰烬。张道藩终于再次吐露心声：“我真想做一件什么事情。为了达成这个不能压住的愿望，我愿牺牲一切的一切。可是当我每次要下决心的时候，我会发现自己是这么软弱。因此，理想的未来，要我们自己去开拓，让我们面对现实。现在悲鸿已经离开你了，至于素珊——”

蒋碧薇却再次拒绝了他。

她思考着说："道藩，我对于爱情的观点，想你也许可以了解。我一向认为，珍贵的爱情，最好是局限于精神的领域。你和我都是尝过婚姻滋味的人，男女两性由恋爱而结合，有几个人能够享到真正的幸福快乐？我常在想，恋爱就像爬山，携手攀登，大家都在欢呼高歌；然而一到峰顶，无论是向前向后，就只有下坡路了。走下坡又是多么可悲的事。道藩，让我们永远保持心灵的感情。你要知道，唯有心灵中的爱是最纯洁、最美丽，而且是永远不朽的。"

这是一段充满哲思的话，面对徐悲鸿的离弃，她看透了婚姻的本质。

张道藩低头无语。过了许久，他才黯然神伤地说："我要走了。"

张道藩的锲而不舍和宽容让她心绪难平，她又给他写了一封信——

道藩：别后愁思纷红，伤感万状，恨造物之弄人，痛遭遇之不幸，长此以往，宁能自已？薇本烬余死灰，爱河久逝波涛，岂料孽根未尽，情海重复沉沦；自维命薄，怜爱难承，每亲艺范，徒添怅恨，误人误己，罪深莫赎！此后唯求自拔，冀毋堕苦海，愿君亦理智自持，藉图解脱，庶几浩劫可免，亦已见相爱精诚也。临书抑恻，诸惟爱照不宣。

蒋碧薇最终“堕入”张道藩的爱河。

1937年，日军发动“卢沟桥事变”，南京城陷在一片轰炸中，徐悲鸿却半月半月地消失不见，蒋碧薇知道他又去找孙韵君了，心里是苦涩的，而张道藩第一次让她得到了被呵护的感觉。这一年的中秋之夜，为了不再让蒋碧薇承受日机轰炸的危险，张道藩把她安顿在自己家里。这样，两人住在了一起。

蒋碧薇是一个女人，她需要爱，需要被呵护，需要在受到惊吓的时候有一个男人的肩膀可以依靠，这是情有可原的。有些人却对她委身张道藩颇有微词，甚至她的儿女都不能理解母亲的苦衷，她只是想要一份让自己心里踏实的感情有什么错？错的不是她，是徐悲鸿太让她失望了。

男人丢下女人，女人没有义务再等他。男人对她没有尽到责任，凭什么再要求她等？

真正爱你的人绝不舍得丢下你，既然没有爱了，等，就是一场笑话。

珍惜眼前人，也是一种智慧。

两个人虽然相爱，但蒋碧薇名义上还是徐悲鸿之妻，所以他们更多以笔墨互通心曲。蒋碧薇用“雪”字，张道藩也取名“振宗”为之和应。蒋碧薇的古文功底非常深厚，她的信多用古体文写成，信虽不长，却显露了她的才华。他们做了二十多年的情人，情书写了两千多封，每一封信都饱含着道不尽的浓情蜜意。

蒋碧薇给张道藩的信——

宗：心爱的，我想你；我行动想你，我坐卧想你，我时时刻刻想你，我朝朝暮暮想你，我睡梦中也想你。

宗，我有一个谜语，要请你猜猜，若猜中了，我会给你一千个吻作奖品，若猜不中，那就罚你三个月不准吻我，下面便是谜语：

心爱的，我想你，我行动想你，我坐卧想你，我时时刻刻想你，我朝朝暮暮想你，我睡梦中也想你，我至死还是想你，到天地毁灭我也还想着你，可是有一个时候，怎么样也不想你。请你猜猜，那是什么时候？

张道藩给蒋碧薇的信——

亲爱的雪，我本来不愿意你用这个名字，因为雪虽然很洁白，但是太容易融化了；可是我现在叫你雪了，就让你自己所选的这一个字，永久留在我的心坎上吧……我的雪本来是人家的一件至宝，我虽然心里秘密地崇拜她，爱着她，然而十多年来，我从不敢有任何企求，一直到人家侮辱了她，虐待了她，几乎要抛弃了她的时候，我才向她坦承了十多年来深爱她的秘密，幸而两心相印，这一段神秘不可思议的爱，但是忽然人家又要从我的心坎里把她抢了回去……请问上天，这样是公道的吗？……

在防空警报响起的时候，张道藩帮助她和孩子一次次逃难，最后要撤退到重庆去。离别让人黯然神伤，蒋碧薇写信道："两月来倍承怜爱，梦寐难忘。念人生得一知己，可以无憾，抑天之遇吾，又何尝云薄哉！长天怅望，愁入云寰，漫书尺素，和泪寄君，惟愿相爱相敬相怜惜，相矢勿渝也。"

张道藩回信道："我的雪，千言万语，也说不尽我心中的悲哀，再多写又何用？我只希望彼此真正做到'海枯石烂，斯爱不泯'这八个字，那就好了，至于此后何时再能相见？如何能通情愫？全都无法知道，不过无论在任何情况下，请你记住，我是永远爱你的。"

“海枯石烂，斯爱不泯”，多么震撼人心的爱情宣言。张道藩是情热之人，是他让蒋碧薇品尝到了炽烈的爱情滋味。他还说：“请你拿一把刀来，剖出我的心，细细地看吧！我爱你！我爱你！千千万万个我爱你！一个人的心里在流泪，表面上还要装出笑容，天下事还有比这更苦的吗？我一想到你就快要离开我，我的心全碎了。我已经没有勇气生活下去！”

蒋碧薇捧着他的信，心弦颤栗，读之不忍。

在船上，蒋碧薇又写道：

“自君登舟，吾船亦启锭，更行更远，终于不复见君之影矣！噫，目断波光，故人何在？从此河山阻隔，地远天长，纵有情怀，凭谁寄语！惟寸心自矢，不负知己而已！”

又：“两日来离愁万斛，别绪千重，触目伤心，柔肠寸断，情思深几许，苦痛亦正相埒也！舟过九江后，沿途风景亦殊不恶，奈景伤情，相思更苦，只好逃避斗室，背人垂泪。”

张道藩即刻回信说：“两船相去既远，极目远望去，还可以看到你的脸部和手部，以后渐渐缩小，变成了白色的点线，最后连点线也看不到了。”

又：“我心不在焉，无时无刻不想你，藉着陪朋友饮酒为名，自饮茅台酒两杯，我还学你在酒里放糖，此情此境，更令我忆念及你，更不能不以酒浇愁。午夜就寝，走进房间，一见床榻，就卧其上，热泪满面了。这种生活再过下去，我必定会发狂的。”

是怎样的沉浸才会让一个人发狂？怎样的相思才会让一个人热泪满面？心心念念全是那一个人，再也装不下其他。这份感情如梦幻般美好且揪人，果真是一寸相思一寸灰，煎熬中的甜蜜。

可是，竟然有人把他们的感情，轻描淡写成可以随时放手的情人之爱：“对张道藩，蒋碧薇宽松很多，张道藩曾经答应，在蒋碧薇六十岁的时候娶她，可是，当蒋碧薇等到了那一天，张道藩提也没提，蒋碧薇淡然受之，不急不恼。”却不懂得他们已经超越了世俗之爱，心连着心，名分之类的已经不能干扰他们的爱情。

他温柔体贴，照顾她、帮助她、鼓励她、安抚她，给予她现世安稳和精神快慰，这都是实实在在的，她感受到了，人在她身边，心在她身上，还求那些形式上的东西做什么。他们一直处于恋爱中，深层次地体验了恋人们所能经历的快乐、等待、痛苦、折磨。这种心灵契合的精神之爱比名正言顺的妻子身份来得更加重要。所以当徐悲鸿从新加坡回国，该做选择的时候，她放弃了一个天才画家妻子的身份，而选择做一个真正爱她、呵护她的男人的情妇。

其实之前，张道藩一直是想签字离婚的，但是夫人素珊死活不同意："你利用了我又想甩掉我？"她觉得张道藩从头至尾把她当成了替代品，这伤害了她，侮辱了她，她绝不会拱手相让，即使没有爱情，也不罢手。她牵制着他们，或许这也是女性的报复心理。她以向新闻界特别是西方记者说出一切来要挟张道藩："不准离婚！"张道藩是政界名人，想到已有的名誉、地位、身份、前途，他只好屈服了。

反正素珊与母亲、姐姐、女儿去了澳大利亚，张道藩与蒋碧薇公开同居，过着夫妻一样的生活。1949年，两人到了台湾。

素珊一走10年。可是到了1958年，张道藩对蒋碧薇说："我到了澳大利亚以后，如果素珊她们提出想回台湾的要求，叫我用什么理由拒绝她们呢？"张道藩的性格里有软弱的成分，但蒋碧薇是聪明、坚强的，她早就悟透爱情并不一定要用婚姻来坚守，她选择离开。

她通透、豁达、怀着感恩之心，在最后的信中剖白这段感情说：“在20余年的缠绵悱恻里，我常在自怨自艾，为什么还要重投罗网，自苦苦人。然而我们却有10年的时间晨昏相对，形影不离，在迟年伤暮的时候，却绽放了灿烂的爱情花朵。10年，我们尽了3650日之欢，不顾物议，超然尘俗，了无遗憾。每想到你身系党国重寄，想到我们所处环境，以及你为了爱我所表现的牺牲精神，你确已使我获得莫大的荣宠和幸福。天下没有不散的宴席，我还坚持那么说：真挚的爱无须形体相连，让我们重新回到纯洁的爱之中，并重申我由衷的感激！”

一年后，张道藩逝世。

张道藩去世前曾给蒋碧薇打电话，当夜又写信——

自从我遵照你的意旨，迁出温州街九十六巷十号，至今已经七年多了，我没有一天不在想念你……我又听到了你的声音！当我听到你爽朗的声音时，我心跳不已。在惊喜之余，也许我有点激动，因而只简短地交换数语，一次向往已久的通话，便这么怅然地结束了。然而，通话后，十点半钟我便上床，直到深夜两点还是睡不着。我心知今夜失眠已成定局，不如爽性起来给你写信。这便是我忽然又跟你写信的由来。

——此刻已经是上午三点五十八分了，台风还不算大，雨势也不见得怎么猛，大概你所在的台北市区也跟草山一样。果若如此的话，那么我们大家又可以侥幸免除一场水灾了。我有许许多多的话要和你说，也有许多关于我们两人的文字，——我所写的文字要给你看。还有一件最重要的事必须与你商量，假如你不拒绝和我见面的话，请你指定一个时间，我将登门拜访，和你长谈一次……

余音袅袅，风烛残年的两个老人忆起往日情事，还是觉得那么温暖，那么贴心。只是张道藩还没有登门拜访，还没有给她看关于他们两人的文字，就离开了这个世界。

杨绛

一生只够爱一人

杨绛与钱锺书二人，堪称现代文学史上的绝配。黄河清在论及二人时曾说：“钱杨伉俪，可说是中国当代文学中的一双名剑。钱锺书如英气流动之雄剑，常常出匣自鸣，语惊天下；杨绛则如青光含藏之雌剑，大智若愚，不显锋刃。”说杨绛先生是不显锋刃的“名剑”，毋宁说她是温润之玉，笔者遍读她的文字，找不出“慷慨激昂”“大义凛然”这类东西，因为在她而言，抛形露骨，未免滑稽。

这并不意味着做人和为文无骨，恰恰相反，她的文字中有一种“硬骨”，然而这骨并不显出来，一显出来就成了做作；当然，也不存在隐而不显，她是对故意的“显”和故意的“不显”都没有兴趣，在她没有“故意”这回事。玉是浑然天成，剑是烈火锤炼，说钱杨夫妇是璧玉名剑，大约更为恰当。

杨绛，本名杨季康，出身无锡世家，其父杨荫杭毕业于美国宾夕法尼亚大学，是民国期间的一位法学专家，曾先后担任江苏、浙江两省的高等审判厅厅长，京师（北京）高等审判厅厅长，高等检察长之类的职务，由于为人耿介，后来罢职，在上海执业律师，当《申报》的主笔。杨老先生虽出身官僚，却没有官僚习气，对孩子们的教育颇有些西方人的“开明”作派。

杨绛在苏州上振华女校的时候，北伐战争正如火如荼，学生运动也此起彼伏，爱国学生经常上大街游行或演讲。杨绛本人虽然赞成进步，但并不喜欢抛头露面。当时学校有个不成文的规定，只要说“家里不赞成”，就可免于开会、游行、当代表。杨绛周末回家问父亲，可否借家里做“挡箭牌”，杨老先生却不同意，他说你不想去，就不要去。如果别人勉强你，你就讲明白自己的理由。

为此，他给女儿讲了自己亲历的故事。他担任江苏省高等审判厅厅长时，徐州军阀张勋入京，江苏官民都联名登报拥戴，他的下属擅自将其姓名也列入，以为既已登报，便再无法改变。谁知他勃然大怒，随后便在报纸上发了一个字号很大的声明，称自己并不曾拥戴。此举被同僚们看成是“不

通世故”。讲完自己的故事，杨荫杭还搬出美国总统林肯的话，“Dare to say no!”（敢于说不）

受父亲影响，杨绛次日到学校，申明自己不上街游行，当然对同学们上街，她也没做任何表示，此举令同学大为惊诧，简直是“岂有此理”。

杨荫杭教育孩子，要他们读书肯用功，却并不拿成绩当标准，但求的是真与诚，以及活泼的个性。他甚至说，那些每门成绩都考一百分的学生，不过是另一种“低能”。大概正是受父亲的这种思想影响，杨绛的成绩在班上并不是最好的，却培养了广泛的兴趣爱好，读了大量的小说作品。

有一次，学校邀请国学大师章太炎来演讲，讲题是“谈掌故”，教务长点名十五岁的杨绛做笔录。章先生到场后，杨绛才发现她不是坐在台下做笔录，而是也在台上，只是另置一桌，与章太炎隔着一小段距离。面对台下数百号听众，对章太炎侃侃而谈，杨绛近距离将这位大学者看了个够，笔下却一字未写。关于为何不做记录，杨绛在一篇文章里披露，对章太炎的杭州口音，她根本半懂不懂，就算有的话能听懂，她也完全不知所云，所以无从记录。

次日，苏州的报纸登了一则新闻，说章太炎先生来苏州做演讲，一个女孩子在台上做记录，居然一字未记。她的国文老师笑骂说：“杨季康，你真笨！你不能装样儿写写吗？”杨绛坦然“服笨”，因为装样儿的事她没有演练过，不会。

这倒颇有乃父的诚实作风。

杨绛的父亲虽历任高官，但不置产业，既不曾购入田产，也不曾购入房产，他认为国人大量置产，往往祸及后代，本可以有所作为或自食其力的人，因有祖产可以依赖，丧失了进取心，都成了废物。他教育孩子们要自立，在他们很小的时候就要做力所能及的事，在清理旧房舍的时候，连只有几岁的小儿子也要负责抓“鼻涕虫”和蜘蛛。

正是在这种家庭环境下，杨绛虽为名门大小姐，却凡事能亲为，且爽利明快，在钱锺书眼里不但是“最才的女”，也是“最贤的妻”。在英国留学期间，杨绛怀孕了住在产院里，有一天钱锺书跑来苦着脸说：“我做坏事了”。原来他打翻了墨水瓶，把房东家的桌布染脏了。杨绛说：“不要紧，我会洗。”

“墨水呀！”

“墨水也能洗。”

过两天，钱锺书又苦着脸来了，原来又干了坏事，台灯被他弄坏了。

杨绛弄清楚是怎样的台灯后说："不要紧，我会修。"

过了几天，钱锺书这个调皮的"大阿官"，又干了"坏事"，这次是把门轴弄坏，门轴里的珠子都掉了出来。杨绛依然说："不要紧，我会修。"在杨绛住产院的日子，钱锺书干了种种"坏事"，简直就像是一个离开娘的孩子，不知所措。杨绛的"不要紧"当然不是安慰话，她把桌布洗得洁净如新，也把台灯和门轴都完全修好。就动手这种能力来说，这位大小姐确实不负乃父之教，是有两把刷子的。

在产院时，英国护士好奇地问她："生产的时候，看你痛得要死，为什么不叫喊呀？"

杨绛说："叫了喊了还是痛呀。"

护士们面面相觑，惊诧地说："中国女人都通达哲理吗？中国女人不让叫的吗？"

杨绛尽管不喜欢凑热闹，但她的这种个性，不但"大阿官"钱锺书喜欢，留英中国学子们也喜欢，向达、盛澄华、林藜光这群年轻人是他们的常客，他们不但探讨学问，也探讨美食。后来，这些人都成了中国学术界的大家。

毫无疑问，对杨绛的一生产生重大影响的两个男人，一个是父亲，另一个是丈夫。中学时，有一次父亲问她："阿季，三天不让你看书，你会怎么样？”

“不好过”她说。

“一星期不让你看书呢？”

“一星期都白过了。”

父亲笑着说：“我也这样。”

父亲爱买旧版书，而且喜欢整洁干净，杨绛就承担起整理书籍的任务，她不但能把折角和卷曲的书籍整理清爽，还能把恶浊的线装书拆开重装。当然，她不止是“修理书”，她是像父亲一样“嗜书”。父亲通常上午工作，给委托人起草辩护词，她便在一旁悄悄读书，或者拿父亲用坏的长锋羊毫笔练字。

中午父亲休息前，会吃一点水果或干果，她就剥壳，把剥好的杨梅或核桃递给父亲。父亲午睡时，她照例给煤炉子加煤球，她有一手绝活，就是加煤时不发出任何声音，很受兄弟姐妹们佩服。有一次加完煤后，她悄悄退出父亲的房间，却被父亲叫住：“我喜欢休息的时候，有人陪一陪的，只是不许出声。”自此，父亲休息时，她便在一边读书，无声无息。

父亲为补贴家用，同时做着几件事。有一段时间他在中学教英文和数学，便经常“抓”女儿来替学生改课卷，那时候杨绛已经是东吴大学的学生了。关于就读东吴大学，还有一段“典故”。杨绛中学毕业后，最初想报考清华大学，但当时清华还未在南方招生，她不得不投考东吴大学。

念大三时，母校振华中学的校长，为她申请到美国威斯利女子学院的政治学奖学金，但这笔奖学金不包含食宿费用。她不愿增加父亲的负担，同时对到国外念政治学也没兴趣，她认为与其念外国的政治学，不如考清华读文学，结果还真给她考上了。在清华大学，她认识了自己的真命天子钱锺书。她的母亲曾说：“阿季脚上拴着月下老人的红丝线呢，所以心心念念只想考清华。”

杨绛与钱锺书初相识，杨绛就说：“我还不曾订婚。”

钱锺书说：“我也没有女朋友。”

1933年初秋，钱锺书从清华大学毕业暂回无锡老家，与杨绛鱼雁传书，不料“情书”被钱锺书的父亲钱基博误拆，恋爱便“曝光”了。钱基博看了杨绛的信，大为赞赏，干脆给这位没过门的儿媳直接写了一封信，并在信中将儿子予以托付。随后，杨绛也将钱锺书介绍给自己的父亲。

1935年，这对爱侣结为连理，这一年杨绛24岁，钱锺书25岁。尽管他们的父亲杨荫杭、钱基博都是思想开明的学者，但是同时又遵从传统，请了媒人为这对自由恋爱的情侣套了一个“父母之命，媒妁之言”的外壳。

这很可看作一个隐喻，钱杨二人虽然以留学为基础成就一生的事业，但并不像那个时代的启蒙学者一样激烈。他们是和顺而无行迹，学问上中西兼通，情绪性格上也是如此，既有中国传统士大夫的温润，也有欧洲绅士淑女的内敛。就行止而言，他们恪守“礼”与“传统”，这个传统就是贵族气。

婚后不久，杨绛随夫赴英伦三岛留学，杨绛戏称钱锺书是“拙手笨脚”，因为这位钱家的“大阿官”不但不会打蝴蝶结，而且穿鞋时分不清左右脚，刚到英国就摔了一个大跟斗，磕掉了门牙。

钱锺书就读的牛津大学在小镇“牛津”，这是一个分不清究竟是城市还是大学的地方，你可以说牛津大学在镇上，也可以说镇在牛津大学内，大学不但没有校门，而且也没有围墙，甚至连个挂牌的地方也没有，城市和大学浑然一体，总之学生们散居城内各处，自由租房，自负责任。

上课的时候，走进一所中世纪的院落的某一个房间，就算是进了“教学楼”，有时候一个教授带八九名学生，有时候教授和学生干脆就是一对一上课。这里弥漫着浓厚的学术气氛，同时也流溢着自由主义精神。

从小在父母庇荫之下的杨绛，一到牛津立刻就显露出她处事果断、麻利、得体的特点。她不但负责找到便宜又舒服的房子，而且把食宿和各种费用算得清清楚楚，使“大阿官”的学习生活有条不紊。根据杨绛在《我们仨》一书中披露，钱锺书是清华的官费留学生，而她最多只能算个“陪读”，主要是她不愿缴了大笔费用却把时间耗在枯燥的训练上，因而选择“自学”。

在牛津，一个人要是想学习，到处都是学习的机会。不少学院都允许学生旁听，只是正规的学生都有一件带飘带的黑布背心，相当于校服，旁听生自然没有，杨绛对此颇有“失学儿童的自卑”。不过，因为没有必修的课程，她也不必为“古籍装订”之类的课程浪费时间，可以大量读书。

牛津大学的图书馆有世界上最为丰富的文学经典馆藏，面对一整面墙壁书架的书，她给自己定下了课程表，决定一本一本地读。这里的读书环境优渥极了，她一个人占据一面桌子，自由地取书，想看哪本就取哪本，看不完的书还可以留在桌上，次日回来继续读。

牛津大学假期很多，一到假期，学生纷纷出去旅行，杨绛与钱锺书却甚少出游，他们把假期时间全部用来读书。牛津不但大学图书馆藏书丰富，市图书馆也有十分便捷的借阅服务，另外遍布各个角落的书店还允许在书架前站着看书，总之，在牛津绝不会发愁没有书看。

读书之外的时间，他们就用来“探险”，所谓探险，其实就是散步。牛津保留了各个时代的建筑，风格各异，有萨克森人修建的塔楼，也有诺曼人的碉堡和城垣，最多的是中世纪建成的学院建筑、庭院、小巷、店铺，无不流淌着时光的芬芳，他们像进入兔子洞的爱丽丝一样，对每一种新发现叹奇。

钱锺书通过牛津大学的论文考试，拿到学位后，曾借用一位英国学者的话说：“文学学士，就是对文学无知无识。”因为他觉得为了一个学位，浪费很多时间读意义不大的课程不值当。此后，钱杨二人便给自己定了一条“规矩”，不为文凭而读书，他们离开英国到巴黎，虽然在巴黎大学缴费入了学，但不以攻读学位为目的，而是按照自己定的“课程”读书。

照杨绛的话说，“巴黎大学的学生很自由。”

钱杨二人在巴黎一年，是真正的畅游书海。据杨绛回忆：“法文自十五世纪的诗人维容读起，到十八、十九世纪，一家家读将来。德文也如此……我们初到法国，两人同读福楼拜的《包法利夫人》，他的生字比我多。但一年以后，他的法文水平远远超过了我……”现代学者中，不乏读书种子，但如钱锺书这般学贯中西，读外文原典如长鲸吸川者，亦为罕见。杨绛与夫君能“共读书”，比之古人“红袖添香夜读书”的风情，又不知高出多少段位。

除了“相夫”，杨绛还得“育女”。她自创菜式，把鸡肉和英国腌咸肉放在锅里一起煮，加入平菇和菜花，没想到味道好极了。她还跟着房东咖淑夫人学做“出血牛肉”，很快就做得像模像样。她是一个讲求生活质量的人，依靠双手，不但节约经费，而且一家人的营养十分丰富，襁褓中的女儿圆圆（钱瑗）被她照料得健康结实。知识分子家的孩子，从小就在书堆里。杨绛为女儿买了一个高凳，还买了一本大书当玩具。那是一本价格低廉的《丁尼生全集》，女儿常坐在高凳上抱着大书看得煞有介事，还学父母的样子写写画画。

1938年，杨绛随夫回国，船到香港的时候二人分开了，钱锺书接受了清华大学之约，到西南联大去任教，而杨绛则带着女儿回到了老家无锡。由于国难，当时钱杨两家都避居于孤岛上海。由于居室狭窄，杨绛携女在两家之间奔走，有时候和父亲住在一起，有时候住在钱家。尽管后来钱锺书回到了上海，但不久又到蓝田去教书，杨绛毫无怨言地担起了养育女儿的职责。

二人虽不在一起，但心却在一起，据杨绛回忆说："锺书和我不在一起生活的时候，给我写信很勤，还特地为我记下详细的日记，所以，他那边的事我大致都知道。"

1941年，钱锺书回到上海，他带给女儿的礼物是一只外国橘子，由于两年不见，长成"小大人"的钱瑗已经不太认识爸爸了。她用警惕的目光看着爸爸，似乎不大乐意他接近妈妈，并且在当天的晚饭后发话说："这是我的妈妈，你的妈妈在那边。"用手朝另一边指了指。

钱锺书开玩笑地说："我倒问问你，是我先认识你妈妈，还是你先认识？"

"自然我先认识，我一生出来就认识，你是长大了认识的。"

听着丈夫和女儿间这样的对话，杨绛也乐了。这一幕简直就是现代版的世说新语。多少年以后，杨绛把这一幕写进了《我们仨》。我们能够从她的文字里感受到一种普通人的，平凡的快乐。与是否高级知识分子无关，这是一种用心营造的幸福，是可以触摸的，令人读来温暖的东西。

珍珠港事变之后，日本人对上海的控制加强，百姓的生活尤为艰难。这时候，杨绛身上那种“果敢”就显得特别珍贵，正是这种气质使一家人度过了困苦的生活。当时市民的生活用品是配给的，不但配给的食物十分有限，燃料也非常有限，有一次煤场送来三百斤煤末子，她高兴得不得了，果断接受了。

没有生活经验的人，大概要责备煤场没送成品煤球，因为煤末子还要自己动手再加工。杨绛却高兴煤末子是纯煤，自己动动手，掺上煤灰就可以自制四五百斤煤饼子，有了这些燃料，家人冬天就不用受冻了。她的一双手不但能自制煤饼子，还能教小学生，能写剧本，照她的话说，这都是为了“柴和米”。

在这段生活里，钱锺书的二弟和三弟都已离开上海，而留在孤岛的钱锺书，没有可施展才华的地方，大有依赖妇人生活的意味。然而，杨绛知道夫君身怀绝学，只是遭遇了一时之困，因而没有丝毫怨和忧。

这让我想起华人导演李安，大学毕业后的六年时间里，他没有遇到能展示自己才华的机会，一度陷入消沉之中，每天在家负责煮饭，接小孩，或者看报纸，上图书馆，这完全是一段没有工作的日子，然而妻子林惠嘉并无什么抱怨。

同样，后来李安拍电影出了大名，如日中天的时候，她也并无“妻以夫贵”之意，因为作为各自独立的两个人，他们是因为“爱”在一起，而不是因为“需要”或者其他的东西在一起。

杨绛和钱锺书之间，正是这样一种感情，他们首先是各自独立的两个人，然后才谈到爱，各自不独立，爱也不会纯粹。正是因为彼此在精神上独立，所以当另一方“没出息”时，关系不会分崩离析。

杨绛曾说：“忧患孕育智慧。”在孤岛时期的上海，他们备尝艰辛，也领略了人世的炎凉。正因人性凉薄，所以真正的朋友就显得特别可贵，陈麟瑞和李健吾就是这样的朋友。杨绛最初的戏剧创作，和陈李二人有很大的关系。

1942年冬天的一个晚上，友人陈麟瑞邀钱杨夫妇二人赴宴，作陪的李健吾提议杨绛写个剧本，当时尚在中学授课的杨绛便利用业余时间开始剧本写作，这样《称心如意》就诞生了。剧本经陈麟瑞过眼后又做了一番改写，当本子转到李健吾手中后，杨绛很快接到要排演的电话。由黄佐临导演，李健吾出演的《称心如意》大获成功，连日本作家鹤见佑辅也给予其很高的评价。

初出茅庐的成功，令杨绛一发而不可收。她先后创作了《弄假成真》《游戏人间》《风絮》等剧目，一时成为剧坛的黑马。妻子的成功，令钱锺书这位大才子也技痒了，他决定写一部长篇小说。据杨绛在《记钱锺书与<围城>》一文披露——

有一次，我们同看我编写的话剧上演。回家后他说："我想写一部长篇小说！"我大为高兴，催他快写。那时他正偷空写短篇小说，怕没有时间写长篇。我说不要紧，他可以减少授课的时间，我们的生活很省俭，还可以更省俭。恰好我们的女佣因家乡生活好转要回去。我不勉强她，也不另觅女佣，只把她的工作自己兼任了。劈柴生火做饭洗衣等等我是外行，经常给煤烟染成花脸，或熏得满眼是泪，或给滚油烫出泡来，或切破手指。可是我急切要看锺书写《围城》（他已把题目和主要内容和我讲过），做灶下婢也心甘情愿。

《围城》先后写了两年时间，每天大约写五百字。每天晚上，钱锺书把写好的文稿交给杨绛，她一边看，一边笑，钱锺书也跟着笑。看完稿子，她听他谈新的写作动向，这种闺房谈书的乐趣，大概只有赵明诚和李清照堪比吧。

在杨绛的支持下，《围城》最终完稿，出版后引起了巨大轰动，被李健吾称为“新儒林外史”，就连胡适也想见见这对夫妇呢。与胡适会面时，她才知道原来姑姑、叔叔都与这位胡博士是旧交，父亲杨荫杭还曾是胡适的老师。只是，人人都说“我的朋友胡适之”，她的父亲却从没提过这位学生，因为杨家人骨子里毕竟有一些傲气，不肯随便攀附。

比之钱锺书身上儒雅的学者气息，杨绛的身上更多的是艺术气质。她的文章内容是看尽世态的，但是遣词用语却丝毫没有老年人的气息，而是带着一股顽童气质，就是晚年所写的《我们仨》和《走到人生边上》，也带着绕不开的泼辣和调皮。周国平在《人生边上的智慧》一文中曾说：“我无法不惊异于杨先生的敏锐，这位九十六岁的老人实在比绝大多数比她年轻的人更年轻，心智更活泼，精神更健康。”

《走到人生边上》有很大的一个篇幅是谈鬼和命的，她没有从形而上来谈，弄出一大套理论来，而是从自己小时候的体验，亲历的算命盲人等事谈起，基本上是讲故事，而不是说道理。对此，笔者与周国平有同感，我实在难以相信，《走到人生边上》出自一个风烛残年的老人之手，这本书中所抱有的对世界的那种新鲜感，那种全新的感受，分明是来自一个年轻人的。

杨绛是毋庸置疑的才女，但与高处云端的才女不同，她身上有足够的尘俗气息，但这种气息使人不觉得俗气，反觉可爱。无论是她早期的剧本也好，还是作为“注释”出现在《走到人生边上》一书中的那些普通人也好，都折射出一个共同点——对最真切的现实的关注。她从未打算超尘脱俗，恰恰相反，她是入世的，她不止用眼睛去看，用耳朵去听，还用心灵去感受，从家里的女佣，到窗外树木上营巢的双鹊，都在她那纯粹的，空明的感知中。

一生守候一个人，一生只爱一个人。

生活可以很复杂，但其实也可以很简单。当丈夫和女儿都离她而去，她平静地说，我是留下收拾残局的。她的一生，说来并没有太多波折，甚至可以说并无多少传奇，但你不得不承认，她的一生足够有味道。她用平常的，普通人的方式，营造和守望着一种非常浪漫的生活。

苏雪林

独立女性的完美注脚

苏雪林曾说："我死时，要在一光线柔和的屋子里，瓶中要有花，墙上要有画！"单是这一句，便招人喜欢。每个人都会死，西方人临死时若牧师在场便为之祈祷，是源于宗教的临终关怀。苏雪林只念有光，有花，有画，是因为她念着美，因为美就是她的宗教。

苏雪林是一个集作家与学者的头衔于一身的人，作家本质上是艺术家，天马行空，任性不羁，是创造者，是自己作品的上帝；而学者在本质上更接近科学工作者，大胆地假设，小心地求证；有几分证据说几分话，是论据的仆人。某种意义上，这两种身份存在矛盾性，一方会抑制另一方。然而，她却能在学术和艺术两个领域拥有同等的成就，实属罕见。当然，两种身份兼容的人并不在少数，但大多以一种身份为主导，而另一种身份是从属。苏雪林能集艺术家与学者的头衔于一身，除了要归功于她的天分，大概也和她的性格、情感经历、个人意志有关。

艺术家是上帝的孩子，他们有丰富的内心，敏锐的情感触手。苏雪林12岁就写出了“荷锄且种海棠去，蝴蝶随人过小池”的诗句，以之比古来奇才，亦不下之，可见其兰质清奇。苏雪林是安徽省太平县岭下苏村人，据《太平苏氏宗谱》所载，太平岭下苏氏系四川迁居而来，为眉山苏氏后裔，宋代文豪苏洵是其三十五世祖，苏辙是其三十四世祖。原来还有这么一段“故实”，且不论攀附与否，便以苏雪林之才，倒也配得上东坡苗裔，令人想来欢喜。

苏雪林，学名苏小梅，后来将“小”字去掉，直称“苏梅”，雪林是她的字，后世以字行。出身书香之家，七岁和兄弟们一起入私塾读书，所读的无非是《三字经》《千字文》《幼学琼林》一类的蒙童书。旧式家族，奉行“女子无才便是德”的科条，是不许女孩子入学读书的，让她入私塾识字已经是破天荒的例外了。

读了两年私塾，眼看着兄弟们都从私塾“毕业”，进了外面的学校，识得千把字的苏雪林，只好从叔叔和兄弟们手中借古典章回体小说来看，举凡《三国演义》《水浒传》

《封神演义》《说唐》均读得烂熟，就连《聊斋志异》《阅微草堂笔记》等文言小说也能读个半懂，还经常拿半透明的竹纸蒙在绣像小说上，画上面的人物，就这样完成了小女儿家的文学和艺术启蒙。

上帝关上一扇门，却又开启一扇窗。苏家是读书人家，子弟承风气之先，不但于传统学问着力甚勤，而且把当时流行的外国作品译本和报章杂志也带到家里来。少女苏雪林虽不能像兄弟们那样，正式入校读书，但却读了《史记》《汉书》的选本，对于唐宋诗词，元明杂剧与传奇，历代名家之作亦均有涉猎，严复所译赫胥黎《天演论》，林纾所译《茶花女遗事》《迦茵小传》《十字军英雄记》也看过了。她还向叔叔学作诗词，颇有小成。就像张爱玲小时候读父亲案头的书一般，她一生的成就和雄心，便肇始于这蓓蕾初放的阶段。

1914年，苏雪林之父因工作之便，迁居彼时的安徽首府安庆，一位曾留学日本的开明族叔，劝导苏父令女儿读书，苏雪林便进了一所教会创办的小学。可惜仅读了半年，学校便停办了，她只得随母亲回老家，继续她的“自学”生涯。

安庆省立初级女子师范学校在报纸上刊登招生简章，

苏雪林当即向母亲请求报考，却遭保守的祖母阻挠。据苏雪林回忆，为了读书，她“费了无数眼泪，哭泣、哀求、吵闹”，甚至差点自杀。旧式家族对女性的压制，仿佛在少女雪林的心里点燃了一盆火，她茶饭不思，举止痴狂，居然一个人跑到了一个离家半里地的林子里。那片林子名唤“水上”，草木凄凉，近有深涧，泉声如雷，平时少有人至。

她在林中徘徊了很久很久，只看到天上的云一片片飘过，树叶无声地飘落，不知名的小兽偷偷看她一眼，便着慌地跑掉了。她坐在涧边的石头上，好几次都想跳下去。可是，看着飞溅的水流曲折潆洄，嘈嘈切切，不禁想起母亲月亮般的眉眼和言语，便觉得天道悠悠，人世不尽。弃了死念，回去了。

她的执拗，好强，最终使家族中的“保守派”屈服，同时她还为堂妹们也赢来了去省城读书的权利。

念念不忘，终有回响。

少女苏雪林以第一名的成绩，考入安庆省立初级女子师范，一鸣惊人。在校读书三年，每年均名列第一。由于性格温良，能诗善画，颇得老师和同学们的喜爱，毕业后被推荐在附立小学担任教员，在这里她结识了庐隐，彼此成为闺中密友。

1919年，是中国近代的一个分水岭。

山雨欲来风满楼，苏雪林虽在小学教书，但也敏锐地感觉到了进步风潮。当时的北京，汇聚了一大批有“海归背景”的进步知识分子，就像是磁石吸引铁屑，追求进步的青年男女纷纷往北京跑，苏雪林也不例外，她和庐隐一起放弃教职来当“北漂”，在北京女子高等师范大学当旁听生。

当然，与先前一样，她“继续读书”的要求遭到了家族的反对，尤其是祖母，反应最为强烈，要求她立刻“完婚”，原来先前家人已经给她订下了婚约。她坚决拒婚，并大病一场，形销骨立，奄奄一息，几乎即刻就死，吓得家人乖乖投降。在女师大尽管是旁听生，但苏雪林十分努力，系主任陈钟凡看重她的才华，帮助她转为正式学生。在这个世界上，自助者必得人助。信然。

女师大多才女，石评梅、庐隐、冯沅君皆有文名，其中后二人还与苏雪林同班，而她们的老师正是引领五四风潮的人物——胡适、李大钊、周作人，均为之授课。当年5月4日，爆发了“五四运动”，苏雪林是亲身感受到五四风雨荡涤的人。盛锥于囊，必脱颖而出。

当年11月，她在徐志摩主编的《晨报副刊》上，发表了

《新生活里的妇女问题》，文章观点犀利，令人耳目为之一新。之后，她的白话文短篇小说《童养媳》在女师大校刊发表，舆论称其作品“辛酸刻骨，悲风满纸”，引起相当大的反响。就这样，苏雪林踏上了文学之路。

此时的她，不但给多家报纸撰文，而且还受《益世报》邀请，与同学周寅颐一起主编《妇女周刊》，一年下来刊载的各种题材文章达十余万字。当时的人将她与庐隐、冯沅君、程俊英三人合称为女师大的“四大金刚”，而她也当仁不让，以“五四人”自居。

求索不止的人，不会安于一地，困于一时。为了心中的目标，他们会冲破重重阻挠，踏上路途。1921年，蔡元培、李石曾等人与法国政府达成协议，在里昂创办中法大学，为中国培养人才。即将从女师大毕业的苏雪林得到消息后，甚至连文凭也等不及拿，就去应考，成为首批105名留学生中的一员。为了能够顺利成行，她向家族瞒住了消息，直到临行当晚，才告诉母亲。

别时，雷雨大作，雨线浇漓，在地面上冲出一条条沟壑。她穿着青色布裙，提着一只小小的柳条箱，撑着一把油纸伞，头也不回地离开了送别的族人，直到很远很远，才回望，只看到雨声中昏暗的灯影里父亲轩长的身姿，旁边的母亲在向她招手。

她没有止步，只是分不清，脸上是雨水，还是泪水。

苏雪林先在里昂艺术学院学习文学和绘画艺术，由于水土不服、营养不良，三年间经常患病，有一次差点死掉，幸亏医院的天主教修女悉心照料，才免于丧身异国。这期间父亲病故，母亲也抱恙，催促她尽快归国完婚。

为使母亲摆脱家族的强大压力，她于1925年辍学，提前回国，遵母命与从未谋面的张宝龄完婚。就像是飞鸟被剪断翅膀，扔进凡尘，这注定是一个悲剧。

鲁迅可以遵母命与朱安完婚，但还可以抗争，而苏雪林却不能，因为她是女人。女人的世界从来都与男人不同。像萧红说的那样，女人的天空是低的。

张宝龄的父亲是五金商人，家中颇有余财。张宝龄毕业于上海圣约翰大学，曾在美国麻省理工学院留学，也算是一位“海归人士”，无论是家世还是学历、人品，苏母为女儿所选的，似乎都是一个无可挑剔的夫婿。

大概心怀歉疚，尽管张宝龄并不是苏雪林喜欢的那一类人物，但她依旧委曲求全，忍了下来，毕竟这是母亲安排的婚姻。父亲在她海外求学时已经亡故，母亲最最放心不下的就是这个从小就不太听话的孩子，她的历次“逃婚”让母亲受尽族人的责难，海外求学更是令母亲几乎心碎。

如今，女儿已嫁，这位含辛茹苦的母亲似乎放心了，在苏张二人婚后不久，就撒手人寰。之后，苏雪林随夫到苏州定居，张宝龄在苏州东吴大学执教，苏雪林也被景海女子师范聘为中文系主任，同时在东吴大学兼任教授，为学生讲授古典诗词。

如果是旧式女子，则情感的痛苦大概会被刻意压制，隐没在水面之下，她将如芸芸众生一样，归于尘土。但苏雪林是一个受过进步思想濡染的新女性，在法国留学期间与未婚夫通信，她便已发现彼此不合，自己是不喜欢那个男子的。

在留学时代的开放式环境里，她也不乏追求者，甚至有一位勇敢的青年还向她求婚，她也曾为之心动过。然而，这抵不住旧式家庭的“遥控”，她人虽在海外，但一封封来自中国的信函却像锁链一样，使她受尽煎熬。父亲在信中怒斥她，母亲的信则句句都是哀求，她还能怎样，在新与旧的夹缝里，只能妥协。

客观地说，张宝龄并不是一个一无是处的人，他受过西式教育，思想开明，在大学里有教席，人品也不坏。问题在于要做一个艺术家的丈夫，光有这些还不够，不但要够浪漫，而且夫妻间要能够产生共鸣。可惜，张宝龄是一个典型的理工科出身的人，满脑子数据，根本不懂什么叫浪漫，更别说共鸣了。

因此，婚后过了没几年，二人的关系便告破裂，尽管没有离婚，但实际上分手了。

1928年，苏雪林以绿漪为笔名，出版了散文集《绿天》；次年，她又出版了长篇自传体小说《棘心》，需要注意的是这两本书都出版于苏氏婚后。后世的文学史研究者，往往以果度量因，这是不符合先因后果的逻辑的。尽管苏雪林发觉，自己与张宝龄性格方面的差异，但仍然对二人的未来心存幻想。实际上，他们婚后的确有过一段还算亲密的时光，这在《绿天》中可以证实。

苏雪林声称，《绿天》中所写的，有一半属于“美丽的谎言”，那么另一半呢？大概是真实吧。在中国的新文学史上，《绿天》曾被奉为散文经典，堪称一部关于情感的教科书。她笔下的爱情是一种明媚的、活泼的、充满人间气的健康情感，是可以昭示天下，在天地间荡涤的气息。

在那个新与旧的时代，文学作品里充斥着艳情、伤情、畸情以及各种灰色的情调，即便是一些新文学作品里，也多是控诉和无奈。在正常的感情范围内，人们似乎找不到合理的表达，或者说不会表达。而《绿天》写婚后的感情生活，笔法细腻，情感丝丝入扣，简直就是真实生活的再现。

她笔下对女子的心理描写，既不同于旧式小说中那种诗意和含蓄，也不同于新文学作品中那种泛滥和爆发，而像是一层层划开心灵的纹理，简直就是当时青年男女们内心的真实写照。

以《鸽儿的通信》为例，该篇以书信形式写一位旅居海外的女子思念丈夫，就像放出了一只触手，准确地拿捏住读者，但并未过度煽情触及泪点，只是令人倾倒。

所以，《绿天》一出版，立刻“洛阳纸贵”，连续三年再版，在之后的三十年里，仍然不断再版。一些青年男女甚至将《绿天》作为送给恋人的礼物。苏雪林的文字，风格独特，辨识度很高，据杨绛回忆，自己的母亲很喜欢看新文学女作家们的书，也喜欢苏雪林的作品，有一次看了《绿天》，笑着说：“这个人也学苏梅的调儿。”

杨绛对母亲说：“她（绿漪）就是苏梅呀。”

《绿天》的出版，使苏雪林名声大噪，出版该书的北新书局老板李小峰亲自在悦宾楼招待旗下的签约作家们，苏雪林与鲁迅、郁达夫、林语堂等名家同席，可见其当时名气之大。据说此次同席，便是她与鲁迅结怨之始，关于这宗公案，我们后面再谈。何以婚姻并不美满的苏雪林，以“撒谎”的形式写了一部反映美好婚姻的《绿天》呢？

当一个人在现实中无法如愿的时候，便转向精神世界，感情如流水，此处受阻，便流向彼处。就像烈火可以锻造利剑，寒水淬刃可以使之更加锋利。艺术家在感情上的野心无法获得满足，就转化为一种意志，并用这种意志去追求其热爱的功业。《绿天》的写作，只能算作苏雪林通过“幻觉”来达到自我情感满足的一种努力，却也是其后半生勤勉创作与庞大学术贡献的萌芽。

苏雪林是一个感情丰沛的人，但与丈夫分手后，却再也未曾有过情感归宿，后世的研究者大多认为，她骨子里依旧打着未褪尽的旧礼教的烙印，我不以为然。与当时的其他女性相比，她身上有太多的不同。旧时代的女性不能够独立，很大原因是经济不独立，受制于人。苏雪林则不同，她不但思想独立，而且经济独立。在女师大读书时，她已能靠稿酬自立，甚至还独当一面，为一家大报编副刊。哪怕是和张宝龄结婚后，他们也是各自经济独立的。

《绿天》和《棘心》的出版，使她名列当时最畅销的作家行列，稿酬非常丰厚，她不但自己生活宽裕，还经常接济亲眷，照料姐姐半生。

1937年，日军进攻上海，制造了“八一三”事变，居住在沪上的苏雪林，捐出自己积蓄的三千块大洋和重五十余两的两根金条，用以支持抗战。从这些都可以看出，她是从来不缺钱的。

在思想方面，从女师大时期，她已经在思考女性的独立问题，而游学欧洲，又使她对女性解放问题有成熟的理解。此外，她拥有属于自己的事业，从欧洲归来后，她先后在苏州东吴大学、上海沪江大学、省立安徽大学、国立武汉大学等高校任教，20世纪50年代初到台湾后又在台北师范大学、台南成功大学执教，直到1973年75岁时才走下讲台。

她一生中从来不缺朋友，无论是女师大时期的庐隐，还是在武大执教时期的凌叔华，都与她关系密切。当年在武汉大学执教，她与凌叔华、袁昌英同气连枝，在学术上比肩于当时的学界名流，有巾帼不让须眉之势，被称为“珞珈三剑客”。

在她的一生中，她内心的爱人是缺失的，她曾说：“我是只蝴蝶，恋爱应该是我全部的生命，偏偏我在这个上仅余一项空白。”但她从不缺少关爱，从早期对她关怀有加的老师陈钟凡，到后来经常关照她的胡适，再到她遍布天下的弟子，都挚爱着她。在她80高龄的时候，她的朋友和学生们为她庆生，专门出了一本纪念性的专集，里面收录了一百一十多篇文章，包含了对她早年生活的回顾，对她作品的评价。可以说，她始终生活在一个被关注，被重视的位置。

谈及苏雪林，令人想到莎乐美。莎乐美与丈夫结婚后，保有妻子之名，却让女仆代行妻子之事，她自己游历欧洲，给尼采、里尔克、弗洛伊德当灵感天使去了。苏雪林自20世纪30年代与张宝龄分手后，始终保有妻子之名，50年代到台湾后，因海峡相隔便再未见面，但彼此都未再婚，堪称奇事。

与民国的其他才女相比，萧红有才情，但缺乏独立的经济能力，在情感上有失理智，委身于一个又一个男人，四处飘流，缺乏稳定的生活，不但影响写作事业，而且健康受损，早早殒命，令人叹息；张爱玲流落美国后，度过了很久的颠沛流离。只有吕碧城和苏雪林最像，她们一生保持独立，独立生存，独立思考，内心充满理性的光辉。只是，吕碧城还是不能勘破情关，难免受伤。对于情，或许苏雪林也未勘破，只是不再触碰，对她而言，感情已经转化为一种意志。

自从1927年，完成《李义山恋爱事迹考》这本学术著作后，她在作家身份之外，也拥有了学者身份。打开唐代诗人李商隐的诗歌密码，一环环理清了千百年来，人们琢磨不清的“无题”诗的答案。就像获得了一把神奇的钥匙，她进入了一个令人目眩的殿堂。

她的学术研究，打破了从本土文献来研究文本的思路，她用《圣经》，巴比伦、埃及、印度、希腊的神话来比对中国古老的文献，从中发掘出线索，最终完成了180万字的皇皇巨著《屈赋新探》，这项成果为她赢得了亚洲华文作家文艺基金会颁发的奖项。

总受关注的人，大多难忍旁人冷落。令后人津津乐道的一段公案，是苏雪林与鲁迅“结怨”。1936年，鲁迅去世后不到一个月，苏雪林的长文《与蔡孑民先生论鲁迅书》公开发表，在这篇文章中，她称鲁迅“褊狭阴险，多疑善妒”“色厉内荏，无廉无耻”“玷辱士林之衣冠败类，廿四史儒林传所无之奸恶小人”，说鲁迅的杂文“一无足取”“祸国殃民”。

此后，她便扛起了一面“反鲁”大旗，从1936年到1966年，不断写文章攻击鲁迅，结集为《我论鲁迅》一书，自称是其“半生事业”。客观地说，苏雪林的“反鲁”文章颇有些泼妇骂街的味道，充满语言暴力，就连她尊重的胡适也看不下去，曾对她说：“凡论一人，总须持平。爱而知其恶，恶而知其美……鲁迅自有他的长处。如他早年的文学作品，如他的小说史研究，皆是上等工作……”

究竟是何缘故，使她对死后的鲁迅恨之入骨？

其中一说是“遭冷落”，苏雪林自五四之后，在文坛上如日中天，举凡出版商，报馆编辑，同辈作家，对她都是恭维的态度，但在1928年7月7日北新书局老板李小峰的宴席上，却有一人冷落了她，这人就是鲁迅。

据说，当时在宴席上，苏雪林一一与人握手寒暄，就连平时不肯轻易称许人的林语堂，也赞美了她，真有一种巨星驾临的范儿。但到鲁迅这里，她热情地伸出手，却碰了个大钉子，“大先生”不但没有握她的手，连一句多余的话也不肯说，只点点头，敷衍了事。

这令她着恼，碍于鲁迅名头太盛，骂他堪称“骂圣”，打笔仗恐怕打不赢，她恼是恼了，却无甚作为。所以，只有等他死了再骂。不过，此说仅为坊间八卦，真假无法考证。况且，这也未免太小看了苏雪林。

据她说：“我的那几篇反鲁文字，原来从鲁迅学来，正所谓‘以其人之道，还治其人之身’。鲁迅一辈子运用他那支尖酸刻薄的刀笔，叫别人吃他苦头，我现在也叫这位绍兴师爷吃吃我的苦头，不算不公道吧?”她这话说得倒也俏皮可爱，甚至有那么点刁蛮味道，大可从其中看出她年轻时任性使气的样子。

笔者在北京鲁迅博物馆，曾看到一册苏雪林赠给鲁迅的书籍，正是她的成名作《绿天》。扉页上题字“鲁迅先生教正。学生苏雪林谨赠。1928年7月4日。”从称谓和落款来看，苏雪林对鲁迅是执弟子礼的，不知在女师大的时候她是否听过鲁迅的课，但就辈分而论，她属于弟子一辈。

从她所写的评论文章《〈阿Q正传〉及鲁迅创作的艺术》来看，她对鲁迅的小说，评价也是极其高的。那么何以在鲁迅死后，评价就急转直下呢？我的一位对鲁迅颇有研究的朋友说，是因爱生恨。鲁迅在女师大执教期间，与部分学生过从甚密，在“女师大风潮”中甚至联络部分教员与校方对立，当时的鲁迅，不但是教师，更是偶像和后盾。一向思想活跃，不甘于落人后的苏雪林也不能免。

随着风潮的白热化，在对女师校长杨荫榆（杨绛姑妈）的看法上，苏雪林与鲁迅有不同意见，导致反目。民国时期不乏师生恋，鲁迅在女师执教期间，对一位女生产生了好感，且与之互相通信，而这个人并非苏雪林，而是许广平。会不会在许广平之前，苏雪林已对鲁迅暗生情愫？且二人间也有类似通信。因为没有依据，只能算是臆测，而无法定论。

还有一说，苏雪林对鲁迅的口诛笔伐是替胡适出头，因为胡适是她“最尊敬的文化人”，然而这些全都只是猜测。作为当事人，她从未开口谈及原因，而后来者，恐怕永远不可能知道了。

在艺术上，苏雪林是一个多面手，她小说、散文、杂文俱佳，还写出了质量上乘的剧本。此外，她还是一个画家。她拥有顽强的令人惊叹的意志力，一百岁时，还坐着轮椅，乘飞机回到阔别五十年的故里，在得意门生唐亦男教授的陪同下，坐缆车登上黄山看云海。

有些人的一生，像一簇火焰，熊熊燃烧后便告熄灭，如萧红；有的人的一生，像一朵飞云，在这里的天空中，在那边的天空中，都风轻云淡，如张允和；有的人的一生则像一条大河，起初淙淙有声，尔后锵锵有力，最后穿越高山，飞流三千尺，注入平湖，但不加停留，而是一直向前，最终注入生命的浩瀚汪洋，这就是苏雪林。

在中国近五十年的历程中，她给独立女性一个完美的注脚。

吕碧城

不言风月，只谈人生

有些人要历尽沧桑，有些人一开始就看破了尘世的熙熙攘攘。

《红楼梦》里，惜春生下来便是个冷丫头，薄凉寡淡，而贾宝玉却要经历温柔富贵乡，方知繁花盛放不过是浮云一抹。吕碧城介于两者之间，她似宝玉，拥有一切却不如痴如迷，又如惜春，通透高洁却不冷眼旁观。

“琼楼秋思入高寒，看尽苍冥意已阑；棋罢忘言谁胜负，梦余无迹认悲欢。”多少年后，看尽苍冥、意兴阑珊的吕碧城白莲香里、缟衣素颜，独卧青灯古佛旁。

老师严复曾经劝她“不必用功，早觅佳对”，但吕碧城祖露不嫁之意，热心的严复先生为此焦虑，写诗《秋花次吕女士韵》相劝，“只怜日月不贷岁，转眼高台亦成废。女嬛琴渺楚山青，未必春申尚林际。”意思是莫要荒废了青春，空留遗憾。他在日记里写道：“此儿不嫁，恐不寿也。”

驻俄参赞胡惟德，对吕碧城的才华钦佩之至，属意已久，恰巧他的夫人在他出使日本时去世，他便准备续娶吕碧城，托傅增湘做媒。吕碧城拒绝了。他又写信寄到严复上海的寓所，请做周旋。可是当时严复正身在北京，严复的夫人朱明丽转寄，耽误了很久，待到严复接到信时，胡惟德已经与一美国女学生定了亲。

严复因此事怨责夫人，“……胡惟德有信与我，汝何把他先拆，又不将原函寄来，是何道理？”严复对吕碧城这次错过的最有可能的一桩婚姻，深表惋惜。可见这位老师如老父一般，对吕碧城牵挂着。

严复在给甥女何纫兰的信中说：“碧城心高气傲，举所见男女，无一当其意者。”

优秀的女子有更优秀的男子青睐，可是太优秀的女子，往往高处不胜寒。自古以来，每一桩幸福的婚姻，都是男人比女人高出哪怕一点点，像小说《高女人和她的矮丈夫》中，仅仅是女人的身高高出了男人，就引来诸多猜测，承受路人异样的眼光。

男人想要的是“压得住”的女人，所以人中如龙凤的吕碧城，有点让人望而生畏，且她自己更是要往“上”找的。借用北大著名社会学家李建新的说法：“剩女”是个伪命题，因为男人如火如荼，都在你身边，你就是不嫁，要或者不要，是自己选的，是主动选择的结果，宁为玉碎，不为瓦全。

吕碧城是“唯一孤独无匹的事物”。

或许可以用学者秦燕春的评价对吕碧城的人生历程做一个解释：吕碧城的一生“不仅落难太早、成名太早、成功太早、富贵太早，且在智能层面‘开化过早’了”。太晚不行，太早也不行，只有“逢时”才能山出云。

说到吕碧城的落难，那时她才10多岁，就要为整个家庭奔走，因为父亲突然逝世，家中又没有男人，没有支柱。

父亲吕凤岐是清光绪年间的进士，曾任翰林院编修、山西学政等，后来因不满朝政日益腐败，不愿随波逐流，辞官还乡。但是打击不期而至，先是次子因受责备自杀，再是长子抱病身亡。他每日借读书遣怀，且督促四个女儿读书，以慰膝下无子的寂寥。

家中藏书三万卷，吕家姐妹个个饱读诗书，聪慧有才，吕碧城尤其出类拔萃，最得父母钟爱。有一次，她与父亲在花园漫步，父亲见杨柳依依，便随口吟道：“春风吹杨柳，”没想到她张口便接了下句：“秋雨打梧桐，”那时她才是5岁稚子，父亲不由惊喜异常。

吕碧城7岁时已能作画，笔下山水酣畅淋漓。时人称赞她：“自幼即有才藻名，工诗文，善丹青，能治印，并娴音律，词尤著称于世，每有词作问世，远近争相传诵。”

可是，吕凤岐的隐忧终于成了事实。他刚刚过世，族人就欺负孤儿寡母，霸占他们的家产。吕碧城的母亲从京城回老家处理祖产，却被族人唆使的匪徒幽禁。这时，作为女孩子的吕碧城站出来，四处求援，写信给父亲的朋友和学生。

其中，时任江宁布政使、两江总督的樊增祥与吕凤岐是同年进士，并多有往来，看了吕碧城情辞恳切的信，马上施以援手。徽州官员不敢怠慢，救出了吕凤岐的妻子与另外几个女儿。

小小年纪便有这番功夫，这让从小与吕碧城定了亲的汪家起了戒心，竟然要退婚。吕家母女如今落到这步田地，也不与他们争执，就答应下来。在当时，退婚可是奇耻大辱，虽然后来吕碧城崇尚女权，成为新女性，这件事也不会对她毫无影响。

婚约解除后，母亲带着四个尚未成年的女儿投奔舅父严凤笙去了。严凤笙在塘沽任盐运使，家资颇丰，且也是一位饱读诗书的儒生。

20世纪初，维新变法引起的新思潮也影响了吕碧城，她的心开始往外飞了。恰巧，舅父官署中的秘书方小洲的夫人要去天津探访女学，20岁的吕碧城央求同往，思想保守的舅父不允许，严词骂阻，不许她离开塘沽一步。

第二天吕碧城就逃出家门，只身踏上了开往天津的火车。但是，出来得太匆忙，既没有旅费，也没有收拾行装，但是幸运的是，她在火车上结识了天津“佛照楼”旅馆的老板娘，这位老板娘帮她买了车票，还安排她住进了《大公报》所在的法租界附近的客栈，因为她临行前与方夫人约好在《大公报》馆见面。方夫人与《大公报》的社长英敛之关系很好，她就借住在《大公报》馆。

凑巧，吕碧城的信被英敛之看到，清秀的字迹和极佳的文笔吸引了英敛之，他便携夫人和方夫人一起去客栈见吕碧城。他们在“佛照楼”旅馆吃饭，席间，吕碧城的谈吐让英敛之侧目，邀请吕碧城去报馆与方夫人同住。

夜里，几个人聊天，英敛之提议让吕碧城把自己作的诗念给大家听，吕碧城只稍加思索，便在宣纸上写下一首《浪

淘沙》

寒意透云帱，宝篆烟浮。夜深听雨小红楼。姹紫嫣红零落否？人替花愁。

临远怕凝眸，草腻波柔。隔帘咫尺是西洲。来日送春兼送别，花替人愁。

小楼听雨，落红飘零，春去人也去了，离愁别绪，点点滴滴，怎不叫人愁煞？人替花愁，花替人愁，凄苦荒凉的人生况味尽在不言中。樊增祥说：“漱玉犹当避席，断肠集勿论矣，”他认为李清照和朱淑真这样的词坛女杰都有所不及，虽然有点言过其实，但是众人看了都为之赞叹，爱才惜才的英敛之，更是对吕碧城刮目相看。

她又随手写了一首关于女权的词，“晦暗神州，忻曙光一线遥射。问何人女权高唱？若安达克。雪浪千寻悲业海，风潮廿纪看东亚。听青闺挥涕发狂言，君休讶！”正契合了英敛之的心思，他早有倡导女权之心。所以，他当下决定，让吕碧城留在《大公报》馆。

吕碧城当时才20岁，便成为《大公报》第一个女编辑，这是她飞速成名的契机。

在英敛之夫妇的推介下，吕碧城认识了很多新闻界、教育界的朋友，还迅速熟悉了报馆的业务，很快便投入到《大公报》繁忙的编辑工作中去。仅仅数月，《大公报》屡屡发出她的文章，文采斐然的诗词，引起诗词界前辈们的赞赏。她的很多宣扬女权的文章，如《论提倡女学之宗旨》《教育为立国之本》《敬告中国女同胞》《兴女权贵有坚忍之志》等，引起强烈反响，尤其是新女性，更对她心向往之。一时间，吕碧城锐利新颖的观点成为街谈巷议的热门话题，她从此声名鹊起。

英敛之编发她的《满江红·感怀》时，特地让夫人以“清洁女史”的名义，附跋语推荐：

昨蒙碧城女士史辱临，以敝箑索书，对客挥毫，极淋漓慷慨之致，夫女中豪杰也。女史悲中国学术之未兴，女权之不振，亟思从事西学，力挽颓风，且思想极新，志趣颇壮，不徒吟风弄月，摛藻扬芬已也。

而《满江红·感怀》一出，便激起千层浪，人人传唱。

眼看沧海竟成尘，寂锁荒陬百感频。

流俗待看除旧弊，深闺忧愿做新民。

江湖以外留余兴，脂粉丛中惜此身。

谁起平权倡独立？普天尺蠖待同伸。

此诗引来清廷官员和诗坛名人的唱和，如袁世凯的幕僚沈祖宪，李鸿章之侄李经义，著名藏书家傅增湘，慈禧的三品女官缪素筠等。缪素筠盛赞吕碧城道：“飞将词坛冠众英，天生宿慧启文明。绛帷独拥人争羡，到处咸推吕碧城。”

此后，吕碧城像睥睨世俗的乔治·桑一样，自由出入男性社交场所，与他们一起吟诗作赋，赏花评月，谈笑风生，这在清末是一道奇异的风景。吕碧城自己描述当时的情景说：“由是京津闻名来访者踵相接，与督署诸幕僚诗词唱和无虚日。”

接着便是慕名者至，“鉴湖女侠”秋瑾来拜访，用门房的话说，是“来了一位梳头的爷们儿”。两人一见如故，仅仅四天便情同姐妹。秋瑾之前也有“碧城”之号，现在自己取消了，让吕碧城专用。两人还商议好，吕碧城在国内办报，用投枪般的文字与秋瑾在日本的革命活动相呼应。

吕碧城在《论提倡女学之宗旨》中写道：

女学之倡，其宗旨不外普助国家之公益、激发个人之权力二端。国家之公益者，合群也；个人之权力者，独立也。然非具独立之气，无以收合群之效；非藉合群之力，无以保独立之权，其意似离而实合也……

吕碧城办女学的志向也逐渐萌芽，英敛之帮忙四下奔走无果，恰巧在直隶总督任上广办新政的袁世凯授命傅增湘在天津办女子学校，教育学家严修又向袁世凯举荐了吕碧城，袁世凯对吕碧城早有耳闻，欣然应允。

所谓得道者多助，傅增湘总是带来好消息：“袁督许允拨千元为学堂开办费，唐首允每月由筹款局提百金作经费”；英敛之亲自拟定章程，注册学校，邀请董事，组织会议等等；吕碧城的舅父严凤笙也来帮她筹办学校，与她一起审定学堂简章等。

舅父严凤笙来助吕碧城办学堂，还有一段趣闻。原来当时创建新学阻力重重，袁世凯故意拿反对新学的塘沽盐运使严凤笙开刀，将他撤职后命他来专门协助吕碧城办学。严凤笙“忍气权从”，但来到斥骂过的吕碧城手下办事，心里无论如何也不舒服，所以很快便辞职回了塘沽。吕碧城调侃地说："然予之激成自主以迄今日者，皆为舅氏一骂之功也。"

机会总是降临于有准备的人，怀才有可能不遇，但不怀才肯定"不遇"，说吕碧城幸运不如说她的才华难掩，像掩埋于地下的宝剑，远远地就有紫气升腾于斗牛之间，被张华挖掘出来。

北洋女子公学成立，傅增湘任监督，也就是校长，吕碧城任总教习。后改名为北洋女子师范学堂，吕碧城任监督，那一年她才23岁。一出家门便走到了人生的巅峰，办女学是开天辟地的事情，她又是女性，更是前所未有第一人。

但是吕碧城性格过于狷傲，常与人发生龃龉。舅父不愿意屈居外甥女之下，主动离职；她与代行监督凌女士也越加意见不合，凌女士辞去董事；连傅增湘、英敛之也相继离任，吕碧城成了孤家寡人，却个性依旧。慈师严复说："外间谣诼，皆因此女过于孤高，不放一人在眼里之故。英华（英敛之）、傅润沅（傅增湘）所以毁谤之者，亦是因渠不甚佩服此二人也。"

中国人讲究的是"家有利器，不可示人"，吕碧城却不管那些迂回曲折，她锋芒毕露。

1912年，袁世凯当上中华民国临时大总统，因为赏识吕碧城的才华和胆识，聘其为总统府机要秘书，后又任参政。吕碧城本想一展抱负，可是却发现官场钩心斗角，率性真实的她不适合在这黑暗的旋涡中应对，就渐渐灰了心。之后经常去上海陪母亲。直到1915年，袁世凯称帝的野心暴露无遗，她彻底失望，辞官南下，定居上海。

吕碧城弃文弃官，在上海开始经商生涯。

她也是商场里的天才，两三年时间吕碧城就积聚起大量的财富。用她自己的话说是："余习奢华，挥金甚巨，皆所自储，盖略谙陶朱之学也。"经济基础决定上层建筑，无论是鲁迅、张爱玲还是三毛，都很重视钱，因为钱可以买自由。不为生存所累，便可以"为所欲为"。吕碧城旋转于舞场，浪迹于诗社——由柳亚子等人创办的著名诗歌社团"南社"，聚集了一些才子如汪精卫、张默君、林庚白、铁禅、余十眉等，都与吕碧城有来往。

林庚白曾说："碧城故士绅阶级中闺秀也，惊才绝艳，工诗词，擅书翰……读之使人回肠荡气，有不能自已者。"可见吕碧城在诗社也是佼佼者。诗人易实甫也曾称赞她，"其所为诗文见解之高，才笔之艳，皆非寻常操觚家所有也。"评论家陶杰说，吕碧城的词"并非首首闺秀纤巧，而是烙印了时代的烽烟。手笔婉约，别见雄奇，敏感玲珑，却又暗蓄孤愤。”

吕碧城不但才华出众，且眉目如画，苏雪林曾赞誉她说：“从某杂志剪下她一幅玉照，着黑色薄纱的舞衫，胸前及腰以下绣孔雀翎，头上插翠羽数支，美艳有如仙子。”不过她的美貌不是东方女性常有的柔弱的美，而更像西方女性健康的美，“天然眉目含英气，到处湖山养性灵。”

如此才貌双全，富可敌国，长袖善舞，胆识过人，却为何独身之志益坚呢？当友人问及她，她自称，“生平可称心的男人不多，梁启超早有家室，汪精卫太年轻，汪荣宝人不错，也已结婚，张謇曾给我介绍过诸宗元，诗写得不错，但年届不惑，须眉皆白，也太不般配。我的目的不在钱多少和门第如何，而在于文学上的地位，因此难得合适的伴侣，东不成、西不就，有失机缘。幸而手头略有积蓄，不愁衣食，只有以文学自娱了。”

不在乎金钱门第、身份相貌，只要文学上有所建树，懂文学便是懂她，只有同一个层次的人才可以真正交流，否则鸡同鸭讲最是难受。其实吕碧城想要的就是一个精神伴侣，用刘震云的话说是“能说得来”，能让一个人心里舒服的不是物质，不是美貌，也不是才能，而是那一句话，懂得便

“一句顶一万句”。

可是，能与吕碧城在一个层面上的男人何其少，而且，不是年龄太大，就是已经结婚了。

英敛之对吕碧城竭尽心力，鞍前马后，不仅仅是爱才惜才，而是对吕碧城早有倾慕之心，他在日记中写有一首词，道：

稽首慈云，洗心法水，乞发慈悲一声。秋水伊人，春风香草，悱恻风情惯写，但无限悃款意，总托诗篇泻。

莫娱作浪蝶狂蜂相游冶，叹千载一时，人乎天也，旷世秀群，姿期有德，传闻名下，罗袂琅琅剩愁怀，清泪盈把空一般。

款款深情，只能托于诗篇，期盼着她发慈悲一声，用了“乞”，可见英敛之当时的低姿态，他为她倾倒，“怨艾颠倒，心猿意马!”可是，他早已有了因爱情而结合的妻子爱新觉罗·淑仲。外间有了流言，妻子淑仲也不可能没有觉察。英敛之在日记中写道：“内人连日作字、观书，颇欲发奋力学……内人犹未眠，因种种感情，颇悲痛，慰之良久始好。”夫妻感情因为吕碧城，有了裂痕。

妻子淑仲暗自神伤，几乎要离家去北京念书。英敛之最终“发乎情，止乎礼”，回到了他君子的位置上，克制住对吕碧城的感情。

两人后来渐生嫌隙，愈行愈远，不能不说，吕碧城对英敛之也动过心。

英敛之对吕碧城的二姐吕美荪也颇为照顾，初见吕美荪便有相见恨晚之叹，他在日记中写道：“相处百余日，不惟无厌意，而甚恨时日之短促，此次登船故不放心，送之塘沽。”且为了送吕美荪耽搁了回程，在塘沽住了一夜。

后来吕美荪被电车伤了手腕，吕碧城送她住进医院，英敛之为她请了日本医生，还频频探望，殷勤备至，有时至深夜才回去。就是在这期间，吕碧城与二姐反目成仇，并扬言“不到黄泉勿相见”。

果然，至死，她都没有与二姐言和，几十年之后，她在《晓珠词》里写道：“余孑然一身，亲属皆亡，仅存一情死义绝，不通音讯已将三十载之人。其一切所为，余概不与闻，余之诸事，亦永不许彼干涉。词集附以此语，似属不伦，然诸者安知余不得已之苦衷乎？”

何以对亲人如此决绝？难道因英敛之待二姐殷勤，妒火中烧，只能迁怒于二姐？

她与英敛之亦是唇枪舌剑，吕碧城个性太强，有攻击性，有时得理不饶人，而英敛之是一个情感丰富的人，易于冲动，两人最终只会水火难容。

日久事多，两人难免发生摩擦，吕碧城又极有主见，遇事毫不避讳地抨击，有时会涉及英敛之，他对她渐生反感，在日记中写道："闻碧城诸不通语，甚烦闷"，甚至指责她"虚骄刻薄，态极可鄙"。

两人关系最终因《大公报》一篇批判女性打扮娇艳的短文破裂。吕碧城素喜欢奢华打扮，写文针锋相对地反击。英敛之在日记中写道："碧城因《大公报》白话，登有劝女教习不当妖艳招摇一段，疑为讥彼。旋于《津报》登有驳文，强词夺理，极为可笑。数日后，彼来信，洋洋千言分辩，予乃答书，亦千余言。此后遂永不来馆。"

严复说："此人年纪虽小，见解却高，一切陈腐之论不啻唾之，又多裂纲毁常之说，因而受谤不少……现在极有怀谗畏讥之心，而英敛之又往往加以评骘，此其交之所以不终也。"当年英敛之把吕碧城介绍给学者严复，严复收了这个女弟子，对她悉心教授逻辑学原理，在女权思想方面，又从她身上受到影响，两人虽为师徒，也是忘年交。

严复最知吕碧城，最能理解她的处世艰难。他说："初出山，阅历甚浅，时露头角，以此为时论所推，然礼法之士嫉之如仇……即于女界，每初为好友，后为仇敌，此缘其得名大盛，占人面子之故。往往起先议论，听着大以为然，后来反目，则云碧城常作如此不经议论，以诟病之。其处世之苦如此。”

严复对吕碧城有着慈父般的关爱，师长般的维护。他与她论及自由结婚，吕碧城慷慨陈词：“至今日自由结婚之人，往往皆少年无学问、无知识之男女。当其相亲相爱、切定婚嫁之时，虽旁人冷眼明明见其不对，然如此之事何人敢相参与，于是苟合，谓之自由结婚。转眼不出三年，情境毕见，此时无可诿过，其悔恨烦恼，比之父兄主婚尤甚，并且无人为之怜悯。此时除自杀之外，几无路走。”

这番观点在当今社会也是切中肯綮，一针见血。她在那个时代就看出自由婚姻也存在的弊病，眼光何其锐利，何其具有前瞻性。如今这个社会早已经不是媒妁之言父母之命的时代，大多数婚姻都是自由结合，可离婚率大幅度上升，有人对此很不解，当初明明相爱才结婚，为何又离心离德了呢？原因就在这里，吕碧城指出，无知无识的两个人不过是因为初相见的那份新鲜感，那份激情，贸然结婚了，因为提倡自由婚姻，旁人客观地看着不对，也不敢参与，等到慢慢相处下来，才发现，真不对，正是吕碧城所谓的“苟合”。那个时代还不提倡离婚，所以激进的吕碧城只看到他们的唯一出路，就是自杀。

当今社会有了离婚这条出路，倒是不用自杀了，但离婚也难免伤筋动骨一番。

所以结婚需谨慎。

吕碧城对感情，一直抱着这种审慎的、不即不离的态度，既不会像“情热”的人一心扑在感情上，也不会像受过伤的女子“十年怕井绳”。身边爱慕者不少，她冷眼看着，不轻易动情思，也没有人轻易动得了她的情思。

即使是风流才子袁克文。

据说袁克文死时，已穷困潦倒，只在他的笔筒里找到20元钱。可是，送葬队伍却有四千多人，更奇妙的风景是这四千多人当中有一千多来自青楼，她们头上系着白头绳，胸前挂着袁克文像的徽章，清一色的妓女，都是旧相识。

可见他对女人的吸引力。

有人提及袁克文，吕碧城只淡淡地说：“袁属公子哥儿，只许在欢声中偎红倚翠耳。”这样的断语一下子就把这个小她7岁的爱慕者打入冷宫了。

但袁克文绝非表面上看上去的那种纨绔子弟，他也像吕碧城一样，是“天才少年”，7岁读史、10岁能文、15岁作诗，琴棋书画无一不精，且很懂得鉴赏，为了收藏一掷千金。

他在文坛上早有诗名，虽风流不羁，却重情重义，且极富思想。后来袁世凯称帝时，没想到他最爱的这位“皇子”却写诗讥刺，“乍著微绵强自胜，阴晴向晚未分明。南回寒雁掩孤月，西去骄风黯九城。驹隙留身争一瞬，蛩声吹梦欲三更。绝怜高处多风雨，莫到琼楼最上层”。袁世凯一怒之下把他软禁起来，禁止他和那些“煽动”“扰乱”人心的名士来往。

袁世凯的皇帝梦83天就破碎了，果然应了袁克文那句“绝怜高处多风雨”。袁家失势，门庭冷落，袁克文也看透了世态人情，功名富贵不过是过眼云烟，他更是在美酒佳人堆里流连，“他人笑我太疯癫，我笑他人看不穿”。

这是后事。在这之前，袁克文曾与吕碧城有知己之情。

吕碧城因秋瑾被捕牵连入狱，一直倾慕她的袁克文准备营救她，他跟袁世凯一说，当即就放了吕碧城，“若有书信来往就是同党，那我岂不是也成了乱党？”

此后，吕碧城与袁克文经常聚在一起谈诗、饮酒，袁克文对这位才华横溢、清丽绝俗的女子起了心念，他经常把自己的诗文传给吕碧城看，吕碧城为他的诗词情致打动，心有所感，不由得与他唱和。他们很谈得来，他佩服她的傲骨，欣赏她的才气；她喜欢他的才华，倾慕他的洒脱，有时候会谈到陶醉。

吕碧城经常参加袁克文组织的北海诗酒聚会，后来到了上海，两人也是诗书不断，他们的关系就定格在诗词交往上。

吕碧城先前对袁克文下的定语让他只能把爱慕埋藏心底，内心再有波澜，脸上也云淡风轻。也许吕碧城对眼前这个人有了改观，但是她也明了，这个风流公子不会永远为她停留，与其有一天要承受失意的寂寥，不如从不开始。

于是，两人各怀心事，只谈人生，不言风月。对酒当歌，人生几何？滚滚长江东逝水，过了一秋又一秋，两个人你还是你，我还是我。

人生辗转，随着地理上的距离，他们也日渐疏远。

直到袁克文落魄失意，来到上海。此时的他再不似先前的风流雅致，而是意志消沉，在青楼里买醉，在烟榻上度日，卖字为生，日子过得拮据拘谨。吕碧城想到当年他对自己的情意，决定去见见他。但是当家仆递上名片，袁克文却推说在睡觉，没见。

他在日记中写下：“初十日，吕碧城女士见过，予犹未起，谢之。”虽简简单单一句话，却写得一笔不苟，可见他内心的波澜。今非昔比，无颜相见。

从此，两人断了联系。

1917年，吕碧城遇见一代高僧谛闲法师，谛闲法师说：“欠债当还，还了便没事了；但既知还债的辛苦，切记不可再借。”这里所说的债，当指尘世间的一切孽债。还完了才能冲破轮回，再不来这人间受苦。她听法师讲了两个多月的《圆觉经》，给自己起了法号“明因”，明因识果，自能放下。世事沉浮，一切皆空，何必执着。所有生出的妄念，都是纠缠，都是是苦，只有灭了妄念，才能成佛。

吕碧城虽然过着高贵、奢华的生活，内心却不由落寞。

她反复吟诵着李清照的“物是人非事事休，欲语泪先流”。

后来，吕碧城以上海《时报》特约记者的身份，到美国游学，学习美术、历史和文学，她还将前年游学欧洲的见闻一并写成《欧美漫游录》。并致力于“戒杀护生运动”，心中隐隐藏有禅意。

1929年，吕碧城在英国伦敦时，友人孙夫人捡到印光法师的传单，不屑地要扔掉，吕碧城却收着，遵法师之教，开始持诵圣号。从此，她摒弃外面的喧嚣，食素，护生，守五戒。

1939年，因为第二次世界大战爆发，吕碧城回到香港，她先住在山光道自购的公寓里，后来搬入东莲觉苑。从此不再写诗作文，而是翻译佛经。她供着观音像，早晚礼拜，她终于为自己寂寞的人生找到了信仰。

1943年，61岁的吕碧城在香港九龙辞世。“不到黄泉毋相见”，她死的时候，身边果然没有一个亲人。她遗言不留尸骨，火化后将骨灰和面为丸，抛入海中供养鱼虾之物。

她这一生既热烈又孤独，既璀璨又寂寞，正如她的绝命诗：“护首探花亦可哀，平生功绩忍重埋。匆匆说法谈经后，我到人间只此回。”这是她临死前在梦中得诗，遂抄寄友人。莫非她当真跳脱轮回，修成正果?

跋

民国十一钗

汤显祖在《牡丹亭》卷首题词中说：情不知所起，一往而深。生者可以死，死可以生。生而不可与死，死而不可复生者，皆非情之至也。梦中之情，何必非真？天下岂少梦中之人耶！言情及于此者，则指梦若实，不计死生了。

我下笔写十一个民国才女的时候，初旨便是写情事，然而一旦动笔写下去，便不能止于情。仿佛柳荫下的一叶小舟，欸乃一声拨开了碧绿的水流，朝前方划去，便看到了二十四桥的明月，听到了玉人的箫声。

写民国人物，是对一个时代的思考与感怀。客观地说，我们不可能完全真实地接近消逝的过往，无论是文献也好，图片资料也好，包括一些当事人的回忆也好，都不能。就像物理学上物质的衰变一样，一旦时光流逝，就意味着某些东西本身已经发生了变化，任何一种企图都是徒劳的。追忆民国11个才女时，我对此颇有感悟。

“子在川上曰，逝者如斯夫”。我认为，这句话并不是单纯地感叹时间的流逝，而是对自我“存在”的感知。我们读了一首诗，念及一个人，想到一些事，发现自己是时间流逝后“残存”的自己，这些人和事，原来都是和自己相关的。我们对某一些东西的怀念与回顾，掺杂着无意识的重构，场景的重设，回忆的偏离，然而却有另一种真实，就像写意画在表达意境上比拍摄的照片更加真实一样。

我们距离一个时代太远，就偏离那个时代的语境；而距离过近，又容易一叶障目。我读了很多关于民国的文章，也看了相当数量的专著，其中不乏一针见血的论断，精准考证过的材料，但这仍然是不够的，我隐隐觉得我们似乎偏离了方向。当下“民国风”大热，写民国的作品汗牛充栋，民国的才子才女们的情事，更是被翻了个底儿朝天，但我仍旧感觉我们所谓的“了解”可能只是一种误解。

寄神于形，犹魂魄在身。臻于状形固可精妙无间，然行尸走肉亦能如此耳。材料再丰富，挖掘再精细，有时候反而距离真实更加遥远。就像我们了解一个明星的恋爱史，了解他的爱好和星座，但就实质而论，我们所了解的，仍旧只是一个符号。我们回想一个时代，并不为挖掘八卦，最终我们的文笔所及者，常常是我们本身。

我喜欢张爱玲的小说，也喜欢王家卫的电影，他们都曾用自己的方式演绎民国，在细腻丰盛的虚构叙述中，有一种真实的存在。因此，在本书的写作中，我没有试图从材料的完备性入手。事实上就材料而言，对11个才女中的任何一个都可以独立写成一本书。我入手的方式，是片段式的，光影式的，像剪切镜头一般的方式，每一个人构成一种活法，十一个人就大致构成了一个民国才女图。

无论是临水朝花的林徽因也好，冰雪聪明的凌叔华也好，奇瑰廓大的苏雪林也好，她们的人生都有真情在，其中的“情”之真，不但体现在炽烈的一面，同时也体现在决绝的另一面。说起“情”字的这个真，与11才女相比，俗庸滥者动辄所说“真爱”，莫不有一股叶公好龙的味道。

真情者，即痴情者，情犹如天龙，其驾临必定风雨大作，霹雳万钧，懦夫会被吓得钻到床底下，莽汉徒自浇得一身透，都不能自心至身受之的，只有气魄够大，心智明朗的人才配拥有。

纵览十一个民国才女，吕碧城终身未嫁，却亮丽精彩；庐隐吃尽了苦头，照样活得纵情泼辣；林徽因惊鸿一现，众人侧目；陆小曼半生毁谤，丹青犹自堪称神品。情如诗，爱如剑，可惠于人，也伤人至深，但在一副皮相之外，真有天风吹过，我自有一方朗月清和的世界的意趣。就像《红楼梦》中的金陵十二钗，每个人物都有一个命运的册子，这11个民国才女而言，也都有这么个“册子”，只是这册子是她们自己来写的。

有些人，他们的生命可以被摧折，内心可以被压抑，却不能使他们苟且、异化。就像雪落大地，无论是储之于银壶，还是盛之于破缶，器之精陋无改雪之晶莹，被命运一次次打翻在地的萧红，在象牙塔授课一生的杨绛，在海外旅居半生的张充和……她们没有被困苦扭曲，也没有被世俗的生活固化，她们就是她们，她们活成了真正的自己。她们身上有一股范儿，不能不说这就是民国才女范儿。她们各自不同，但都带有民国的气息，她们属于那个时代，也把那个时代的风情带给了我们。

我曾看到过一帧张充和在北平时的老照片，那时她大约三十多岁，身穿旗袍，侧身坐于亭栏，臂上搭着一件大衣。整张照片并不是太清晰，却好像笼罩在一层光里，她的身姿、神情都令人过目难忘，真是人淡如菊，心素如简，由内而外的诗书气质，无论岁月的尘封多模糊，都遮挡不住的，这就是民国。

图书在版编目(CIP)数据

且修一世柔软心 / 青梧著. — 北京：人民交通出版社股份有限公司, 2019.5

ISBN 978-7-114-15395-2

Ⅰ. ①且… Ⅱ. ①青… Ⅲ. ①女性—名人—生平事迹—中国 Ⅳ. ①K828.5

中国版本图书馆CIP数据核字（2019）第050856号

Qiexiu Yishi Rouruan Xin

书　　名：且修一世柔软心
著 作 者：青　梧
监　　制：邵　江
策　　划：李梦霁
责任编辑：李梦霁
特约编辑：童　亮　刘楚馨
营　　销：吴　迪　张龙定　陈力维
责任校对：刘　芹
责任印制：张　凯
出　　版：人民交通出版社股份有限公司
地　　址：（100011）北京市朝阳区安定门外外馆斜街3号
网　　址：http://www.ccpress.com.cn
销售电话：（010）59636983
总 经 销：北京有容书邦文化传媒有限公司
经　　销：各地新华书店
印　　刷：北京盛通印刷股份有限公司
开　　本：880×1230　1/32
印　　张：8
字　　数：125千
版　　次：2019年5月　第1版
印　　次：2019年5月　第1次印刷
书　　号：ISBN 978-7-114-15395-2
定　　价：46.80元

修得浮世欢喜心

李凹题

印心 著

在众生皆苦的浮世，
修得一颗欢喜心。

人民交通出版社股份有限公司
China Communications Press Co.,Ltd.

目录

陆羽

万古云霄一羽毛

“万古云霄一羽毛”是“诗圣”杜甫用来盛赞诸葛亮的诗句。国画大师徐悲鸿，曾以此题为匾额，至今仍高悬于成都武侯祠门楣之上。此句用来写诸葛亮固然贴切，但是用来形容“茶圣”陆羽，亦恰如其分。

诸葛亮和陆羽都是隐居之人。但诸葛亮在“三顾茅庐”后，为蜀效命，收二川，排八阵，取西蜀，定南蛮，六出祁山，七擒孟获，鞠躬尽瘁，死而后已，是义胆忠肝的化身。他的一生，在托孤寄命、东和北拒中，平添了几多担当的沉重，少了些许放达的轻盈。

反观陆羽，境况迥异。

陆羽是弃婴，是孤儿，无父无母，无名无姓，一生漂流不定。人如其名，仿佛“漂流在陆地上的一根羽毛”。及至长大成人，名闻天下，皇帝召他做官，他竟然抗旨，远走高飞。

他是一个真正的逍遥自在人，他的一生才是“万古云霄一羽毛”的真实写照。

陆羽，唐复州竟陵（今湖北天门）人，自幼命途多舛，三岁时，就被父母遗弃在竟陵西湖边，被龙盖寺住持——智积禅师捡到，在寺庙中长大。

禅师看他聪慧机敏，九岁时教他识文断字，熟读经卷。

他不知自己的姓名，智积禅师遂用蓍草为他占卜，得“蹇”卦，又变“渐”卦，辞曰：“鸿渐于陆，其羽可用为仪，吉。”《周易·渐卦正义》讲：“凡物有变移，徐而不速，谓之渐。”

渐，即徐缓之意；陆，就是水流渗而出的陆地。整句话意为，鸿雁徐徐降落在水流渗出的陆地，华丽的羽毛显示出高贵的气质。这是一个多么吉祥的卦辞，多么美好的意象。

陆羽是智积禅师从西湖岸边捡到的，就姓了“陆”；要成为一个仪态万方的人，所以名为“羽”；大雁徐徐飞来，就以“鸿渐”作了字。

陆羽自幼为智积禅师煮茶。坊间传闻，他善烹茶，精鉴水，对茶的领悟天赋异禀。同一江中之水，他能区分不同段水的品质，还对所经之处的江河泉水分别评定等级高下。

甚至，他还能品出瀑布和雪水之别。经年之后，陆羽著《茶经》，写下对水质精辟的见解。

夫茶于所产处，无不佳也，盖水土之宜。离其处，水功其半，然善烹洁器，全其功也。

不知是玄妙的经卷对一个九岁的孩子来说艰涩难懂，还是智积禅师的管教过于严厉，陆羽对佛法兴趣不大，却喜欢诗文，以致到了忘情的地步。

有一次，禅师要他抄经念佛，陆羽却问："释氏弟子，生无兄弟，死无后嗣。儒家说不孝有三，无后为大。出家人能称有孝吗？"并公然称："羽将校孔氏之文。"

禅师闻言，颇为恼怒，就用繁重的"贱务"惩罚他，迫他悔悟回头。

陆羽被派去"扫寺地，结僧厕，践泥圬墙，负瓦施屋，牧牛一百二十蹄"。但他并未因此屈服，求知的欲望反而更加强烈。

他无纸练字，放牛时常用竹片在牛背上写字，偶得张衡《南都赋》，虽不识其字，却危坐展卷，念念有词。

智积禅师知道后，恐其"浸染外典，去道日旷"，担心他背离佛法，把他禁闭寺中，还派年长者严加看管。

禅师爱之深，责之切。可禅师的良苦用心，不但没有驯服陆羽，反而激起他更大的反抗。如此，他又遭受更大的压迫，常常被打得皮开肉绽。后来他曾写到这段经历，说：“连荆杖都打断了。”

十三岁的时候，陆羽忍无可忍，逃离寺院，到一个戏班里做伶人。

他虽幽默机灵，但容貌丑陋，又有口吃，只好当丑角，写台本，竟然写出了《谑谈》三卷。在戏台上表演后，博得观众好评，渐渐声名鹊起。

唐天宝五年（746年），在竟陵演出时，陆羽出众的表演赢得了竟陵太守李齐物的赏识。太守赠陆羽以诗书，还介绍了隐居于火门山的邹夫子，教他诗文。

之后，陆羽又结识了被贬为竟陵刺史的崔国辅。二人常常相偕出游，品茶鉴水，谈诗论文，遂成莫逆。

陆羽的志趣不在功名利禄，而是以身许茶。

唐天宝十三年（754年），陆羽为考察茶事，出游巴山峡川。他的这种抱负，得到了崔国辅的赞许和支持。行前，崔公将自己心爱的白驴、乌犎牛和文槐书函赠送给他，并乘船亲自送他出西江之滨。

二十一岁的陆羽，从此踏上了对茶文化的考察之旅。

他经义阳、襄阳，下南漳，到巫山。一路逢山驻马采茶，遇泉下鞍品水，目不暇接，口不暇访，笔不暇录，锦囊满获。

历遍万水千山，陆羽惊觉，泡茶不只要好茶、好水，还要有深厚的感情。

茶，就是人在草木间。除了草木本身，还有一汪情意。这就将茶文化上升到一个极高的境界。

唐天宝十四年（755年），安禄山在范阳起兵，渔阳鼙鼓动地来。为了躲避战乱，陆羽裹挟在长安的难民潮中，沿长江而下，对湖北、江西、江苏、浙江等地的江河山川、茶园名泉进行了实地考察。

唐至德二年（757年）春，陆羽流落到太湖之滨的无锡，结识了无锡尉皇甫冉。皇甫冉是一个多才多艺、惜才重友、不以衣冠取人的地方官。陆羽与他一见如故，成为挚友。

其后，陆羽来到吴兴，结识了城西南杼山妙喜寺的诗僧皎然，便在寺中栖居，约三年。

彼时，陆羽才二十四岁。

皎然是南朝大诗人谢灵运的十世孙，出身世族，自幼出家，精于佛法诗文，当年才子，推为宗伯。而陆羽身为弃儿，早年为童僧，但志在山川茶泉，为人正直，经过苦修，学识渊博。

陆羽与皎然惺惺相惜，一见如故，成为莫逆。

此后，陆羽又结识了灵澈、李冶、孟郊、张志和、刘长卿等名士高僧，常在一起论诗品茗。

唐乾元元年（758年），陆羽来到升州（今江苏南京），寄居栖霞寺，钻研茶事。次年，旅居丹阳。

唐上元元年（760年），陆羽从栖霞山麓来到湖州（今浙江吴兴）苕溪，结庐隐居。在此期间，他常驾一叶扁舟，来往于山间寺庙，随身只带纱巾、藤鞋、短褂、围裙。

陆羽往往独自在田野中行走，诵佛经，吟古诗，或用拐杖敲击树木，或用双手抚弄流水，犹豫徘徊，自晨至昏，直到天黑兴尽，才痛哭着回家。他自号“桑苎翁”，时人则将其比作“楚狂接舆”，实乃性情中人。

唐大历八年（773年），大书法家颜真卿遭排挤，被贬到湖州做刺史。陆羽的才识品学深得颜真卿赏识，遂成为其幕僚，参与大型韵书《韵海镜源》的修编勘校工作。次年，书稿完成，即上献朝廷。这次参与著书，对陆羽加深对儒家学说的理解，在《茶经》中融中庸、和谐思想于茶文化大有助益。

为答谢陆羽、皎然等文人相助，颜真卿特地在杼山东南岗，筑茶亭一座，因该亭是在“癸丑日、癸卯月、癸亥日”落成，故命名为“三癸亭”。又因该亭由陆羽设计、颜真卿书匾、皎然赋诗，故后人又称之为“三绝亭”。它是中国茶文化史早期最负盛名的品茗场所之一，后来成为湖州文人雅士相聚品茗、赋诗抒怀的胜地。

陆羽在湖州期间，经由皎然引荐，认识了色艺双绝的女道士李冶，遂引为红颜知己。两人烹茶论道，过从甚密。陆羽吸取了不少道家文化的精华，这对于他写出学贯儒、释、道的《茶经》大有裨益。

在颜真卿的关怀下，陆羽有了自己的栖身之所——青塘别业。从此，陆羽潜心著书，写出了世界上第一部茶文化专著《茶经》。

初稿完成后，陆羽继续在江浙一带访茶、制茶，并对《茶经》不断进行订正、补充。后在皎然资助下，《茶经》正式得以付梓。

《茶经》一经问世，洛阳纸贵，好评如潮。宋代诗人陈师道为《茶经》作序云：

夫茶之著书，自羽始。其用于世，亦自羽始。羽诚有功于茶者也！

宋代诗人梅尧臣写诗赞曰：

自从陆羽生人间，人间相学事春茶。

传说，陆羽十三岁时不辞而别、逃离寺院后，对智积禅师的打击很大。由于再无一人能泡出陆羽所泡之茶的香韵，禅师从此“断茶”，再也不饮茶了，大有伯牙痛失知音、摔琴绝弦之况味。

这事传到当朝皇帝李豫（死后庙号唐代宗）耳中。他深感不可思议，就诏智积禅师入宫，令宫廷茶师奉上名茶。只喝一口，他就放下不饮了。李豫又密诏陆羽进宫，由陆羽亲自烹茶，请禅师品尝。禅师一饮而尽，不禁老泪纵横，慨叹：“这真像是陆羽煮的茶呀！”

李豫于是让阔别多年的师徒相见了。

唐建中四年（783年），李适（死后庙号唐德宗）闻知女道士李冶的诗名、茶名，下诏召她入宫觐见。及至见面，李适惊为天人。惊喜之余，把她强留于宫中临幸。

翌年，大将朱泚发动兵变，李适仓皇出逃，后宫佳丽被遗弃宫中。朱泚入宫后，见到李冶，被其姿色倾倒，遂占为己有。李冶迫于无奈，只好委身屈从。

这场叛乱很快被平息了。

李适再度回京，恼怒李冶不洁，下诏将其处斩。

一代才女，就在男性无知与霸权的蹂躏下香消玉殒。

陆羽的红颜知己——姿容秀丽、神情潇洒的女道士李冶离世，给他以沉重的打击。李冶死后翌年，陆羽毅然离开寓居二十余年的太湖之滨，来到信州上饶隐居。在山水林泉之中，寻求心灵的慰藉。

其间，陆羽在岭南节度使李复幕府度过了几年幕僚生涯，最终又回到江南，选择了他临近暮年的最后一个寓居地——江南水乡苏州。

唐贞元二十年（804年），陆羽走完了他“皓首穷茶”的漫漫人生路，悄然逝去，终年七十岁。陆羽的生前好友，按照他的遗愿，把他埋葬在妙喜寺附近的苕溪之滨，埋葬在他“缁素忘年之交”的挚友皎然的墓塔之侧。

陆羽一生多才多艺、著述颇丰。他不仅是一位“茶博士”，还是一位著名的诗人、音韵学家、书法家、演员、剧作家、史学家、鉴藏家、传记作家、旅游和地理学家。

据《文苑英华·陆文学自传》载：“自禄山乱中原，为《四悲诗》，刘展窥江淮，作《天之未明赋》，皆见感激当时，行哭涕泗。著《君臣契》三卷，《源解》三十卷，《江西四姓谱》八卷，《南北人物志》十卷，《吴兴历官记》一卷，《占梦》上、中、下三卷。”

又据《咸淳临安志》载，陆羽寓居钱唐（今浙江杭州）时作有《天竺灵隐二寺记》和《武林山记》。可惜只有《茶经》流传至今，其余皆散佚。

在史书中，陆羽“聪俊多能”，“学赡辞逸，诙谐纵辩”，“有文学，多意思”，“耻一物不尽其妙，茶术尤著”。陆羽从小喜欢写文章，爱针砭时弊，臧否人物，看见别人做了好事就如同自己行善，看见别人做了恶事也会感到羞耻，常常说些不中听的话规劝旁人，忠言逆耳，从不回避。

他与人相处时，如果突然有什么灵感，就会不告而别，归家写文，不拘礼法，大有晋人王子猷“雪夜访戴”的脱略形迹。可惜，他的率性而为，常被世俗之人误会，怀疑他容易起嗔心。可是，若与人有约，纵使千里冰封，虎狼挡道，他也绝不会失信。

他是一个重情重义的人，当得知抚养他长大的智积禅师圆寂时，悲痛欲绝，写了一首悼亡诗：

不羡白玉盏，不羡黄金罍；
亦不羡朝入省，亦不羡暮入台；
千羡万羡西江水，曾向竟陵城下来。

不羡钟鸣鼎食，不慕高官厚禄，只羡慕那奔流不息的西江水，能流到竟陵城下，永远陪伴师父。

他一生颠沛无依，从某种角度而言是不幸的，却成就了茶的大幸。作为“野人家”的子弟，却研究了被称为“王孙草”的茶。品遍五湖的水，饮遍天下之茶，千山万水，知行合一，写出世上第一部有关茶的专著《茶经》。

他“处世不从流俗走，立身敢与古人争”，把茶的研究抬高到与“六经”并列的程度，在那以读经为主流的时代，可谓有离经叛道、大器充盈的创见。他对茶文化的贡献，恐怕那些皓首穷经、六经注我的腐儒望尘莫及。

他是从人生最底层出发的人，不屑权贵，视富贵如浮云。晚年名闻天下，皇帝下诏请他担任太子文学，他不去，又请他担任太常寺太祝，亦不就。

抱道潜修，志在山川茶泉，逍遥一世，千古风流，一如他的名字：漂流在陆地上的一根羽毛，万古云霄里最明媚的一抹轻盈。

历经千年，仍不失光彩，虽是鸿毛，却重逾泰山。

陶渊明

余生很长，不如自在过生活

陶潜酷似卧龙豪，万古浔阳松菊高。

——龚自珍

苏东坡一生崇拜的人是谁？陶渊明。

“眼高于顶”的苏大学士，提及陶渊明，永远是学生的口吻：“渊明吾师”“欲以晚节师范其万一”。

陶诗109首，东坡每一首都唱和了，最终成就了一部诗集《和陶合笺》。

在东坡看来，李白、杜甫还在陶渊明之下，至少是同一级别的。

及至近代，推崇陶渊明的大师不胜枚举：梁启超、王国维、刘师培、章太炎、陈寅恪、闻一多、朱自清、朱光潜、钱锺书……

1600多年后，又一“隔代知己”、美国汉学家比尔·波特，不远万里来到中国，追寻陶渊明生前的行迹，写出了一部作品——《一念桃花源：苏东坡与陶渊明的灵魂对话》。

由此可见，陶渊明对后世的影响多么的深远！

木心先生曾经感叹道：“有时，人生真不如一句陶渊明。”

陶渊明（365—427年），名潜，字元亮，别号五柳先生，私谥“靖节”。

他出身于浔阳柴桑（今江西九江）一个官宦世家。他的曾祖父陶侃是继祖逖、刘琨之后的一代名将，文武兼备，清正廉洁，官至大司马，封长沙郡公。曾经先后平定王敦、苏峻两次叛乱，保住了东晋的半壁江山，功勋显赫。他的祖父陶茂、父亲陶逸都做过太守。

到了陶渊明这一代，家道衰落，“少而贫苦”。

他自述：“自余为人，逢运之贫。箪瓢屡罄，絺绤冬陈。”（《自祭文》）

陶渊明命途多舛，八岁丧父，与母亲、妹妹三人度日。

他童年的大部分时间是在外祖父孟嘉家里度过的。

孟嘉是陶侃的女婿，当世的名士，好饮酒，藏书丰富，为陶渊明提供了阅读古籍和了解历史的条件。

在以《老子》《庄子》为宗而罢黜“六经”的两晋时代，他不仅像一般的士大夫那样学了《老子》《庄子》，而且学了儒家的“六经”和文、史以及神话之类的“异书”。

因而他的个性、修养，都深深地留有外祖父之遗风。

孝武帝太元十八年（393年），二十九岁的陶渊明怀着“大济苍生”的愿望，初入官场，任江州刺史王凝之的祭酒。

彼时，门阀制度森严，他出身庶族，受人轻视，感到“不堪吏职，少日自解归”。（《晋书·陶潜传》）

他辞职回家，州里又来召他做主簿，仍辞谢不就。

晋安帝隆安四年（400年），陶渊明前往荆州，投入桓玄门下做属吏。他发现桓玄有不臣之心，不肯与其同流合污，次年冬天因母亲去世，再次辞职。

之后，他又先后出任镇军将军刘裕、江州刺史刘敬宣的参军，均迅即一一辞官。

就这样，在理想与现实的冲突之中，他一次次地入仕，又一次次地辞官。

晋安帝义熙元年（405年）八月，已过“不惑之年”

（四十一岁）的陶渊明，在叔父陶夔的介绍下，出任彭泽县令。

到了岁末，郡里派一位督邮来县上检查工作。前来给他报信的小吏说："按照惯例，应穿戴整齐出城迎接，还要带上一份见面礼！"

陶渊明一听这话，气不打一处来，当即把官服和官印挂在屋中大梁上，愤然离去。

陶渊明在县令位置上只做了八十一天。

临行前还扔下一句掷地有声的话："吾岂能为五斗米折腰，忠心侍奉乡里小儿！"

"不为五斗米折腰"后来几乎成为一切骨鲠之士的口头禅。

这一次，陶渊明是下定决心彻底归隐了。为此，他写下了自己的代表作《归去来兮辞》：

归去来兮，田园将芜胡不归？既自以心为形役，奚惆怅而独悲！悟已往之不谏，知来者之可追。实迷途其未远，觉今是而昨非……

北宋文坛领袖欧阳修佩服得五体投地，说："晋无文章，惟陶渊明《归去来兮辞》一篇而已。”

与同时代的周续之的“通隐”（周续之身为处士，又常往朝廷中跑，人问其故，答曰：“心驰魏阙者，以江湖为桎梏；情致两忘者，市朝亦岩穴耳！”世称“通隐先生”）不同，亦非皇甫希之“充隐”（桓玄篡晋，建立大楚国，为粉饰太平，征皇甫希为著作郎，又令他坚辞不赴，号为高士，时人称之为“充隐”）。陶渊明这次是“真隐”。他把自己的名字改为陶潜，从此再未踏入仕途半步。

诚如南宋大儒朱熹所感慨的：“晋宋人物，虽曰尚清高，然个个要官职。这边一面清淡，那边一面招权纳货。陶渊明真个能不要，此所以高于晋宋人物。”

陶渊明虽然创造了一个笔下的乌托邦，一个理想的社会——桃花源，但在现实生活中是无法抵达的。

他无路可逃，只好回归到山水田园中去。

少无适俗韵，性本爱丘山。
误落尘网中，一去三十年。
羁鸟恋旧林，池鱼思故渊。
开荒南野际，守拙归园田。
方宅十余亩，草屋八九间。

榆柳荫后檐，桃李罗堂前。

暧暧远人村，依依墟里烟。

狗吠深巷中，鸡鸣桑树颠。

户庭无尘杂，虚室有余闲。

久在樊笼里，复得返自然。

——《归园田居》（其一）

陶渊明像一只出笼的鸟，飞向了自由的天空。

从此，他过起了躬耕南亩、饮酒赋诗的田园生活。

他常常扛着一把锄头，到南山下去种田。

日出而作，日落而息。

累了，就抬头望一眼南山，或者采一朵野菊花，嗅一嗅花香，很是惬意。

花鸟草木，细雨微风，在这种宁静的田园生活中，一切都是那么浑然一体、物我两忘。

人与山、人与菊、人与鸟都相亲相融，达到了一种令人心旷神怡的境界。

闲暇之余，他或读书，或抚琴，或饮酒，或赋诗，写出了大量清新动人的田园诗歌。

然而，现实生活中的他却要遭受“箪瓢屡空”的困顿和叩门乞食的尴尬。

屋漏偏逢连夜雨。

突如其来的一场大火，烧掉了陶渊明赖以遮风挡雨的九间茅草屋，他只好栖身渔船。

为了生存下去，他不顾老脸，不得不和孙子一起去邻居家乞讨。

“行行至斯里，叩门拙言辞。”

叩开了邻居家的门，却怎么也张不开口来乞食。

这一场面，令人为之鼻酸，继而放声大哭！

苏东坡读到他的《乞食》一诗时，悲伤难抑，眼含热泪，仰天长叹：“不但我为他感到悲痛，这世上的人，谁不为他感到悲痛啊！”

南朝宋元嘉四年（427年）的一个夏天，陶家平静的园田居突然闯进一群不速之客。

江州刺史檀道济登门拜访，邀请陶渊明再次入仕，陶渊明断然回绝。

檀道济无奈之余，对陶渊明叹道：“我听说古之贤者处世，天下无道则隐，天下有道则至。如今天下新定，也算是迎来了有道的文明之世，你为何要这般辛苦隐居，不愿意出仕为官呢？”

陶渊明回答道：“我又不是什么贤良之士，一介山野匹夫而已，哪里敢学古人呢！”

檀道济碰了一鼻子灰后，仍不死心，临别特意赠送了一些酒肉柴米。

陶渊明的夫人翟氏和小儿子陶通佟，背着他收下了檀道济的酒肉柴米。陶渊明知道后，非常生气，让儿子把酒肉柴米原封不动地送回刺史府。

陶渊明在《五柳先生传》中自叙说：

性嗜酒，家贫不能常得。亲旧知其如此，或置酒而招之。造饮辄尽，期在必醉。既醉而退，曾不吝情去留。

这段话充分表现了他嗜酒如命、放纵不羁的洒脱性情。

陶渊明平生有两大雅好：

一喝酒，饮必醉；二抚琴，性自适。

“清琴横床，浊酒半壶”是其生活的写照。

他以酒怡养心神，以琴陶冶性情。

饮酒无限量，弹琴无丝弦。

“但恨在世时，饮酒不得足。”

直到临终前，他在为自己写的挽歌里，还在感叹生前没有喝够酒。

这真是一代文豪的悲哀！

陶渊明对酒的嗜好，从他在彭泽县大力推广种植秫谷就可以看出。他当彭泽县令时，命令将县里的公田都种上秫谷，也就是高粱，因为高粱可以酿酒。他还喜滋滋地跟人说：“吾常得醉于酒足矣！”他的妻子翟氏觉得这样做太过分了，都种了高粱，酿了酒，吃啥？坚持一顷二十五亩种高粱，二十五亩种粳米。

关于陶渊明饮酒的传说很多。

比如说，他每逢酒熟时，就取下头上的葛巾过滤，过滤完毕，仍把葛巾戴在头上。这就是“葛巾漉酒”典故的由来。

又如，他所居的栗里有块大石，他喝醉了，就躺在石上，故名“醉石”。

再如，九江境内有陶渊明埋藏的酒。有个农夫凿石到底，发现一只石盒，石盒内有个铜器，有盖，是扁平的酒壶。将盖揭开，壶内都是酒。壶旁刻着十六个字：

语山花，切莫开，待予春酒熟，烦更抱琴来。

大家怀疑这酒不能喝，就全都倒在了地上。

结果，酒香满地，经月不散。

他去别人家喝酒，喝完酒就走，“既醉而退，曾不吝情去留”；别人来自己家，不分贵贱，设酒共饮。他先喝醉了，就对客人说：“我醉欲眠，卿可去！”

其率真性情、脱略形迹可见一斑。

江州刺史王弘是东晋、刘宋之交的大臣。他的曾祖父就是东晋开国功臣王导。王弘仰慕陶渊明的高义节操，很想结识他，但屡屡遭到拒绝。

后来，王弘终于想出一个绝妙的好主意。

有一天，王弘事先打听好陶渊明要去庐山游玩。于是，让陶渊明的故人庞通带上好酒和酒具，在去庐山的半道上等候。陶渊明脚上有疾，行走不便，庞通等了好半天，才看见陶渊明由一个门生和他的两个儿子抬着，从下面的山道缓缓而来。

果然不出所料，陶渊明一见美酒故人，便不顾一切地与之开怀共饮。一会儿，王弘从藏身之处出来，也加入了共饮的行列之中。

借着这样貌似巧遇的安排，王弘才得以结识陶渊明。

陶渊明没有鞋穿，赤着脚，大脚板上全是泥。

王弘要为他做几双鞋。

手下的人要量一下陶渊明脚的尺寸，他坐地抬脚，随意地把脚伸出去让对方量。

王弘邀请陶渊明一起回州里做客，问他有何交通工具。

陶渊明回答：“素有脚疾，向乘篮舆，亦足自反。”

王弘于是命人将他抬到州府。

一路上，两人谈笑风生，好不惬意。

从此，每当想见陶渊明时，王弘便于山林水泽间备上好酒好菜等他，陶渊明也乐得随性接受。

有一年，九月九日重阳节，陶渊明见宅旁的菊花开得清雅，兴之所至，便坐在菊花丛中，满手只管抓着菊花把玩，久久不肯离去。彼时，王弘忽然送酒来了。陶渊明大喜，与王弘坐在菊花丛中开怀畅饮，酣然大醉之后，卧倒便睡，直到酒醒之后，才从菊花丛中爬起来，心满意足地回家去了。

还有一次，陶渊明的朋友颜延之到始安郡赴任，路过浔阳时盘桓了些时日，每天都跑到陶渊明家里去饮酒，且每饮必醉，痛快之极。颜延之临走的时候，留下了两万钱给陶渊明。结果，陶渊明把这一大笔钱全部寄存到酒家，以便随时前去饮酒。

水与火相遇，便有了酒；酒与陶渊明相遇，便有了诗。

酒给了陶渊明一份心灵的安顿，一份精神的支撑，也给了他创作的灵感。

陶渊明有《饮酒》诗20首，都是酒后所作。

世人尤爱《饮酒》（其五）：

结庐在人境，而无车马喧。
问君何能尔？心远地自偏。
采菊东篱下，悠然见南山。
山气日夕佳，飞鸟相与还。
此中有真意，欲辨已忘言。

他在序里说，我闲居在家，缺少欢乐，再加上近来日短夜长，遇到好酒，每晚都饮。一个人饮酒，很快就醉了。等到酒醒之后，写诗自娱自乐。

《昭明文选》主编萧统，在《陶渊明集序》中，以其独特的审美视角解释了陶渊明《饮酒》诗的深意：“有疑陶渊明诗篇篇有酒，吾观其意不在酒，亦寄酒为迹者也。”

“在世俗沉沉的醉梦里了悟人生真谛，活得很清醒，只有陶渊明吧。”

这是苏东坡说的，原话是“梦中了了醉中醒，只渊明”。

朱光潜先生在《陶渊明》一文中评论陶渊明创作时说：

他把自己的胸襟气韵贯注于外物，使外物的生命更活跃，情趣更丰富；同时也吸收外物的生命与情趣来扩大自己的胸襟气韵。这种物我的回响与交流，有如佛家所说的“千灯相照”，互相增辉。所以无论是微云孤岛，时雨景风，或是南阜斜川，新苗秋菊，都手到成文，触目成趣。

可谓言辞恳切。

饮酒有利于写诗，却不利于科学育儿。

陶渊明的五个孩子都是弱智儿：“虽有五男儿，总不好纸笔。”

“阿舒已二八，懒惰故无匹。阿宣行志学，而不爱文术。雍端年十三，不识六与七。通子垂九龄，但觅梨与栗。天运苟如此，且进杯中物。”（《责子》）

大意是，大儿子阿舒已经十六岁了，但是懒惰成性；二儿子阿宣有志于学习，偏偏又不喜文术；阿雍和阿端是双胞胎，十三岁的人了，数数还数不过六七；最小的儿子阿通也已经九岁了，只知道寻觅梨和栗子来吃。

按说做家长的，早该忧心如焚了，但陶渊明很豁达，认为这是天命，没有办法，与其怨天尤人，还不如喝酒来得痛快！

后来，陶渊明的"隔代知己"苏东坡亦发出了这样的感喟："人皆养子望聪明，我被聪明误一生。惟愿孩儿愚且鲁，无灾无难到公卿。"（《洗儿》）

除了饮酒，陶渊明另一大雅好是抚琴。

他家琴桌上常年摆着一张素琴，但"弦徽不具"（琴上无弦，亦无徽记），"每朋酒之会，则抚而和之"。他一边饮酒、抚琴，一边对朋友说："我醉欲眠，卿可去。"

一日，太阳落山，夜幕低垂，月白风清，陶渊明与友人在庭院梧桐树下对坐。那一刻，他意兴阑珊，抚摸着伴随他多年的无弦琴，淡然道："今宵风清月朗，我为君弹奏一曲！"

说罢，他用双手有节奏地按拍琴板，边弹边说："你听这《幽兰》虽无声响，却如庭院的花草一样芬芳；这《绿水》还未弹奏，却似屋后小溪潺潺流淌。”

友人大惑不解，遂问：“先生弹琴堪称人间妙手，为何不拨弦弹奏一曲，以娱耳目？”

陶渊明笑道：“但识琴中趣，何劳弦上声？”

“会得无弦琴上意，水流云在已多时。”陶渊明懂琴，并非不解音律，装模作样，故弄玄虚，而是一种精神独往，一种灵魂自语，一种得意忘言，一种大自在。这与先哲老子的“大音希声”、庄子的“大美不言”的意境观一脉相承。

明人李贽有言：“琴者，吟也，所以吟其心也。”古琴是一种写心的艺术。陶渊明弹无弦琴，是在追求一种意趣，是“抚弄以寄其意”。他已超越了“形而下”的器，上升到“形而上”的道之境界。

在他眼里，琴不过是宣泄情感的工具而已。因此，他不再斤斤计较琴是有弦还是无弦，也不再细细揣度琴究竟发声还是不发声。他弹奏无弦琴，只是适性任情、放旷逍遥、表达心曲罢了。正如唐代大诗人李白赞美的那样：“大音自成曲，但奏无弦琴。”

陶渊明是深谙“琴道”的，是真正的琴人。

纵不操一丝，不缦一弦，但心与琴合，尽得风流。

南朝宋文帝元嘉四年（427年）九月，陶渊明病情加重，自知大限将至，于是提笔写下了《自祭文》，算是绝笔了。

他在文中写道：“陶子将辞逆旅之馆，永归于本宅。故人凄其相悲，同祖行于今夕。羞以嘉蔬，荐以清酌。候颜已冥，聆音愈漠。呜呼哀哉！”

大意是，我陶渊明即将辞别这暂时寄居的人世，永远回到自己本来的住处了。亲友们怀着凄伤悲哀的心情，今晚一道来祭奠我的亡灵。他们为我供上新鲜的果蔬，斟上清冽的祭酒，看着我的容颜渐渐模糊不清，听着我的声音也漠然无声，真是悲痛啊，悲痛！

其实，对于诗人来说，他早已看穿生死、坦然于心了。他曾在《挽歌》中写道：“亲戚或余悲，他人亦已歌。死去何所道，托体同山阿。”

意为，死者的亲人们有的余哀还未尽，但是别的人已开始唱起歌来了。人死去了又有什么可说的呢，不过是寄托躯体于山陵，与天地自然同化罢了。

旷达之情，溢于言表。

写完《自祭文》两月后，一代“诗隐”陶渊明病逝家中，享年六十三岁。为纪念其节操高迈的一生，世人私谥其为“靖节先生”。他的遗体被安葬在南山脚下的陶家墓地里，即今天的江西省九江市面阳山南坡的陶渊明墓。如今的墓碑由一大两小共三块碑石组成，正中楷书“晋征士陶公靖节先生之墓”，左刻墓志，右刻《归去来兮辞》，为清乾隆元年（1736年）陶姓子孙所立。

陶渊明生逢乱世，“真风告逝，大伪斯兴”，官场黑暗，门阀森严。他遂解甲归田，用一把锄头，在精神的荒原上为后人开拓出了一个理想的世界——桃花源，并写出大量山水田园诗歌，而他自己却为此饱经忧患，生活困顿，备受煎熬。他以一己之脊梁，顶起了早已坍塌的民族精神，成就了伟大的人格，诚如叶嘉莹先生所言：

在古今诗人之中，能够直接面对人生的苦难悲哀，而且真正找到了一个解决办法的，只有陶渊明。当然，他也不得不为自己所选择的这条道路付出了劳苦饥寒的代价。而这正体现了他的高尚和伟大。

李进晖

可怜薄命恋君王

南唐虽亡国，却造就了四个烈女子。

一个是娥皇，史称“大周后”，二十九岁时病逝；一个是女英，娥皇的妹妹，史称“小周后”，在李后主饮牵机药后，不吃不喝，自毁容颜，随其而去，时年满二十；一个是窅娘，痴迷后主，只舞于其前，后掳汴京，受赵光义逼迫，自坠莲花台；一个是李进晖，身为尼姑，净德庵住持，曾爱慕李煜，金陵城破时，为他念佛超度，聚柴自焚。

热血男儿，战死沙场，为国捐躯，不足为奇。然而，令我唏嘘不已、扼腕叹息的是，她们个个都是柔弱女子。国难当头，临危不惧，誓与国土共存亡，甚至不惜以死抗争，表现出的凛然大义，委实令我等须眉汗颜。

前三者身居庙堂，与李后主唇齿相依，心忧其君，生死相许，合乎情理。可李进晖，乃一比丘尼，虽遁入空门，远在江湖，却心系国君，至死不做亡国奴，此等凌云气节足以彪炳千秋，流芳百世。

读其传说，不禁泪流满面。

李进晖是润州（今江苏省镇江市润州区）人，原是大户人家的千金。

十八岁那年，后主李煜南下来到润州。尽管一江之隔，赵氏的虎狼之师对江南的富足一直虎视眈眈，垂涎于那里的莺歌燕舞、小桥流水和娇娃美女。可对“误入人主”的李煜来说，于政治一途实在是提不起精神，只在游山玩水与书画诗词中寻求片刻安宁。

李进晖是在“选秀”现场看到李煜的，这位金陵无数女子的“梦中情人”。他身为江南国主，龙章凤姿，温文尔雅，史书说他“为人仁孝，善属文，工书画。广额，丰颊，骈齿，重瞳。生于深宫之中，长于妇人之手”。

他所到之处，像春风般拂来阵阵暖意。

当时，她跪在几丈开外，微微抬起头来，看了一眼正襟危坐的他，宛如混沌中的一束光，一丝战栗传遍全身。

取次花丛懒回顾，半缘修道半缘君。

只不过，她落选了。

她没有漂亮的皮囊，如果不是家族背景雄厚，连这次选秀的机会都没有。

心灰意冷之际，李进晖开始攻读诗书，学习琴棋书画。她懂得一个女子的容颜是天生的，是父母给的，无论服用何种灵丹妙药，经受多么严酷的形体训练，都是徒劳，于事无补。就如世间那些美丽的花朵一样，无论多么娇艳，一朝春尽，终零落成泥碾作尘。倒不如通晓孔孟著述、李杜诗歌，以使自己达至腹有诗书气自华的境界。

爱成就了这个女子，让她在艺术上变得强大。

为了能够与心仪的人靠近一点，她只身一人，远赴南唐都城。

但可惜，那似乎不是个“爱拼就会赢”的年代，她的才华并没有给她带来太多好运气。

后来，她得知后主信佛，还是个俗家弟子，就常去皇宫附近的净德庵礼佛诵经。

一念之下，她削发为尼，青灯古寺，修持佛法。

一修就是十年。

十年间，她一心向佛，勇猛精进，从小尼变成住持，自然有了与后主近距离对话的机会。

有一次，后主无意间发现她写的字遒劲柔媚，有楷书大家柳公权的风骨，几可乱真，遂大加赞叹。后主也善书，小字学柳公权，大字学王羲之，写字甚至不用毛笔，“卷帛书之，皆能如意，世谓之撮襟书”，人人争相效仿，以至于当时的大号毛笔竟到了卖不出去的地步。

人生得一知己足矣，她心潮澎湃，彻夜难眠。

十年诵经，夜夜与心仪之人相会于梦中。后主每有新词，她必书写几十遍，挂满房间，朝夕相对，默默垂泪。

狼烟四起，大军压境，金戈铁马踏碎了纤细的江南。

宋开宝八年（975年）初，北宋军队于采石矶巧渡长江，强攻金陵城。城中军民殊死抵抗，宋军半年攻打不下。但破城是迟早的事，以区区江南小国，即便男女老少齐上阵，又怎敌北宋十万虎狼之师？

十一月二十六日，满城诵经之声。

金陵盛传，国主将聚宝自焚。

大街小巷哭声一片。

紧临皇宫的净德庵却异常安静。

她召集全庵尼姑，决定自焚，不想辱于敌国之手。大多数尼姑留了下来，一共八十多个，平均年龄二十七岁。她们悄悄聚拢，望着她们的住持。

一片青衣，几十双眼睛。

此刻，几万斤柴火已堆积在净德庵的院子。

几个时辰后，宋军攻破金陵。

随着澄心堂火光燃起，皇宫外的净德庵也点燃了几万斤柴火。

在冲天的火光中，李进晖率众尼居中静坐，双手合十，念佛诵经。那是她一生中最美的瞬间。

犹如一只浴火凤凰，在涅槃中得到永生。

但她心仪的国主，并没有聚宝自焚，而是“肉袒而降”，做了亡国奴，最终受尽屈辱，饮鸩而死。

李煜

人间没个安排处

南唐后主李煜，是一位风华绝代的才子，工书善画，通晓音律，尤以词成就最高，被誉为“千古词帝”。王国维在《人间词话》中评价道：“后主之词，真所谓以血书者也，俨有释迦基督担荷人类罪恶之意。”

他的词不仅寄予了一种悲天悯人的情怀，而且蕴含着深深的禅意。千百年来，深入人心，流传不衰。

每每读李煜的词，都不由想起他此生的种种因缘际遇。

李煜做皇帝，本就是一个天大的历史误会。

在父死子继的“家天下”封建时代，生于帝王之家，便有了继承王位的可能。然而身为皇子的李煜，却无心参与权力的争斗。

谁知树欲静而风不止，他的哥哥李弘冀百般猜忌，骨肉相残，只因李煜生就一副“帝王之相”。尽管在现代人看来，这纯属封建迷信思想，但是在古代却含有“天命”的神秘暗示。

为躲避祸事，李煜隐居庐山，醉心于自然适意的山林生活。

然而，让他意想不到的是，这种隐士般的浪漫生活却因一桩残酷的宫廷血案倏然画上了句号，他的人生也从此发生重大改变。

李煜二十三岁那年，太子弘冀去世，他的其他几位兄长出家的出家、早亡的早亡，于是他住进了东宫。

两年后，父亲李璟去世，李煜当上了一国之君。

李煜一继位，就定下“对宋朝恪守臣道，以求偏安一隅”的国策。面对大宋王朝居高临下的威逼，李煜能做的就是一再卑躬屈膝，奉表修贡，期望以此息事宁人，苟且偷生。然而，李煜的俯首称臣，并没有打消赵匡胤吞并南唐的野心。

宋开宝八年，也就是公元975年十一月，宋兵大举入侵，金陵城破，李煜“肉袒出降”，做了亡国奴。

次年，李煜被掳入汴梁。

从九五之尊的一国之君到任人宰割的阶下囚，这种巨大的心理落差，使他对人生、世事有着切肤之痛的体验。痛苦和耻辱时时折磨着他，令他不能自拔。国恨家仇，难以在现实中排遣，他不得不转向精神层面，寻求自我救赎与解脱。

他独居一室，时时拷问自己的灵魂，用深层的苦难对人生展开一番彻底的探究。

如《相见欢》："林花谢了春红，太匆匆。无奈朝来寒雨，晚来风。胭脂泪，相留醉，几时重？自是人生长恨，水长东！"以自然的无常，对比和象征人生的无常，在互比反衬中，加重了对无常的双重体验，以致在无奈与绝望中发出"自是人生长恨，水长东"的哀叹。

而《虞美人》："春花秋月何时了，往事知多少。小楼昨夜又东风，故国不堪回首月明中。雕栏玉砌应犹在，只是朱颜改。问君能有几多愁，恰似一江春水向东流。"这首"绝命词"，更是从时间和空间上着笔，揭示人生之短暂无常，经过大悲大痛、大彻大悟后，最终化成了对人生彻底的悲叹："恰似一江春水向东流。"

对于无常，李煜是无奈的。

无奈中，品味孤独，思前尘，忆往事。

孤独中，更加深了其悲悯情怀。

在他眼中，往事如烟，人生如梦。因此，他的后期词作中多次出现“梦”字。

如“世事漫随流水，算来一梦浮生”（《乌夜啼》），“往事已成空，还如一梦中”（《子夜歌》），“多少恨，昨夜梦魂中”（《望江南》），“梦里不知身是客，一晌贪欢”（《浪淘沙》）。

在梦中，他曾多少次与佳人相逢，曾多少次流连凤阁龙楼；梦醒时分，却依旧是“帘外雨潺潺”“三更滴到明”。人生本无常，大梦本虚幻。梦中越是辉煌，醒后越是惆怅；梦里越美好，现实越冷峻。梦中、梦后的巨大反差，加深了他的悲观情绪。以梦来体验无常，加剧了他浮生若梦的感叹。

他的词作也涉及“空”字，如“往事已成空，还如一梦中”（《子夜歌》），“想得玉楼瑶殿月，空照秦淮”（《浪淘沙》）等。色即空，空即色。梦即空，空即梦。在前尘往事的追忆中，幻化出一系列色相：珠围翠绕的嫔娥、缠绵相思的情爱。他因空生色，因色悟空，传情入色，见色生情，循环不已，陷入难以自拔的深渊。

他不止一次地吟咏人生无常，不仅以词人的直觉体悟到无常，更以一个亡国之君经历了人生的极致悲剧，品尝了无常带给他的苦酒。无常即为空。

山盟海誓的爱情，惊天动地的伟业，实如镜花水月！

历史已无情地道出答案：历代帝王，或明主，或昏君，终是一抔黄土掩风流；各个王朝，无不由兴到衰，走向灭亡之渊。

这些词作，绝不仅是一己哀愁与悲戚，而且是一种由江山零落后自身惨痛遭遇泛化而来的，对自然和命运的悲悯与思索，其中渗透着李煜对佛教“苦谛”的顿悟，因而具有一种超越时空的魅力。学者王国维称赞道：“词至李后主而眼界始大，感慨遂深。”

李煜的一生，做个词人真绝代，可怜薄命做君王。但他失去的是整个国家，赢得的是顶级艺术。

人生无常，舍得相依，想必便是如此。

一如后人所言：“国家不幸诗家幸，话到沧桑语始工。”

王维

左手入仕，右手逃禅

在盛唐诗坛，王维是独树一帜的诗人，他与“诗仙”李白、“诗圣”杜甫齐名，生前被誉为“当代诗匠”，死后享有“诗佛”称号。他是技艺精湛的画师，水墨山水画的开山宗师，与李思训齐名（李思训是“北宗之祖”，王维是“南山之宗”）。苏东坡曾说“观摩诘之画，画中有诗”。唐人张彦远说：“破墨山水，笔迹劲爽。”明代董其昌将其奉为文人画的“南山之宗”。钱锺书称他为“盛唐画坛第一把交椅”。他是精通音律的乐师，一个琵琶高手，曾以一曲《郁轮袍》名动公卿。

相传，有人得到一幅《奏乐图》，但不知奏的是什么音乐。王维观后马上指出：“这是《霓裳羽衣曲》的第三叠第一拍。”好事者找来乐工演奏，果然分毫不差。

除此之外，王维还是一位虔诚的居士。“平生几许伤心事，不向空门何处销。”

少年身世，仕途际遇，宦海沉浮，使得王维一生充满传奇，左手入仕，右手逃禅。

王维出身于山西祁县一个官宦世家，后举家迁徙蒲州，即今山西永济市。他自幼天资聪颖，勤苦好学，“九岁知属辞”，少年风华，与其弟王缙“俱有俊才，博学多艺”，才名远播。

十五岁时，王维离开家乡来到长安；十六岁写出了《洛阳女儿行》；十七岁写出了“独在异乡为异客，每逢佳节倍思亲”之佳句，名动长安；十九岁完成《桃源行》《李龄咏》诸诗；十九岁中解元；二十一岁进士及第，可谓春风得意，意气风发。

“新丰美酒斗十千，咸阳游侠多少年。相逢意气为君饮，系马高楼垂柳边。”从《少年行》一诗中就可窥出其意气风发之豪情。

王维多才多艺，以其过人的才华受到了王公贵族的青睐。

彼时，有一位宁王，拥有宠姬数十人，都是色艺双绝的美女。王府附近有一位卖饼的女子，长得百媚千娇，非常动人。宁王一见就想占有她。他把那位女子的丈夫找来，给了一笔钱，就把那女子带回家，取名“息夫人”。

一年后，宁王问息夫人：“你还想以前的丈夫吗？”她默不作声。于是，宁王把她的丈夫找来，息夫人见了丈夫泪流满面，情不自禁。宁王府宾客数十人，都是当时的名士，没有不同情的。宁王命各人赋诗，王维即席作了《息夫人》：

莫以今时宠，难忘旧时恩。看花满眼泪，不共楚王言。

宁王看了大为动容，于是把息夫人还给了她的丈夫。

王维与岐王，也就是唐高宗的弟弟李范最为交好，与其他皇亲贵胄也交情颇深。“宁王、薛王待之以亲友”“虚左以迎”，即把最好的位置给他留着。与中国历史上大多数的文人骚客不同，王维是王公贵族的座上宾、官场庙堂的宠儿。

开元九年（721年），二十一岁的王维进士及第，授衔太乐丞，官居八品，可谓仕途顺畅，少年得志。不料后因擅自舞狮，违例犯禁，被贬为济州司库参军，遭到了命运的第一次打击。

仕途遭受挫折的王维，心情无比痛苦，一颗火热的济世之心逐渐冷却下来，遂萌生了归隐之意。

王维被贬五年期满后改官淇上（今河南北部淇河），小隐一段时间后，约在开元十七年（729年）回到了长安。闲居期间，与荐福寺道光禅师研习佛法。不久，妻子亡故，王维后未再娶，开始了孑然一身的孤寂生活。

王维虽然“心系江湖”，但“心存魏阙”，一颗入世事功的心并没有彻底寂灭，他还在等待机会。

机会终于来了。

开元二十二年（734年），张九龄加官中书令，开始执掌朝政。王维遂投书张九龄，恳求提拔。张九龄慧眼怜才，认为王维是“有智之才”，于是擢升其为右拾遗。

谁知好景不长，张九龄遭到李林甫排挤打击，执政三年便被贬谪为荆州长史。

开元二十五年（737年），王维奉旨赴西北边塞慰问战胜吐蕃的河西节度副大使崔希逸。转年又以殿中侍御史知南选。翌年，北归长安。

天宝元年（742年），土维出任左补阙，迁库部郎中。彼时，他的母亲崔氏病故。

王维平时以孝闻名，居丧期间，他“柴毁骨立，殆不胜丧”。除服后，拜吏部郎中。天宝末年，为给事中。

天宝十四年（755年）冬，安禄山在范阳起兵，发动叛乱，史称“安史之乱”。

至德元年（756年）六月，安禄山叛军攻克潼关，唐玄宗仓皇逃往成都。王维扈从不及，为叛军所俘。王维故意服泻药，又假装喑哑，但安禄山素知其大才，把他迎至洛阳，拘留于普施寺中，强授伪职给事中。

一次，安禄山于凝碧宫举行庆功宴，召梨园弟子奏乐。时国破沦丧，梨园弟子个个泪流满面，无心奏乐。乐工雷海青更是不胜悲愤，扔下琵琶，向西恸哭。安禄山恼怒，将他绑在戏马殿前肢解而死。

王维听到此事后悲恻不已，慨然作诗《闻逆贼凝碧池作乐》：“万户伤心生野烟，百官何日再朝天。秋槐叶落空宫里，凝碧池头奏管弦。”表达了他对朝廷的眷念之意。

裴迪将王维的这首诗带了出去，很快便声名远播。

没想到，正是这首诗救了王维一命。

至德二年（757年）十月，唐肃宗反攻长安得胜，官军收复了东都。在安禄山手下任伪职的官员难辞其咎，必判重罪。罪分六等，王维身陷囹圄，定为三等罪。

彼时，王维的弟弟王缙任刑部侍郎，正三品，他上书朝廷，愿削官降职，为兄赎罪，并将王维这首《闻逆贼凝碧池作乐》呈给了唐肃宗。

“万户伤心生野烟，百官何日再朝天”，唐肃宗读到这一句时，顿时来了精神，这不正是对我大唐的忠心吗？于是，一声令下，王维被赦免，只受到降职处分，由原来的给事中责受太子中允。而其他陷贼之官则六等定罪，“重者刑之于市，次赐自尽，次重杖一百，次三等流贬”。（《资治通鉴》卷二百二）

王维死里逃生，愧疚难当，再三上表谢恩，向皇帝表示将出家修道，极其精勤，诚信奉佛，以报不杀之恩。

少年丧父，中年丧妻，王维一生命运多舛，仕途跌宕。

李林甫恃宠专权，李北海死于杖下，张九龄受排挤罢相，李太白赐金放还，贺知章归隐还乡，这一切，使王维一颗火热的济世之心逐渐冷却，遂萌生归隐之意。

耻辱与自责交织，成了束缚诗人身心的茧。

世事浮云何足问，不如高卧且加餐。

于是，王维在终南山蓝田辋川，买下宋之问的一处故宅，置办自己的栖身之所——辋川别业，收起心底最后一丝豪情，过起了亦官亦隐的生活。

据《旧唐书》记载："在京师，长斋，不衣文采，日饭十数名僧，以玄谈为乐，斋中无所有，惟茶铛药臼、经案绳床而已。退朝之后，焚香独坐，以禅诵为事。"

虽未剃度，亦不着僧袍，但行住坐卧，日常行止，已俨然一苦行僧了。

"山中多法侣，禅诵自为群。"隐居辋川的王维，常与名士交游，与高僧谈禅，随缘放旷，啸咏终日，将红尘一颗心安放在佛理与山水之间，自称"一悟寂为乐，此生余有闲"。其写的大量山水田园诗歌，成为唐诗中一朵灵逸的奇葩。

鸟来还语法，客去更安禅。

仕途上不得意、隐居辋川的王维，只能在佛禅之中找到宁静，在山水之中寻求乐趣。

在自然山水的陶冶中，王维的心情是放松的，这里没有政治上的钩心斗角，尔虞我诈，有的只是青山绿水，明月清风，一切景语皆情语。

在此期间，王维援禅入诗，与早期“相逢意气为君饮，系马高楼垂柳边”的贵游诗、“孰知不向边庭苦，纵死犹闻侠骨香”的边塞诗大异其趣，尤其是五言绝句，空灵曼妙，清丽旷淡，禅机理趣，成为王维诗歌中成就最高的一类。

空山新雨后，天气晚来秋。明月松间照，清泉石上流。竹喧归浣女，莲动下渔舟。随意春芳歇，王孙自可留。

这首《山居秋暝》是王维的经典代表作，全诗境界清澈，玲珑剔透，恰似一泓秋水，点染了浓郁的生活气息。山雨初霁，清新宜人。“空山”“明月”“清泉”等词语，看似描述自然的宁静与空旷，实则表达自己清朗自若的心境。“随意春芳歇，王孙自可留”体现出王维“宠辱不惊，去留无意”的随缘、放旷心态。

这首充满禅趣的诗作，一度倾倒诸多文人骚客。

贾平凹有一篇散文《明月清泉自在怀》，谈他读王维这首诗的心得，深得“个中三昧”。他写道：“人的一生，苦也罢，乐也罢；得也罢，失也罢——要紧的是心间那一泓清潭里，不能没有月辉。哲学家培根说过：'历史使人明智，诗歌使人灵秀。'顶上的松月，足下的流泉，以及座下的磐石，何曾因宠辱得失而抛却自在？又何曾因风霜雨雪而易移萎缩？它们自我踏实，不变心性，才有了千年的阅历，万年的长久，也才有了诗人的神韵和学者的品性。"

又如，王维的《鸟鸣涧》：

人闲桂花落，夜静春山空。月出惊山鸟，时鸣春涧中。

花开花落皆天籁，只有心灵真正宁静，放弃对世俗生活的执着和迷恋，才能体味到。深夜，细微的桂花花瓣从枝头飘落，这夜的岑寂静谧，恰与诗人心境契合。

空旷宁静之中，明月乍出，惊动了山鸟，愈发烘托出夜的空寂。明月千古复万古，山鸟时鸣春涧中，亘古与时下浑然一体，高妙的衔接组合，令人深深地感觉到见心、见性，吾梵一如。诗人将如此玄冥的禅意化入诗作，不露半点痕迹，怎不让人击节赞叹。

再如，王维的《终南别业》：

中岁颇好道，晚家南山陲。兴来每独往，胜事空自知。行到水穷处，坐看云起时。偶然值林叟，谈笑无还期。

同是行路，魏晋名士、“竹林七贤”之一的阮籍，驾车驰骋，走到无路可走了，便恸哭而返，因为他想到的是人世艰难。

而在陆游笔下，是“山重水复疑无路，柳暗花明又一村”。路到尽头，峰回路转，别开生面，在看似无路的地方展现出一片新的天地，给人信心，给人希望。

王维观之，是“行到水穷处，坐看云起时”。诗人沿着山溪迤然而行，不知不觉走到流水的尽头，似无路可走，却也不以为意。并非未经沧桑，也非无惧困顿，而是索性坐下来，看着曼妙的云朵在天空悠悠升起，随缘自适，随遇而安。

元代佚名《南溪诗话后集》评论此诗说：“造境之妙，至与造化相表里，岂直诗中有画哉！观其诗，知蝉蜕尘埃之中，浮游万物之表者也。”

王维之诗，唐代宗誉为“天下文宗”；杜甫称其“最传秀句寰区满”；殷璠赞其：“词秀调雅，意新理惬，在泉为珠，着壁成绘，一句一字，皆出常境。”（《河岳英

灵集》）

明人胡应麟评说：“太白五言绝句，自是天仙口语，右丞却入禅者”，其诗“神化幽妙，品格无上”，如《鸟鸣涧》《辛夷坞》，“读之身世两忘，万念俱寂”。（《诗薮》内编卷六）

清人王士祯认为：“摩诘诗如参曹洞禅，不犯正位，须参活句。然钝根人学渠不得。”（《诗友诗传续录》）他把王维诗归为“逸品”，说“王维佛语，孟浩然菩萨语，刘慎虚、韦应物祖师语，柳宗元声闻、辟支佛语”，“如王维辋川绝句，字字入禅。如‘雨中山果落，灯下草虫鸣’‘明月松间照，清泉石上流’…… 妙谛微言，与世尊拈花，迦叶微笑，等无差别，通其解者，可语上乘”（《带经堂诗话》）

清人徐增对王维更是推崇备至：“有唐三百年间，诗人若王摩诘之字字精微。”他把王维与李白、杜甫相比较，认为李白是天才，以气韵取胜；杜甫是地才，以格律取胜；王维是人才，以理趣取胜。人们可以崇尚李白，师法杜甫，至于王维，“而人鲜有窥其际者”。

王维不仅是声名卓著的诗人，还是我国绘画史上一位开宗立派的水墨山水画大家，自称“宿世谬词客，前身应画师”。《旧唐书》里的《王维传》记载：“（其画作）特甄其妙，笔踪措思，参于造化；而创意经图，即有所缺，如山水平远，云峰石色，非绘者之所及也。”

王维工人物、山水，精罗汉、佛像，尤擅雪景，可以说是一位画雪的专家。清人王原祁《雨窗漫笔》云：“画中雪景，唐以前仅取形似而已，气韵生动自摩诘始之。”

《宣和画谱》的著录中，王维的雪景图多达26幅。今存王维作品，除了《江干初雪图》《长江积雪图》，颇富争议的当属《雪中芭蕉图》。

《雪中芭蕉图》并非一幅独立的画，它是王维《袁安卧雪图》中的一部分。皑皑白雪里，一株翠绿的芭蕉，这画令人难以捉摸。大雪是北方寒地才有的，芭蕉则是南国的植物。南国的芭蕉怎么能够出现在北方的雪地里呢？这就是历来争论的焦点。

南国的芭蕉不可能在北方的雪地出现，这是人们理性世界持有的认识。然而，禅者却不这么看。我们常说：“一叶落而知秋，”禅者却说：“一叶落而知春。”

正如《冷斋夜话》所言：“诗者，妙观逸想之所寓也，岂可限以绳墨哉。如王维作画，雪中芭蕉，法眼观之，知其神情寄寓于物，俗论则讥以为不知寒暑。”无独有偶，沈括在《梦溪笔谈》里亦引用张彦远的话来评说："王维画物，多不问四时，如画花，往往以桃、杏、蓉莲、莲花同画一景。予家所藏摩诘画《袁安卧雪图》，有雪中芭蕉，此乃得心应手，意到便成，故造理入神，迥得天意。此难可与俗人论也。"

精于绘事者，不以手画，而以心画。

从地理上争议雪中是否可有芭蕉已毫无意义，诚如林清玄在《雪中芭蕉》一文里所言："在造化的循环中，也许自然是一个不可破的樊笼，我们不能在关外苦寒之地，真见到芭蕉开花；但是伟大的心灵往往能突破樊笼，把大雪消融，芭蕉破地而出，使得造化的循环也能有所改变，这正是抒情，正是寄意，正是艺术创作最可贵的地方。寒冰有什么可畏呢？王维的《雪中芭蕉图》应该从这个角度看。"

王维一手开创的水墨山水画，把中国画从宫廷与画室中解放出来，走向大自然——村野，山居，垂钓，雪景，写自然之性，一如西方印象派把光影带进绘画，空灵隽永，含蓄蕴藉，给中国画以崭新的意境和独特的水墨韵味。

辋川别业，是王维母亲崔氏宴坐经行道场，亦是王维禅修求寂之所。

王维在其母仙逝之后，“当即发愿心，愿为伽蓝，永劫追福”，并向朝廷上《请施庄为寺表》，说：

伏乞施此庄为一小寺，兼望抽诸寺名行僧七人，精勤禅诵，斋戒住持，上报圣恩，下酬慈爱。

言辞恳切，肃宗批准。

于是，辋川别业改作了清源寺。

上元二年（761年）的春天，王维渐觉体力不支，老眼昏花，连正常的上朝办公也有些力不从心了。他思念起自己的亲人来，尤其是与他共同撑持家庭的二弟王缙。此时的王缙，正任蜀州刺史，远在千里之外的成都。

念弟心切，王维怀着迫切的心情，给肃宗写了一篇《责躬荐弟表》，自责自己有五短，弟王缙有五长，请求尽削自己的官职，赐弟一个散职，使其能回到京师，以便兄弟团圆。

肃宗看了王维写的《责躬荐弟表》后，传口谕褒奖王维以国事为本、主动让贤、友于兄弟的懿德嘉行。五月，王缙被调回京，城任左散骑常侍。

王维上表谢恩。

两个月后的七月，王维冥冥中感知自己的大限将至。临终一着，还不忘给平生亲故写信，“多敦励朋友奉佛修心之旨”，扔下笔不久，魂归道山，享年六十一岁。

两年后，李白仙逝。

九年后，杜甫西去。

从此，盛唐诗坛的天空中，陨落了三颗最为璀璨耀眼的明星。

王维一生，身处仕宦而志在山林，心皈佛门而情系人间，左手入仕，右手逃禅，清净不染。在文学艺术一途，以笔墨作佛事，以禅入诗，以诗喻禅；援禅入画，借画悟禅，在出入两兼与穷达互补中，取得至高的艺术成就。晚年万缘放下，为其赢得了“诗佛”的千古盛名。

王安石

活到极致，定是素与简

王安石，字介甫，晚年号半山，谥号“文”，世称“王文公”“王荆公”，又因其家乡在抚州临川（今江西临川）而被称为“临川先生”。北宋杰出的政治家、文学家、思想家、改革家。他一生在文学上成就突出，是“唐宋八大家”之一，被宋神宗钦定为“天下文章第一家”，当时的文坛领袖欧阳修称赞他“小王天下第一，堪比李白韩愈”。

王安石一生位极人臣，但生活十分俭朴，两袖清风，淡泊如一，是历史上唯一不坐轿子、不纳妾，死后无任何遗产的宰相。

王安石任职宰相时，儿媳家的亲戚萧公子来到京城，去拜见他，王安石说请他吃饭。第二天，萧公子穿着华丽的衣服前往，心想王安石一定会备下丰盛的菜肴款待他。时过中午，萧公子饥肠辘辘，但又不敢离开。又过了很久，王安石才让他坐下。餐桌上没有果品甜点，萧公子心里纳闷。

酒过三巡，先上了两块胡饼，再上了四份切成块的肉，又端来一盆菜汤。萧公子骄傲放纵，不再动筷子，只吃了胡饼的馅，把四边的皮都留下了。谁知王安石径直拿过来自己吃了，萧公子十分羞愧地回去了。

王安石此举绝非作秀，本性使然。他没有因为自己是一国之相而铺张浪费、摆阔炫富，而是勤俭节约，艰苦朴素。在他看来，简朴是一种本色，是一种生活态度，是一种作为正人君子的良好修养。

王安石为相时，有人想讨好他，送一方端砚给他，并献媚地说："这方砚台极其难得，一呵就能出水。"王安石笑道："就是一天呵出一担水来，也只值三文钱，有什么宝贵？"坚决不收。

有一天，朋友问王安石的夫人："介甫是否最爱吃鹿肉丝？"

王夫人大感意外："不会呀！他这人向来不讲究吃什么，怎么会突然爱吃鹿肉丝了呢？你们怎么会这样想？"

朋友解释："他在吃饭时不吃别的盘子里的菜，只把那盘鹿肉丝吃光了。"

王夫人问："你们把鹿肉丝摆在了什么地方？"

"摆在他正前面。"

王夫人恍然大悟，说："明天你们把别的菜摆在他前面，看会怎么样？"

翌日，朋友们依王夫人之言，把菜的位置调换了，把鹿肉丝放在了远处，留意他吃什么。结果发现王安石仍是吃靠近的那盘菜，对鹿肉丝竟然一筷未动。

又有一次，宋神宗请臣子吃饭，让他们自己钓鱼，钓上来之后交给御厨去做。别人都在钓鱼，王安石却坐在那儿，把盘子里的几十颗球状鱼饵吃光。神宗见了问他为何与鱼争食，可王安石心不在焉，根本不知道自己吃的是什么。神宗由此不喜王安石，认为他纯粹在作秀。

王安石不讲个人卫生，长期不洗澡，衣衫肮脏，酸臭难闻，须发纷乱，仪表邋遢，不修边幅是出了名的，别人跟他见面时，人还未到鼻子就已闻到了，苏洵在《辨奸论》里刻画他"衣臣虏之衣，食犬彘之食""囚首丧面而谈诗书"。因长期不洗澡，王安石身上长了虱子。

有一次，王安石觐见宋神宗，虱子爬到了胡须上。神宗忍不住笑出声，王安石还不知道是怎么回事，等退朝问同僚才明白过来。王安石让手下把虱子抓走，王珪戏谑道：“未可轻去，辄献一言以颂虱。”王安石很好奇，就等着王珪赋诗。王珪吟道：“曾经御览，屡游相须。”王安石朗声大笑，那只被“龙眼”检阅过的虱子被吹走了。

王安石一袭长袍，数月不换。一天，朋友吴仲卿和韩维约他到寺院里洗沉香木桶浴。朋友偷偷地给他换了一件干净的长袍。王安石洗完出来，把那件干净的长袍穿上，竟然没有发现朋友做的手脚。他的不拘小节可见一斑。

王安石不讲卫生，却娶了一个有洁癖的夫人。王安石晚年告老还乡后，家里有一张公家的雕花大床，他欲退还，夫人死活不肯。王安石也不与她争，只脏衣破鞋、率领几只虱子躺了上去，俄顷，鼾声大作。夫人看见了，马上让人把床给还了。

由于长期不洗澡、不洗脸，王安石脸上积了厚厚一层灰，家人见他脸色发黑，以为他生病了，请来了大夫。大夫一看说这哪儿是生病，把脸上的灰泥洗一下就好了。家人让他洗脸，王安石黑着脸说：“老子天生黑，哪能洗白。”

王安石在扬州做判官时，经常彻夜读书，天方破晓才在椅子上打盹。等睡醒时，不梳头、不洗脸就跑去府衙。太守韩琦一看他那副样子，以为他彻夜纵情声色，就劝导他趁着年轻多用功读点儿书。王安石不置一词，不作任何解释。只在日记中写下九个字：“韩琦貌美，余一无可道。”

北宋是中国封建社会官员俸禄最高的时代，士大夫养尊处优，奢靡浮华，家妓乐班，征歌逐舞；三妻四妾，倚红偎翠，美其名曰“享国”。王安石虽位极人臣，却没有随波逐流，他坚守“一夫一妻”的婚恋观念，与自己的表妹吴氏，一生相敬如宾，不离不弃。

有一次，吴氏专门买了一小妾献给王安石。晚上小妾前来侍寝，王安石惊问：“怎么回事？”

当他得知该小妾原来是一位将军的妻子，因将军从水路运粮草船翻，倾家荡产不足以还官债，遂将妻子卖身还债时， 便让她把将军叫来，命她随将军回家，买妾的钱没让将军退还，又给了一笔安家费，叫两人好好过日子。

王安石性格执拗，自视甚高，一意孤行，被称作“拗相公”。

《邵氏闻见录》里载有这样一个故事：当年包拯任群牧司使，当时司马光和王安石同为其手下的判官。一日，群牧司内牡丹盛开，包拯来了雅兴，置酒邀司马光、王安石赏花。包拯举酒相劝，司马光平素不善饮酒，但碍于长官的面子，就随量喝一点。唯独王安石撂下一句“我从不喝酒”，断然拒绝，横竖不给包公面子。司马光回家写日记，大发感慨：“介甫终席不饮，包公不能强也。某以此知其不屈。”

王安石改革变法没有错，只是刚愎自用，用人不善，最终导致失败。他因政见不同，树敌众多，但对司马光、苏东坡这样的政敌，却能够推心置腹，心照不宣。王安石经常对人说：“司马十二，君子人也。”

王安石死后，司马光亦说：“介甫无他，但执拗耳。赠恤之典宜厚。”苏东坡遭遇“乌台诗案”，身陷囹圄，王安石在他性命攸关的时刻施以援手，上书宋神宗说：“安有盛世而杀才士乎？”

元丰年间，苏东坡复起，上任路上到金陵看望王安石，二人踏遍钟山，游遍诸寺，胼手胝足，谈诗说禅，心无芥蒂，体现出正人君子的大家风范。

王安石的诗歌“学杜得其瘦硬”，长于说理与修辞，善于用典，风格警辟精绝、情韵深婉，诗句“爆竹声中一岁除，春风送暖入屠苏”“春风又绿江南岸，明月何时照我还”千古流传。

他的散文雄健简练、奇崛峭拔，议论文独树一帜，精辟中见平和，比之苏东坡、欧阳修毫不逊色，《答司马谏议书》乃千古宏文；山水游记简洁明快，酷似柳宗元，《游褒禅山记》寓情于理，情景交融。

王安石虽不以词名家，但其词作“瘦削雅素，一洗五代旧习”，《桂枝香·金陵怀古》被赞为咏古绝唱。

王安石的书法为黄庭坚、米芾所推崇，《墨庄漫录》云：“王荆公书清劲峭拔，飘飘不凡，世谓之横风疾雨。”

在政治上，王安石以“天命不足畏，祖宗不足法，人言不足恤”的精神推动改革，力除积弊，推行新政，富国强兵，成为中国十一世纪伟大的改革家。

然而，他的一生却充满争议，褒贬不一。

因推行“熙宁变法”遭人诟病，宋高宗赵构为开脱父兄的历史罪责，认为王安石是北宋亡国的元凶；明人杨慎把他视同王莽、曹操、司马懿、桓温之流，祸国殃民的奸佞小人。

然而，梁启超却为其树碑立传，赞其品格像千顷湖泊般广大，万仞高山般崇高；布尔什维克的领袖列宁，誉其为中国11世纪的改革家。美国前副总统华莱士，访问中国时，曾对王安石大加赞赏，称其推行的“青苗法”，对1929年前后处于大萧条时代的美国的经济危机的扭转具有很重要的参考价值。

抛开这些不论，王安石的品行节操，不论是他的政敌还是朋友都佩服得五体投地。他是真正的正人君子。

张岱

若生在明清，只愿嫁张岱

张岱（1597—1680），初字维城，后字宗子，又字石公，号陶庵、天孙，别号蝶庵居士、会稽外史，晚号六休居士，山阴（今浙江绍兴）人。祖居剑州（今四川剑阁），后迁居绍兴，故也自称“蜀人”或“古剑”。

张岱，既是出色的诗人、艺术鉴赏家，又是史学大家、文章巨擘。

现代作家黄裳曾说：“宗子散文，《梦忆》《梦寻》，天下无与抗手。”

当代女作家章诒和则说：“若生在明清，就只嫁张岱。”

张岱是一个经历了大繁华与大悲凉的人。他的人生就是一出戏，前半场华丽，后半场苍凉，陡转直下，戛然落幕。

曲终人不见，江上数峰青。

张岱出身于世宦之家，书香门第。高祖张天复，嘉靖二十六年（1547年）进士，官至太仆卿；曾祖张元汴，隆庆五年（1571年）状元，官至翰林院侍读、詹事府左谕侍镜筵，著名理学家，王阳明再传弟子，以诗文著称于世，曾经救助过因杀妻入狱的徐渭；祖父张汝霖，万历二十三年（1595年）进士，官至兵部郎中、江西布政司参议，视学黔中，得士最多，杨文骢、梅豸等俱出其门，黔人谓"三百年来无此提学"（《家传》）；父亲张耀芳，为鲁王府长史，"善歌诗，声出金石"（《家传》）；叔父张联芳，著名画家，与董其昌、李流芳齐名，曾任扬州郡司马。

出生在这样一个诗书簪缨之家的张岱，是个翩翩公子，烈火烹油，鲜花着锦，自幼沾染上了纨绔子弟的习气，奴仆成群，衣来伸手，饭来张口。他自述："余生钟鼎家，向不知稼穑，米在囷廪中，百口从我食。婢仆数十人，殷勤伺我侧。喜则各欣然，怒则长戚戚。"

张岱天生早慧，是个有来历的人。

据说他的母亲久不怀孕，求子心切，曾经持诵《白衣观音经》三万六千卷。张岱八十一岁时自述在母腹中即闻经。

彼时，他不知道母亲念了什么，及长，每当耳根清净之时，才恍然想起那是母亲的诵经之声。

六岁时，张岱随祖父在西湖边游玩，遇到当时的名士陈继儒（号眉公）。

彼时，陈继儒正骑着一头鹿，竹冠羽衣，往来于长堤深柳之下，见者称羡不已。

遇到张岱，陈继儒想要考考他，就指着屏上的《李白骑鲸图》，出了一个上联："太白骑鲸，采石江边捞夜月。"张岱应声对答："眉公跨鹿，钱塘县里打秋风。"

陈继儒以名士自居，然迫于生计，免不了周旋于官绅之间，时不时揩点油。

一个六岁的孩童，却点中了大名士的软肋，陈继儒不以为忤，朗声大笑，对他说："那得灵隽若此，吾小友也！"

张岱一生尽管才华盖世，却从未入仕，既有优渥的经济作后盾，又有大量的时光供消磨。春风得意，裘马轻狂，俨然一个"怡红院"外的"富贵闲人"。

若论文人的闲情逸致、癖好雅趣、纵情耽乐，无人能出晚明才子张岱之右。

他好交游，文人学士、贵胄公子、名妓娇娃、僧道隐士、达官勋戚等，常常是"座上客常满，杯中酒不空"，用他自己的话说，就是"上陪玉皇大帝而不谄，下陪卑田院乞

儿而不骄”。（《自为墓志铭》）

他的交友原则是：“人无癖不可与交，以其无深情也；人无疵不可与交，以其无真气也。”

这世界没有“无疵”的人，但到处都是“无癖”之人，袁中郎亦曾说过：“余观世上语言无味面目可憎之人，皆无癖之人耳。”

张岱交游广泛，眼高于顶，一般人很难入他的法眼。但是，他交友绝对不看身份贵贱，讨厌“伪君子”，崇尚真性情，喜欢和有瑕疵的人做朋友。

在张岱的眼里，“怪”较之于“完人”的“赤足”实在是可爱得多。

张岱的朋友祁止祥，有“书画癖，有蹴鞠癖，有鼓钹癖，有鬼戏癖，有梨园癖”，和张岱一样，也有“娈童癖”。祁止祥喜欢一个长得妖艳的小男孩阿宝，“一字百磨，口口亲授”，调教他唱戏。乙酉年（1645年），南京失守，祁止祥仓皇逃难时，遇到打劫的土匪刀剑加颈，即使把命赔上，也舍不得丢下阿宝。及至丙戌（1646年），“监军驻台州，乱民卤掠”，祁止祥财产尽失，是阿宝沿途卖唱养活了他。他视阿宝如性命，却视妻子如弃履。

这样“不近情理”之人，张岱却喜欢他。

张岱所交者三教九流，大多都是底层人，有名士，有僧侣，有优伶，有妓女，使他饱受市民文化的熏陶，在亮丽的生活里多了一份清冷与黯淡的底色。

张岱一生嗜茶，谑称自己为“茶淫橘虐”。

江南是产茶之地，张岱的家乡有一种茶，叫作“日铸雪芽”。此茶在宋代时就被选为贡品，欧阳修赞曰：“两浙之茶，日铸第一。”

但是，到了明代，安徽的松萝茶因制法先进，在市场上迅速崛起，把日铸雪芽压下去了。张岱不服，就招募技艺精湛的人到日铸与他一道改革日铸雪芽。他们用松萝茶的制作方法，提升雪芽的品质，经过“扚法、掐法、挪法、撒法、扇法、炒法、焙法、藏法”等技术处理，再在茶叶里加进茉莉进行炒制。结果，他制出的雪芽“色如竹箨方解，绿粉初匀；又如山窗初曙，透纸黎光”，再将茶汤缓缓注入素瓷杯中，“真如百茎素兰同雪涛并泻也”，遂将此茶戏称为“兰雪”。

四五年后“兰雪茶”风靡于市，绍兴饮茶者原来非“松萝”不喝，现在改成非“兰雪”不饮。

为了生存，商人只好撕下标签，贴上“兰雪”商标，假冒“兰雪茶”出售。

从此，“兰雪茶”一枝独秀，尽占风光。

他曾经养了一头奶牛，将“兰雪茶”与牛奶放在茶壶中煮。这样制作出来的“奶茶”据说味道很好。他成为中国有史记载的第一个喝奶茶的人。

“从来名士好评水”，好茶还须好水。张岱不仅善于制茶，还精于鉴水。这在他的《闵老子茶》一文中有生动的记述。

几经识茶品水之后，南京著名老茶人闵老子最后只好说：我七十多岁了，精于茶的鉴赏，自以为无人可比，今日却让我见到你，于是成了莫逆至交。他又发现和保护了绍兴的几处名泉，如“禊泉”“阳和泉”等，使绍兴人能用上上等泉水煮茶品茗。

张岱在《露兄》一文中还写有《斗茶檄》。当时绍兴城内有不少茶店，其中一店用水用茶特别讲究，“泉实玉带，茶实兰雪。汤以旋煮，无老汤，器以进涤，无秽器。其火候汤候，有天合之者”。张岱特别喜欢这家茶店，于是就给它取了个“露兄”的店名。其出典是宋代米芾说的“茶甘露有兄”的句子。又为它作了一篇《斗茶檄》，指出：“水淫茶癖，爰有古风；瑞草雪芽，素称越绝。”现在这家茶肆，

“水符递自玉泉，茗战争来兰雪”，还有不少可口茶食，因此饮这样的茶真是“一日何可少此”“七碗茶吃不得了，卢仝茶不算知味”，尽情赞美了这茶肆，也就是绍兴茶肆的至味。

积多年的经验，张岱曾撰有《茶史》一书，手稿交与闵老子“细细论定”，并计划出版。其目的是“使世知茶理之微如此，人毋得浪言茗战也”。但不久战祸四起，清兵入关后随即南下，张岱生活发生急剧变化，家庭迁移，逃难避乱，在匆促中稿本散失，只存序文，后辑于《琅嬛文集》中。这是绍兴茶史，也是中国茶史上的一大损失。

张岱尝试了各种“兰雪茶”的泡制与品饮法之后，过了两年，又迷上了古琴。

“琴棋书画”是“文人四好”，对慧业文人张岱来说，自然有着浓厚的雅兴。

万历四十四年（1616年），时年十九岁的张岱说动了六个心性相投、年纪相近的亲友，缔结“丝社”，立约每月三会，一起学琴。

为此，他意兴阑珊地写了一篇小檄文，高人雅致，优美非常。文曰：

中郎音癖，《清溪弄》三载乃成；贺令神交，《广陵散》千年不绝。器由神以合道，人易学而难精。幸生岩壑之乡，共志丝桐之雅。清泉磐石，援琴歌《水仙》之操，便足怡情；涧响松风，三者皆自然之声，正须类聚。偕我同志，爰立琴盟，约有常期，宁虚芳日。杂丝和竹，用以鼓吹清音；动操鸣弦，自令众山皆响。非关匣里，不在指头，东坡老方是解人；但识琴中，无劳弦上，元亮辈正堪佳侣。既调商角，翻信肉不如丝；谐畅风神，雅羡心生于手。从容秘玩，莫令解秽于花奴；抑按盘桓，敢谓倦生于古乐。共怜同调之友声，用振丝坛之盛举。

为了提高琴艺，张岱先后师从绍兴琴派王明泉传人王侣鹅、王本吾学琴。他悟性极高，仅半年时间，就学会了《雁落平沙》《清夜坐钟》《高山流水》《乌夜啼》《梅花弄》《庄周梦》等二十多种琴曲。

他陈义高蹈，非常人所能企及。同他一起学琴的有他的堂弟燕客，但终不通音律。还有他的朋友范与兰，少年学琴于王明泉，后尽弃所学，转投王本吾，如此反复数次，“旧所学又锐意去之，不复能记忆，究竟终无一字，终日抚琴，但和弦而已”。（《陶庵梦忆·范与兰》）

张岱则眼高于顶、别出机杼，认为和他一起学琴的同学“紫翔得本吾之八九而微嫩，尔韬得本吾之八九而微迂”。他则不满足其师王本吾的技法，认为其虽“圆静”，但“微带油腔”。于是，勤加练习，由生到熟，“练熟还生”“以涩勒出之”，能演奏出古拙萧散之音。他曾与其师王本吾、同学何紫翔、尹尔韬四人一起合奏，“如出一手，听者皆服”。此后从外地来绍兴的琴人，在演奏上“结实有余，萧散不足”，其演奏技艺没有超过王本吾的。

张岱不仅是操琴高手，还对古琴有着一套高深的理论，他曾放言：

弹琴者，初学入手，患不能熟；及至一熟，患不能生。夫生，非涩勒、离歧、遗忘、断续之谓也。古人弹琴，唫揉掉泣得心应手，其间勾留之巧，穿度之奇，呼应之零，顿挫之妙，真有非指非弦、非勾非剔，一种生鲜之气，人不及知，己不及觉者。非十分纯熟、十分淘洗，十分脱化，必不能到此地步。盖此练熟还生之法，自弹琴拨阮、蹴鞠吹箫、唱曲演戏、描画写字、作文作诗，凡百诸项，皆藉此一口生气。得此生气者，自致清虚；失此生气者，终成渣秽。吾辈弹琴，亦惟取此一段生气已矣。

——《陶庵梦忆•与何紫翔》

这里的“生气”，就是一种鲜活的生命状态，一种得鱼忘筌、得意忘言的精神境界。

唯有进入这种生命状态、精神境界时，才能超越操作意义上的演奏，达到物我两忘、人琴合一、心手双畅的境界，也才能契合真正的“琴道”。

由此可见，张岱的琴学修为是何等的高深。

张岱家的藏书达三万余卷，字画珍玩更是不可计数。

他好园林、精舍、奇石、佳木。

他喜欢读书。他写在天镜园读书，“扑面临头，受用一绿，幽窗开卷，字俱碧鲜”，窗外是高大的槐树与成片的竹林，打开窗子，受用无边的绿色，捧卷而读，连书上的字也有了青碧之色。

他自筑梅花书屋，在墙根种牡丹，在假山旁种梅花，在书屋前种海棠，“余坐卧其中，非高流佳客，不得辄入”。

时下所说的“中国式雅士慢生活”，张岱可谓独领风骚者。

张岱是个美食家，追求“食不厌精、脍不厌细”的饮食之道。不合时宜的不吃，不是上佳的食物不吃。且看他写吃蟹的情景：每到十月，都要与兄弟及友人举办“蟹会”，只吃清蒸蟹，认为“食品不加盐醋而五味全者，无他，乃蟹”。

张岱是个戏迷。他精研唱腔、身段与扮相，精于编剧。由于祖父精音律、通戏曲，父亲“善歌诗，声出金石”，张岱自幼混迹于自家豢养的戏班，耳濡目染，也喜欢看戏。他家里有好几套戏班。连躺在小船里读书时，都要带着家中的戏子，让人家在船尾唱曲，他偃卧船头，或埋头看书，或举首望天，困了就在曲声中呼呼大睡过去。看戏没看过瘾，他索性自编、自导、自演。宦官魏忠贤倒台后，张岱改编了一出传奇——《冰山记》，在绍兴城隍庙演出，观者竟达万人。

张岱曾自我表白：

少为纨绔子弟，极爱繁华，好精舍，好美婢，好娈童，好鲜衣，好美食，好骏马，好华灯，好烟火，好梨园，好鼓吹，好古董，好花鸟，兼以茶淫橘虐，书蠹诗魔。

——《自为墓志铭》

也就是说，所有游戏娱乐样式——诗词歌赋，琴棋书画，笙箫弦管，蹴鞠弹棊，博陆斗牌，使枪弄棍，射箭走马，挝鼓唱曲，傅粉登场，说书谐谑，拨阮投壶……都能用“匠意”为之，无不工巧入神。

崇祯二年（1629年），一个秋风萧瑟的日子，张岱从镇江去兖州，给供职鲁王府的父亲祝寿。月夜途经金山寺，已是二更天，“林下漏月光，疏疏如残雪”，心弦被疏落的月光柔柔一勾，遂兴致大发，他大声叫嚷着让随身的戏子携戏具来，张灯火于大殿，锣鼓喧天，大唱戏剧，惊起一寺僧众。

有老僧目瞪口呆，不时用手背揉揉惺忪的睡眼，又打呵欠，又打喷嚏，睁大眼睛仔细打量，却不敢上前问是何许人。

等到戏唱完，天蒙蒙亮，他便与戏子们解缆过江，兴尽而返。

山僧追随着他们一路到山脚，目送久之，“不知是人、是怪、是鬼”。

“金山夜戏”是张岱一生的一个隐喻，所谓：戏如人生，人生如戏。

戏与梦是解读张岱精神世界的两把钥匙。

张岱的戏梦人生，戏是重重矛盾冲突，梦是繁华落尽的空幻。

繁华参透是苍凉。

崇祯十七年（1644年），李自成带领农民军攻占北京，清军入主中原，崇祯皇帝在煤山自缢。

是年，张岱四十八岁。

张岱的人生被分为两段，就在这一年发生了惊天动地的转折。

如果人生是一出戏，张岱的舞台便从此落下了华丽的帷幕。

随着清军的南下，出身仕宦之家、纵情享乐的超级大玩家，一夜之间成为“国破家亡，避迹山居”的遗民。

无事袖手谈心性，临危一死报君王。

在改朝换代之际，文人士大夫，有的变节以降，有的以身殉国，有的披发入山，各自采取不同的方式表达亡国之痛，寄托心底哀思：理学大家刘宗周绝食而死，张岱的好友王思任以死殉节，陈洪绶在绍兴云门寺落发出家，祁彪佳在自家的放生池里自溺身亡，黄道周就戮于南京……

张岱是一个具有民族气节的知识分子，一身正气，傲骨铮铮。

彼时，大学士马士英决意降清，张岱在台州以布衣身份上书鲁王朱以海，称马士英是卖国第一罪臣，主动请缨，要杀马士英以谢天下，鼓舞军心。

一个从未打过仗的文弱书生，却带了几百兵士追赶马士英，虽然没追上，但这种壮举足以令人血脉偾张。

张岱倾慕仁义，本欲学友人以死殉节，“每欲引诀，因《石匮书》未成，尚视息人世”，只好效仿司马迁，隐忍着活了下来。

他的这种心态，曾毫不隐瞒地在《自题小像》中表露出来：“功名耶，落空；富贵耶，如梦。忠臣耶，怕痛；锄头耶，怕重。著书二十年耶，而仅堪覆瓮！之人耶，有用没用？”（《琅嬛文集》卷之五）在自嘲自解中不难体会出他那复杂而痛苦的心情。

他在八十一岁时所写的《蝶庵题像》中自嘲道：“沉醉方醒，恶梦始觉。忠孝两亏，仰愧俯怍。聚铁如山，铸一大错”，直到死前，他还在为自己未能殉国而痛苦。

诚如台静农先生说的那样：“一向生活于华贵的家庭，而又沉溺于声色狗马之好，一旦亡国，不乞求保全，如钱谦益、阮大铖一类人的行为；只将旧有的一切一切，当作昨夜的一场好梦，独守着一部未完成的明史纪传，宁让人们将他比作毒药，当作猛兽，却没有什么怨悔。大概一个人能将寂寞与繁华看作没有什么两样，才能耐寂寞而不热衷，处繁华而不没落，刘越石、文文山便是这等人，张宗子又何尝不是这等人？钱谦益、阮大铖享受的生活，张宗子享受过；而张宗子的情操，钱阮辈却没有。”（《陶庵梦忆序》）

顺治三年（1646年）起，张岱携一子一仆，“披发入山”，隐居在剡溪卧龙山，“骇骇为野人。故旧见之，如毒药猛兽，愕窒不敢与接”。

“劳碌半生，皆成梦幻”，“回首二十年前，真如隔世”。

昔日的鲜衣怒马全无，唯有清风明月相伴。

张岱开始潜心著书，跌入人生的窘境：

年至五十，国破家亡，避迹山居，所存者，破床碎几，折鼎病琴，与残书数帙，缺砚一方而已。布衣蔬食，常至断炊。回首二十年前，真如隔世。

这是他在《自为墓志铭》里的自述。

“瓶粟屡罄，不能举火”，张岱最终熬不住了，下山返回绍兴，居快园，继续写作《石匮书》。

张岱“事必求真，语必务确，五易其稿，九正其讹，稍有未核，宁阙勿书”（《石匮书自序》），花了三十多年的时间，最终完成一部明代断代史——《石匮书》。一经问世，时人给予了高度评价：当今史学，无逾陶庵。《石匮书》告成，特与《史记》并有古今。

文学家王雨谦甚至认为，其“悲歌行国，数泣行下”的悲剧与诗性，与司马迁的《史记》有着异曲同工之妙。

张岱自称：“学书不成，学剑不成，学节义不成，学文章不成，学仙学佛，学农学圃，俱不成。任世人呼之为败子，为废物，为顽民，为钝秀才，为瞌睡汉，为死老魅也已矣。”且一生充满矛盾：“称之以富贵人可，称之以贫贱人亦可；称之以智慧人可，称之以愚蠢人亦可；称之以强项人可，称之以柔弱人亦可；称之以卞急人可，称之以懒散人亦可。”

看上去一事无成、乏善可陈，事实上，那只不过是他自我调侃与嘲讽的托词。

若论治学与写作，张岱有所建树。他的著作有《石匮书》《石匮书后集》《琅嬛文集》《陶庵梦忆》《西湖梦寻》《冰雪文》《义烈传》《明易》《大易用》《史阙》《四书遇》《说铃》《昌谷解》《快园道古》《张子诗秕》

《奇字问》《茶史》《桃源历》《历书眼》《夜航船》《琯朗乞巧录》《古今义烈传》《有明于越三不朽图赞》、杂剧《乔坐衙》、传奇《冰山记》等三十余部，仅《夜航船》一书就“内容殆同百科全书，包罗万象，共计十二大类，四千多条目”，为明清之际的学术文化史，乃至为整个中国文化史竖起了一座巨大的丰碑。

除了艺术理论和史学外，张岱在文学方面的成就最大，突出表现在散文创作方面。他的《陶庵梦忆》《西湖梦寻》与《琅嬛文集》，是散文园林中的奇葩，在明末清初成就最高。

张岱的散文另辟蹊径，独出机杼，突破了传统散文“宗经载道”的樊篱，开拓了明代后叶自徐渭、汤显祖至公安、竟陵诸家所未有的境界，成为承前启后的“集大成者”。他的散文篇篇锦绣，字字珠玑，绘风物，抒人情，谈掌故，记民俗，评时尚，莫不委曲致致，笔笔皆妙。

张岱不同于郦道元之博奥、刘同人之生辣、袁中郎之倩丽、王思任之诙谐，而是将士大夫独舒性灵的闲适，转化为平民感怀时世的忧患，在追忆繁华往事、前尘旧影之中，饱含着无限的家国之痛，以及大彻大悟后对生命真谛、大千世界那种俯仰自得、目送归鸿式的心领神会，从而使他的散文在“空灵曼妙”之外，多了一份历史文化的厚重感和历经沧桑的生命力。

我最喜欢的是《湖心亭看雪》：

崇祯五年十二月，余住西湖。大雪三日，湖中人鸟声俱绝。是日更定矣，余拿一小舟，拥毳衣炉火，独往湖心亭看雪。雾凇沆砀，天与云、与山、与水，上下一白。湖上影子，惟长堤一痕，湖心亭一点，与余舟一芥，舟中人两三粒而已。到亭上，有两人铺毡对坐，一童子烧酒，炉正沸。见余大惊喜，曰：“湖中焉得更有此人！”拉余同饮。余强饮三大白而别。问其姓氏，是金陵人，客此。

及下船，舟子喃喃曰：“莫说相公痴，更有痴似相公者。”

好一幅意境空灵、淡雅别致的水墨湖山夜雪图！作者用白描手法，仰观俯察，由远及近，逸笔草草，对西湖雪景一并作了水墨淋漓的勾画与点染。“天与云、与山、与水，上下一白”，连用三个“与”字，生动地写出天空、云层、湖水之间白茫茫浑然难辨的景象。作者先总写一句，犹如摄取了一个“上下皆白”的全景，接着变换视角，化为一个个诗意盎然的特写镜头：“长堤一痕”“湖心亭一点”“余舟一芥”“舟中人两三粒”等。

这是简约的画，梦幻般的诗，给人一种似有若无、依稀恍惚之感。作者对数量词的锤炼功夫，令人叹服。你看，“上下一白”之“一”字，是状其浑然难辨，使人唯觉其大；而“一痕”“一点”“一芥”之“一”字，则是状其依稀可辨，使人唯觉其小。此真可谓只着“一”字而境界全出矣。同时由“长堤一痕”到“湖心亭一点”，到“余舟一芥”，到“舟中人两三粒”，其镜头则是从小而更小，直至微乎其微。这“痕”“点”“芥”“粒”等量词，一个小似一个，写出视线的移动，景物的变化，面对天地苍茫的冰雪世界，使人顿生“观古今于须臾，抚四海于一瞬”“寄蜉蝣于天地，藐沧海之一粟”的感慨。

张岱的朋友祁彪佳在《古今义列传序》中评曰：“其点染之妙，凡当要害，在余子宜一二百言者，宗子能数十字辄尽情状，乃穷事际，反若有千百言在笔下。”

台静农评张岱文字：“总觉水墨浓郁中，有一种悲凉的意味，却又捉摸不着。”

现代作家黄裳曾说：“宗子散文第一，《梦忆》《梦寻》，天下无与抗手。”

北大教授陈平原赞曰：“明文第一，非张岱莫属。”

张岱的一生就是一出大戏，奢华富丽，跌宕起伏。

他宛若一位优伶，用情专一，入戏太深，扮演着一个又一个的角色——纨绔子弟，风流公子，脱略名士，林下隐者，山中遗民，且将每一个角色都演绎到极致，在最高潮处，陡转直下，戛然落幕。

曲终人不见，江上数峰青。

黄庭坚

满目青山载月归

黄庭坚，字鲁直，号山谷道人，晚号涪翁。洪州分宁（今江西修水）人。北宋诗人、词客、书法家，为盛极一时的江西诗派开山祖师。多才多艺，诗、书、画被誉为“三绝”。

早年以文章诗词受教于苏轼，与张耒、晁补之、秦观并称“苏门四学士”。诗文与苏轼齐名，世称“苏黄”；词作与秦观齐名，号称“秦七黄九”；书法以行、楷、草见长，与苏轼、米芾、蔡襄并称“宋四家”。

黄庭坚在文章诗词、书画艺术方面卓有成就，“戛戛乎独造”，在三十余年的宦海沉浮中，一如其师苏东坡，以禅者旷达无碍的心境，优游于庙堂与山林之间。

黄庭坚心性善良，是一个孝子，《二十四孝》里有一则家喻户晓的故事——涤亲溺器，说的就是黄庭坚。

黄庭坚从小侍奉父母，细心周到，无微不至。母亲有洁癖，受不了马桶的异味，他自小天天倾倒、刷洗马桶，数十年如一日。母亲生病时，他辞官回家，照顾母亲，亲尝汤药，衣不解带，日夜侍奉在病榻前。母亲病故后，他庐墓守孝，伤心欲绝，形容憔悴，几乎病倒。苏东坡赞其“瑰伟之文，妙绝当世。孝友之行，追配古人”。

据江西《修水县志》载，黄庭坚中进士后，被朝廷任命为芜湖地方的知州，彼时才二十六岁。

有一天，他午睡时做了一个梦，梦见自己走出府衙，来到一处村庄，看见一位满头白发的老婆婆，站在家门外的香案前祷告，口中叫着一个人的名字，香案上供着一碗芹菜面。黄庭坚走上前去，看见那碗热气腾腾的面，似乎很好吃，便不自觉端起来吃。吃完回衙，一觉睡醒，嘴里还留着芹菜的香味，梦境十分清晰。但他并未在意，以为只是做梦而已。

次日午睡，梦境复发，历历如昨，唇齿留香。黄庭坚感到不可思议，起身走出衙门，循着梦中道路寻去。行至一村落，眼前景物似曾相识，仿佛回到故乡一般。他径直走到一户门外，叩门而进，见到的正是梦中所见的老婆婆，便问她有无摆面在门外、喊人吃饭的事。

老婆婆答："昨天是我女儿的忌日。她生前喜欢吃芹菜面，我在门外喊她回来吃面，每年我都是这样喊她。"

"你女儿死去多久？"

"已经二十六年。"

黄庭坚突然想到，自己今年正好二十六岁，昨天正是自己的生日。于是，再问她女儿生前的情形，家里还有什么人。

老婆婆说："我只有一个女儿，她生前喜欢读书，念佛吃素，很是孝顺，但不肯嫁人，并发愿来世转投男身，做个学问家。到二十六岁那年，生病死了，死时对我说，她还要回来看我。"

黄庭坚大惊："她的闺房在哪里，我可以看看吗？"

老婆婆指着一间旧房说："就是这一间，你自己进去看吧，我给你倒茶去。"

黄庭坚走进房间，环顾四周，一桌一椅，倍感亲切。只见靠墙有一个大柜，上着锁。

黄庭坚问："里面是些什么？"

"全是我女儿的书。"

"可以打开看看吗？"

"钥匙不知道被她放在哪里了，我一直无法打开。"

黄庭坚想了一下，记起放钥匙的地方，告诉老婆婆找出来，打开书柜。发现里面有许多文稿，细阅之下，竟是自己历次科考的应试之文，一字不差！

黄庭坚沉思良久，恍然大悟，原来自己前世曾是女儿身，此地是他前生的老家，老婆婆便是他前生的母亲。如今，只剩下她孤独一人。于是，他跪倒在地，拜伏老人脚前，含泪叫娘亲，说明自己就是她的女儿转世。他回到府衙，带人来迎接老母，奉养终身。

后来，黄庭坚在府衙后园植竹一丛，建屋一间，命名为“滴翠轩”，其中有黄庭坚的石碑刻像，自题曰：“似僧有发，似俗脱尘；做梦中梦，悟身外身。”分明是对自己转世的感慨。

黄庭坚喜与禅僧交游，经常一起品茗说禅，诗偈唱和。他与灵源寺惟清禅师关系极好，友情甚笃。黄庭坚遭贬官谪居外地时，灵源惟清送以诗偈：

昔日对面隔千里，如今万里弥相亲。
寂寥滋味同斋粥，快活谈谐契主宾。
室内许谁参化女，眼中休自觅瞳人。

东西南北难藏处，金色头陀笑转新。

黄庭坚读了，亦和以诗偈：

石工来斫鼻端尘，无手人来斧凿亲。
白牯狸奴心即佛，龙睛虎眼主中宾。
自携缶去酣村酒，却著衫来作主人。
万里相看常对面，万心寮里有清新。

两人诗书唱和，悟道参禅，高山流水，惺惺相惜，可见一斑。

宋徽宗崇宁元年（1102年）春天，被贬至四川长达六年的黄庭坚终于被赦。他准备回归故里——江西修水，途经湖南。在细雨霏霏中，他登上闻名天下的岳阳楼，写下题为《雨中登岳阳楼望君山》的两首绝句，其中一首云：

投荒万里鬓毛斑，生出瞿塘滟滪关。
未到江南先一笑，岳阳楼上对君山。

“未到江南先一笑”，这“笑”可看作黄庭坚顿悟的标志。黄庭坚一生屡遭贬谪，仕途失意，心意不平，难得一笑。然而，走过万水千山，阅尽人间春色，饱经宦海沉浮，历尽人生坎坷之后，诗人终于实现了“孤峰顶上那一转”的禅者顿悟，如同山河大地、日月星辰的表里澄澈，终于会心一笑。

元符元年（1098年），黄庭坚因避亲嫌，移居戎州（今四川宜宾），寓居南寺，以“槁木庵”“死灰寮”命名其室；后迁居城南，又有“任运堂”之名。晚年，构筑精舍于涪滨，故又号涪翁，俨然一老和尚。

黄庭坚和他的老师苏东坡都是书画大家，经常为人作画题字。然而，师徒两人风格却大相径庭。苏东坡爱画枯木怪石，风格冷逸，而黄庭坚则喜作禅诗，境界空明。他在贬谪戎州时所填的一阕《诉衷情》，可看作此生总结：

一波才动万波随，蓑笠一钩丝。金鳞正在深处，千尺也须垂。吞又吐，信还疑，上钩迟。水寒江静，满目青山，载月明归。

这首词是由秀州华亭德诚禅师的《拨棹歌》增益而成，原歌是：

千尺丝纶直下垂，一波才动万波随。

夜静水寒鱼不食，满船空载月明归。

这首诗源自一则发人深省的故事。

有一天，船子和尚将船泊岸，在岸边独自闲坐。

有一位当官的人问：“和尚平日在做什么？”

和尚竖起长杆，问他：“明白了吗？”

那官人答：“不明白。”

船子和尚说：“丢掉长桨，水面不再有波澜，河水清澈见底，就能见到罕见的金鳞鱼。”

黄庭坚在这首词中表达的正是两相透脱，随缘而化的意思：水下之鱼沉沦不起，沽钓之人泛舟临江，坐等渔利。在此两相执迷之际，忽然明月普照，水天空灵，一时双双脱困，鱼脱钓丝而去，渔夫载月而归，一切随缘而遇。

七年后，在戎州精舍，黄庭坚预感大限将至，作书遍寄亲友，后沐浴更衣，结跏趺坐而逝，一如脱钩之鱼，其生命亦呈现出“满目青山，载明月归”的禅意。

苏东坡

读书万卷始通神

发愤识遍天下字，立志读尽人间书。

——苏东坡

苏轼，字子瞻，号东坡居士，眉州（今四川眉山）人。他的父亲苏洵，即《三字经》里提到的“二十七，始发愤”的“苏老泉”。他和父亲苏洵、弟弟苏辙，皆以文名世，人称“三苏”，均入唐宋八大家之列。

苏轼幼承庭训，在父亲苏洵、母亲程氏的言传身教下，刻苦读书，未及弱冠，即已“学通经史，属文日数千言”，打下了扎实的“童子功”。

苏轼二十二岁，出川赴京，参加礼部考试，以一篇《刑赏忠厚之至论》获得主考官欧阳修的赏识，但欧阳修误认为是自己的弟子曾巩所作，为了避嫌，使其只得第二。古语云：“三十老明经，五十少进士”。意即五十岁考中进士，都是少见的事，而苏轼二十二岁就金榜题名，进士及第，可谓少年得志，一举成名。嘉祐元年（1056年），苏轼应中制科考试，即通常所谓“三年京察”，入第三等，为“百年第一”。

这一切，得益于苏轼的勤学苦读。

据说，苏轼在少年时就已饱读诗书，能文擅诗，常得师长赞赏，因此有些飘飘然。一日，他颇为自负地在自己的书房贴了一副对联：“识遍天下字，读尽人间书。”

后一白发老妪持一深奥古书前来请教，结果苏轼发现书中的许多字自己都不认识，才意识到自己学问的不足，幡然悔悟，遂将对联改为“发愤识遍天下字，立志读尽人间书”，用以自勉，传为千古佳话。

秦观有诗云：“人生异趣各有求。”

对苏轼来说，他的异趣不是富贵，不是功名，而是读书与创作。他视读书写作为平生第一乐事，坦言：“自孔子圣人，其学必始于观书。”曾自述：“幼时，父兄驱率读书，初甚苦之，渐知好学，则自知趣向。既久，则中心乐之。既有乐好之意，则自进不已。古人所谓知之者不如好之者，好之者不如乐之者。”“某平生无快意事，惟作文章，意之所到，则笔力曲折无不尽意，自谓世间乐事，无逾此者。”

苏轼一生勤于读书，更会读书，并积累了一套独特的读书方法。一次，他的侄女婿王庠向他请教为学之道。苏轼在《又答王痒书》中写道：“少年为学者，每一书，皆作数过尽之。书富如入海，百货皆有之。人之精力，不能兼收并取，但得其所欲求者尔。故愿学者，每次作一意求之。如欲求古今兴亡治乱、圣贤作用，但作此意求之，勿生余念。又别作一次，求事迹如实，典章文物之类，亦如之。他皆彷此。此虽愚钝，而他日学成，八面受敌，与涉猎者不可同日而语也。”

这就是苏轼著名的“八面受敌”读书法。

它不同于浮光掠影地泛览，也不同于走马观花地涉猎，而是面对某一著作的精深、宏富，能集中精力和心力，“一意孤行”，做到各个击破。可以归纳为三点：其一，每本书都要反复读，所谓“旧书不厌百回读，熟读深思子自知”是也；其二，面对浩如烟海的书籍，要博观而约取，定向专一，列出专题，逐题分类，心无旁骛；其三，读书贵在长期坚持，他日学成，必能左右逢源，应对如流，八面受敌。此种读书方法看似“愚钝”，实乃聪明者所为。

据史书记载，尝有人问苏东坡："公之博洽可学乎？"曰："可，吾尝读《汉书》矣，盖数过而始尽之，如治道、人物、官制、兵法、财货之类，每一过求一事。不待数过，而事已精窍矣。"在此，苏东坡告诉求学者自己是如何读《汉书》的，他不仅分出专题，集中精力，各个攻破，还亲手抄写《汉书》。

苏东坡贬职黄州团练副使时，和司农朱载结为知己。一次，朱载前来拜访，却久久不见苏东坡出来迎接。朱载走也不是，留也不是，很是尴尬。好半天，苏东坡才从室内出来连连作揖："刚做完日课，失敬，失敬。"

朱载一听，苏东坡还做"日课"，惊奇地问："先生日课做甚？"

苏东坡答曰："抄《汉书》。"

朱载更为诧异："以先生之才，开卷一览，自可终生不忘，何用手抄乎？"

苏东坡答曰："不然，我读《汉书》，迄今抄过三遍，起初读一段抄三个字，继而抄两字，如今只抄一字。"

朱载翻开苏东坡所抄《汉书》，随便挑一字，苏东坡应声背几百字，无一字差失，几次改挑，莫不如此。

朱载惊讶不已，感叹道："先生，真谪仙才也！"

“尽信书不如无书。”苏东坡读书治学从不迷信古人的学识，从不死守先贤的信条，而是大胆质疑，小心求证，去伪存真。因此，恩师欧阳修称赞他：“善读书，善用书。”

苏东坡一生宦海沉浮，颠沛流离，而读书成了他安妥心灵的精神栖息地，成了他战胜苦难的精神支柱，即使贬谪蛮荒之地，他也是以书为伴，“夜常以三鼓为率，虽大醉归，亦必披展至倦而寝”。

正是这样的痴迷读书，才成就了他“苏文如海”的深邃，成就了他“读书万卷始通神”的淹博与“浑涵光芒，雄视百代”的一代文豪之地位。

王阳明

饮尽多少光阴，才将人间看个究竟

在中国历史的长河中，王阳明是一座孤高的山峰，巍然耸立，独步千古。

他不仅是伟大的思想家、教育家、军事家、书法家、诗人，还是精通佛老的一代哲人。

他援佛入儒，从宋明理学契入禅学，创立了“心学”，独倡“知行合一”“致良知”之说，彻底改变了明代中叶以后中国思想发展的整体格局，成为继孔子、孟子之后，“真三不朽”的“古今完人”。

有人说，中华上下五千年，能立德、立功、立言“三不朽”的圣人，只有两个半：一个是孔子，一个是王阳明，外加半个曾国藩。

这一切，还得从王阳明的身世说起。

王阳明，名守仁，字伯安，自号“阳明子”，人称“阳明先生”。浙江余姚人。

他的一生充满传奇、智慧的灵光，在少年时代就已经显露出来了。

据《明史》记载，他的母亲怀孕十四个月才生下他，诞生之夜，祖母曾梦见天空中吹奏着美妙的仙乐，一位美丽的仙人身披彩霞般的衣裳，驾一片祥云，将一个婴儿从天上送下来，放到他母亲体内。因此，他的祖父王天叙便为他取名“云”，并把他居住的地方命名为“瑞云楼”。

奇怪的是，他出生后，直到五岁仍不会说话。

某日，一高僧路过王家，摸着少年王云的头说：“好个孩儿，可惜道破了！”古文里，“云”字乃“说”之意，意思是取了“云”字，孩子才不会说话。

王天叙听到后，心中一惊，若有所悟，遂取《论语》“知及之，仁不能守之，虽得之，必失之”的典故为孙子改名“守仁”。

坊间传说，小王云改名“守仁”之后，就能开口说话了。

据古代笔记《耳谈》记载：王阳明五十岁时，已是名满天下的旷世大儒。有一次，他到镇江金山寺，发现后院一座僧房封锁严实，破旧不堪，心生好奇，遂想打开看看，可是寺庙的住持说："王大人，这个不可以轻易开启，里面有一位高僧入定五十年了。"

王阳明一听，愈发来了精神，吩咐道："师父你只管开门就是，有什么责任我来承担！"

住持不敢违背王阳明的意思，只好命人去掉封条，开启房门。

只见屋子里有个圆寂的老僧，依然端坐在蒲团上，须眉皆白，宝相庄严，寂然入定。

当王阳明看那老僧的金刚不坏肉身时，发现那正是他自己，只是没了头发。

更为惊奇的是，墙壁上还有一首诗偈：

五十年前王守仁，开门原是闭门人。

精灵剥后还归复，始信禅门不坏身。

王阳明何等冰雪聪明，顿时恍然大悟，流泪说道："这是我的前身啊！"

人既然有今世，就有来生，更有前世。原来王阳明的前身就是那位坐化的老僧。

王阳明是个奇才，天赋异禀，冰雪聪明，且桀骜不驯，从他少时的行迹中就可略窥一斑。

六岁才开口说话，可谓贵人语迟，但过目成诵，早已默记了祖父所读过的书。

七八岁，曾一度痴迷下象棋。父亲认为他不务正业，将棋子、棋谱扔到河里，方才作罢。

十一岁，随祖父北上进京，路过镇江金山寺，朋友在妙高台设宴招待。席间，王阳明口占一绝："金山一点大如拳，打破维扬水底天。醉倚妙高台上月，玉箫吹彻洞龙眠。"

众人惊叹之余，疑非他自己所作，遂以"蔽月山房"命题，让其重作。王阳明不假思索，倚马可待："山近月远觉月小，便道此山大于月。若人有眼大如天，还见山小月更阔。"

众人心悦诚服。

十二岁，王阳明在课堂上提问先生："何为第一等事？"并口出狂言，不要读书登第做状元，而要"读书做圣人"，透露出他"超凡入圣"之志。

十五岁，"英毅凌迈，超侠不羁"（王龙溪语），跑到于谦祠里瞻仰偶像，写下了传世挽联：赤手挽银河，公自大名垂宇宙；青山埋忠骨，我来何处吊英贤！为了继承先贤遗志，私出居庸关，考察边塞地貌与风土人情。归来后，写出《帝国平安策》，试图上奏皇帝。

十六岁，和一钱姓朋友，商量着要做圣人，遂按照朱熹的“格物致知”，在父亲官府的园子里“格竹子”，七天后积劳成疾，大病一场，以至于落下了病根。

十七岁，婚礼那天，竟然跑到“铁柱宫”道观，与道士彻夜长谈，忘记了自己的婚礼。

按照当地习俗，新婚女婿要在丈人家住半年。

王阳明无事可做，开始练习书法，一不留神竟练成了一代书法家。他的书法以行草为主，出新意于法度之外，书风淡雅而又自然率真，点画精熟，颇有法度，其中蕴含着他独特的人生哲理。

十八岁，王阳明携新婚夫人回浙江，路过广信（今江西上饶），特地去拜谒当时的大学者娄谅（号一斋）。娄一斋为他讲了宋儒格物之学，并勉励他：“圣人必可学而至”，并指出修身治学的方法——格物致知。王阳明心领神会，由此走上了研读儒家心性之学的路子。

纵观王阳明的成长历程，少年赋诗、立志圣人、居庸骑射、婚夜论道、闲居习书、旅途问学，无一不特立独行，与众不同，让人看来“步步惊心”。

王阳明自称，“学凡三变而始得其门”。

王阳明少年时，曾一度驰骋于辞章，在余姚龙泉寺约一帮朋友联结诗社，过了一段“吟风月、弄花草”的诗意生活。

因一心要“做圣人”，深感辞章之不足，叹息“焉能以有限精神为无用之虚文”，决定弃学辞章。诗社中人为之惋惜并劝留他，王阳明笑曰：“使学如韩柳，不过为文人；辞如李杜，不过为诗人。”

诚如其弟子王龙溪所言：“就论立言，亦须一一从圆明窍中流出，盖天盖地，始是大丈夫所为。傍人门户，比量揣拟，皆小技也。”此为王阳明思想之一变。

王阳明的“心性之学”，是指“笃志二氏”和“出入佛老”。

小时候，王阳明经常去“龙泉寺”游玩，晨钟暮鼓、梵音香火，成为其抹不去的记忆。

王阳明出仕后，还曾作诗回忆童年情景。

我爱龙泉寺，寺僧颇疏野。

尽日坐井栏，有时卧松下。

弘治十四年（1501年）王阳明出任刑部主事，奉命囚录江北。公差结束后，王阳明上九华山览胜。遍访无相、化成诸寺，与道士蔡蓬头谈仙。

在长生庵，王阳明遇到了实庵和尚。

实庵和尚是位道行极深的高僧，门口写的一副对联可以为证：

门前青山绿水都成画稿；

槛外松风竹韵悉是禅机。

王阳明与实庵和尚一见如故，两人游山玩水、品茗说禅。王阳明还按照实庵和尚的模样、性情，为其写了一首散曲：

从来不见光闪闪气象，也不知圆陀陀模样；翠竹黄花，说什么蓬莱方丈。看那地藏王好儿孙，又生个实庵和尚。噫！那些妙处，丹青莫状！

在九华山地藏洞，王阳明又寻到一奇人。

从王阳明的谈吐中，奇人推知王阳明没有求仙的命，并向其推荐了北宋两位理学大师——周敦颐和程明道。

弘治十五年（1502年）八月，王阳明上疏告病，归越养病，筑室于会稽山阳明洞，自号“阳明子”。

弘治十六年（1503年），王阳明平定宁王叛乱后，到杭州净慈寺养病。

在虎跑寺，得知一位和尚在闭关，已闭关三年，一天到晚坐着，闭目不视，闭口不言，王阳明感到不可思议，便去一探究竟。

刚一见面，王阳明就对他大喝一声：“你这位和尚，终日口巴巴说什么？终日眼睁睁看什么？”

王阳明的这一当头棒喝，令和尚震惊不已，睁开了眼，也张开了口。

王阳明问他：“你家里还有什么人？”

和尚回答：“老母亲还在。”

王阳明又问：“想念她吗？”

和尚回答：“不能不想啊！”

王阳明说：“你既然不能不想，虽然终日不说，心里却一直在说；虽然终日不睁开眼睛看看四周，心里也已经看见了。”

和尚双手合十，深深施礼，说：“檀越真是妙语惊人，还望开示。”

王阳明说：“人生在世，想念父母乃是天性，人之常情，怎么能够断灭。你说不能不想，那是你的真性发现。俗话说得好，爹娘便是灵山佛，不敬爹娘敬何人？一个人若连自己的亲人都不顾，即使真知神仙之术，又有什么用？”

王阳明的一番话，说得那位闭关三年的和尚痛哭流涕。

翌日，王阳明再去虎跑寺，寺僧告诉他，那个和尚五更天便收拾行囊，踏上了回家的路。

经过这一番体证后，王阳明开始意识到，佛道乃“簸弄精神，非道也”，遂与佛道决裂，此为王阳明思想之二变。

觉悟后的王阳明，自叹于佛道“错用了三十年气力”，遂归本孔孟，终于找到了他通往“圣人之道”的根本途径，此为王阳明思想之三变。

“却笑从前颠倒见，枝枝叶叶外头寻。”

王阳明人生和学问的真正大觉悟，是在贵州龙场“居夷处困，动心忍性”之后。

三十五岁，王阳明在京师。

彼时，武宗初政，宦官当道，朝政腐败。

王阳明满怀正义，抗疏议政，结果触怒太监刘瑾，被庭杖四十，既绝复苏，谪贵州龙场。

去往贵州的路上，刘瑾派人一路追杀，王阳明几次险遭不测。

“夜静海涛三万里，月明飞锡下天风。”

三十七岁，春天，王阳明百死千难，辗转到达龙场。

初到龙场，无立锥之地，只好栖身山洞，自命“阳明小洞天”。

他自做一石棺，躺在里面，直面生死。

一个风雨之夜，王阳明于半夜中突然坐起，放声长啸。这一声长啸，如一道闪电，照破山河万朵，照彻万古长夜。

这就是石破天惊的“龙场悟道”。

“龙场悟道”，“尽去枝叶，一意本原”，如“赤日当空，万象毕照”，使王阳明得出了“心外无物，心外无理”“吾性自足”的结论。

从此，一代哲人，立地而起，横空而出，以全新的思想，开启了生命之圆成境界。

王阳明有一个著名的“岩中花树”的公案。

有朋友质疑：山中的花树，花开花落，与你的心有何相干？

王阳明说：这些花你没有去看它的时候，它处于“寂”的状态，花开花落与你不相干；而当你去看它的时候，一时间，它的颜色就明白起来。

可见，花不在我们的心外。

王阳明的“心外无物”，并非主张“心生万物”，而是主张“心物同一”。

他说：“我的灵明离却天地鬼神万物，亦没有我的灵明。如此便是一起流通的，如何与他间隔得。”

这里所谓的“灵明”即良知，也就是心。

究其根本，王阳明的“心外无物”乃天台宗智顗的“一念三千”儒化而来。

在王阳明看来，儒、佛之道是一致的，只不过说法不同而已。

儒、佛者，“德一而已”，“皆是道也，宁有二乎？”如释氏的“本来面目，即吾圣门所谓良知”。

他开明地称“心即理”，“如佛家说心印相似”。

他宣称：“儒佛老庄皆吾之用，是之谓大道。”

纵浪大化中，不喜亦不惧。

应尽便须尽，无复独多虑。

这是陶渊明《形影神》诗中的名句。

靖节先生未曾想到，数百年之后，有一位卓绝的哲人，用自己的身体力行和不世之功，实现了他诗里表达的人生境界。

这个人就是“五百年来一完人”的王阳明。

明嘉靖八年（1529年）十一月二十九日凌晨，一代心学宗师王阳明，在平叛广西匪患后，自江西赣江返乡途中，溘然长逝，享年五十八岁。

临终时，弟子周积问：“老师有何遗言？”

王阳明平静答道：“此心光明，夫复何言？”

言毕，瞑目而逝。

生，光明磊落；死，心无挂碍。

那一刻，红日初升，江上霞光一片。

王阳明有一个弟子叫徐樾。生前的一天晚上，王阳明把他叫到自己在江上的船中，为其讲学。为了开导他，王阳明指着船中蜡烛上的光芒说：“这是光吧？”

徐樾点头称是。

王阳明又指着船舱中空白的地方说：“这也是光。”

徐樾再次点头。

接着，王阳明又指着舱外，江面上被烛火映照的地方说：“这也是光。”

徐樾眉头紧蹙，恍然大悟。

王阳明看他有所顿悟，笑着说：“你明白了吧？光不止在烛上！”

好一个光不止在烛上！

人生何尝不是一场光明和黑暗的较量与抉择。

格局大了，眼光高了，心底无私，心外无物，光明无处不在。

此心光明，夫复何言！

隆庆年间，穆宗亲书为王阳明拨乱反正，称之为“两肩正气，一代伟人”，追谥号“文成公”。

万历年间，王阳明配祀孔庙，成为儒家之圣。

清代学者马士琼，称誉王阳明为中国历史上罕见的立功、立德、立言“三不朽”式的伟大人物：“唐、宋以前无论已，明兴三百年，名公巨卿间代迭出，或以文德显，或以武功著，名勒旗常，固不乏人，然而经纬殊途，事功异用，俯仰上下，每多偏而不全之感。求其文起八代之衰，道济天下之溺，忠犯人主之怒，勇夺三军之气，所云参天地，关盛衰，浩然而独存者，惟我文成夫子一人而已。”

王阳明生前开创的“心学”，融合了儒、释、道三家之精髓。他在百死千难中积累的人生经验与智慧，成为一笔宝贵的精神遗产，一剂心灵的解药，一种强大的思想武器，激励着一代又一代的后来人。明代的张居正、徐文长、汤显祖、袁宏道、李贽、徐光启，清代的顾炎武、黄宗羲、王夫之、曾国藩、左宗棠，民国时期的孙中山、宋教仁、章太炎、梁启超……都是他的忠实信徒。

在台湾，阳明书院、阳明学校随处可见。蒋介石一生崇拜王阳明，精读《传习录》，根据其心学中的“大中至正”，将其名字改为“蒋中正”，甚至将台北一座草山改名为“阳明山”。

在日本，海军大将东乡平八郎背碑云：“一生伏首拜阳明。”

明治维新时期的“维新三杰”之一西乡隆盛说：“修心炼胆，全从阳明学而来。”

基于此，哈佛大学教授杜维明断言：“21世纪是王阳明的世纪。”

唐伯虎

世事灯前戏，人生水上泡

前程两袖黄金泪，公案三生白骨禅。

——*唐寅*

若论文采风流，无人能出唐伯虎之右。

他是家喻户晓、妇孺皆知的“江南第一风流才子”，明宪宗成化六年（1470年）出生。因其生年岁在庚寅，故取名“寅”；又因寅在十二生肖中属相为虎，且身为长子，故称“伯虎”；又因虎为百兽之王，后又改字“子畏”，号鲁国唐生、桃花庵主。

唐伯虎是苏州府吴县（今江苏苏州）人，少年便博学多才，十六岁考中秀才，独占魁首，二十九岁参加应天乡试，高中解元。翌年，入京会试，因受科场舞弊案牵连，被捕入狱，贬谪为吏，耻不就任。从此，他绝意仕途，放浪形骸，啸傲林泉，一生寄情诗文书画，“闲来写幅青山卖，不使人间造孽钱”。

一天，唐伯虎悄然来到浙江天台山国清寺。他一路跋山涉水，寻幽览胜，从雁荡山迤逦而来，风尘仆仆，口干舌燥，进入寺院客堂，即向知客僧了心和尚讨茶吃。了心见来人举止潇洒，气度不凡，忙招呼客人上座，奉上华顶云雾香茗。唐伯虎啜饮一口，倍觉神清气爽，颊齿留香。答谢道：“承蒙师父盛情，无以为报，奉上纸扇一柄，万望笑纳。”

了心展扇一看，只见扇面上题诗一首：“半醒半醉日复日，花落花开年复年。但愿老死花酒间，不愿鞠躬车马前。”诗意超迈出尘，书法行云流水，及至看到落款“吴门唐寅”时，惊喜万分，连连道：“解元公大驾光临，古刹生辉，有失远迎。”

唐伯虎欠身道：“入寺叨扰，不敢当。”

宾主稍坐片刻，了心和尚陪唐伯虎烧香礼佛。从笑口常开的弥勒到怒目圆睁的金刚，再到法相庄严的罗汉，转眼来到观音殿。但见满堂观音，金光耀眼，唐伯虎法喜充满，驻足瞻仰。

唐伯虎问：“观音是大乘菩萨之一，梵文本译作观世音，为了避唐太宗李世民讳，略称观音。唐宋时的观音为男身，到了元朝，为了弘扬佛教，吸引妇女信佛，遂改为女观音。请问这里面目身态不一的菩萨该称什么菩萨？”

了心和尚答：“观音能广化众生，《法华经·普门品》说他有三十二即应化身，所以，你这里看到的都是观音的化身，有千手千眼观音、鱼篮观音、白衣观音、杨柳观音、嗅花观音……”唐伯虎点头称是，目光朝一个个观音移过，停留在嗅花观音的妙相上，只见嗅花观音风姿绰约，手持鲜花，面容慈祥庄严，油然而生敬意，不禁虔诚地跪拜起来，心头诗潮如涌，脱口而出：

拈花微笑破檀唇，悟得尘埃色相身。
办取凤冠与霞帔，天台明月礼佛真。

有了这次因缘，我们就不难理解唐伯虎晚年缘何看破红尘，皈依佛门。

明正德九年（1514年），明宗室宁王朱宸濠蓄意篡夺皇位，拉拢名士。唐伯虎涉世不深，被宁王重金征聘到南昌，后发现自己身陷宁王政治阴谋之中，遂佯狂疯癫，得以脱身。宁王起兵反叛，被朝廷平定，唐伯虎幸而逃脱杀身之祸，但也因此带来不少麻烦。

“世事灯前戏，人生水上泡。”

浓情过后，心火转凉。

不惑之年的唐伯虎遂虔心向佛，皈依三宝，沉迷于禅理佛境的哲学思考之中，如他写的《达摩赞》《释迦如来赞》，称如来“西方有大圣人，不言而自信，不治而不乱，巍巍乎独出三界之外，名之为佛”，今日读来，颇有深意。

将生命化作那朵莲花，功名利禄全抛下。

唐伯虎似乎看透了世情险恶，看破了人生虚幻，正如《金刚般若波罗蜜经》所言：“一切有为法，如梦幻泡影，如露亦如电，应作如是观。”他明心见性，自号“六如居士”，后又自制一方印章，曰：“逃禅仙吏”。

唐伯虎缘何取号“六如”，另有两说：一说来自他的师友王鏊，“书如伯喈（蔡邕）、文如相如（司马相如）、诗如摩诘（王维）、画如钟繇（张僧繇）、气如湖海之豪，貌如山泽之癯”；一说为时人认为可能采自“苏门公啸有六如：一如深溪虎，一如大海龙，一如高柳蝉，一如巫峡猿，一如华丘鹤，一如潇湘雁”。

我问你是谁？你原来是我；我本不认你，你却要认我。

嘻！我少不得你，你却少得我；你我百年后，有你没了我。

唐伯虎一生科场失意，怀才不遇，终身未踏入仕途，穷困潦倒，靠卖文鬻画为生。然而，在不公的命运面前，他并未消极沉沦，自暴自弃，而是随缘任运，超脱世情，看破红尘，且以自在过生活。以一颗平常心，体察大千世界，应对滚滚红尘，以致其书画臻达炉火纯青之境。

桃花坞里桃花庵，桃花庵里桃花仙。
桃花仙人种桃树，又摘桃花换酒钱。
……
别人笑我忒疯癫，我笑他人看不穿。
不见五陵豪杰墓，无花无酒锄作田。

曹操

天下英雄谁敌手

曹操，字孟德，一名吉利，小字阿瞒，沛国谯（今安徽亳州）人。东汉末年杰出的政治家、军事家、文学家，三国中曹魏政权的奠基人。

他戎马一生，南征北战，在北方广泛屯田，兴修水利，发展冶铁，轻徭薄赋，终致兵足粮丰，克定天下。

他唯才是举，打破世族门第观念，抑制豪强，广揽人才，赏罚分明，提出“不官无功之臣，不赏不战之士”的用人理念。

他雄才大略，精于兵法，著有《孙子略解》《兵书接要》《孟德新书》等兵书。

他善诗歌，通音律，精词章，气魄雄伟，慷慨悲壮，写出了《短歌行》《观沧海》《龟虽寿》《蒿里行》等千古名篇，史称“建安风骨”。鲁迅评价其为“改造文章的祖师”。

由于《资治通鉴》《三国演义》等将其丑化，曹操被写成了“篡逆”的“奸雄”，诚如时人许劭的评语：“治世之能臣，乱世之奸雄。”

其实不然，历史上真实的曹操，不仅有盖世之才，纳贤之德，而且精于诗词，长于军事，善于书法，可谓文武双全。

曹操不仅是杰出的政治家、军事家、文学家，还是一位书法家，在书法史上也占有一席之地。

有书法理论家评出汉朝末期“章草五大家”，即崔瑗、崔实、张芝、张昶、曹操。

南朝的书论家庾肩吾在其《书品》中，把自汉以来的一百多位书法理家的作品分为上、中、下三品，每品又分作上、中、下，共九品。上品三个人：张芝、钟繇、王羲之。曹操被列入中中之品，与专业书家相比已算不错了。《书品》评价曹操的书法，四个字：“笔墨雄赡”。

及至唐代，张怀瓘在《书断》中将曹操的书法评为“妙品”，评价其“尤工章草，雄逸绝伦”。

《唐人书评》一书，称赞曹操的书法如“金花细落，遍地玲珑；荆玉分辉，瑶岩璀璨”。

曹操一生劳形于政治诡谲、军事征战，习练书法的机会极少。据史载，曹操喜欢读帖、揣摩，用书法术语来说叫“意临”，经常与当时著名的书法大家钟繇、梁鹄、邯郸淳、韦诞、孙子荆等人切磋书艺。

梁鹄在汉灵帝时做过选部尚书，当时曹操刚刚踏入仕途，想做洛阳令，梁鹄却让他做了洛阳北部尉。董卓作乱时，梁鹄投奔荆州，曹操平定荆州后，梁鹄登门谢罪。

曹操因欣赏他的书法，不但没有治他的罪，反倒让他代理司马一职，以发挥他书法上的特长。曹操还特地把梁鹄写的字挂在帐中，日夜揣摩。

彼时，魏宫中梁鹄题写的匾额俯拾即是。

曹操与钟繇之间，亦有一段故事，传为千古美谈。

据唐代张怀瓘《书断》称，魏钟繇，字元常。少随刘胜入抱犊山，学书三年，遂与曹操、邯郸淳、韦诞等谈论书法用笔。钟繇一生于书法情有独钟，知书家蔡邕留给韦诞一部论笔法的专著，想借阅，却遭到拒绝。他又气又恨，呕血不止，奄奄一息。

曹操得知后，将自己专用的五灵丹拿给钟繇服用，钟繇才得以保命。韦诞死后，以此书殉葬。钟繇派人盗掘韦诞坟墓，终于得到此书。

从此，钟繇笔法更加神妙。

钟繇聚精会神地学习书法，睡觉前用手指在被子上练习笔画，致使被子被划穿了；在厕所练习整天忘了回来。无论看见什么东西，都要用书法把它们表现出来，堪称“书痴”。钟繇善写楷书、行书、草书，尤擅汉隶。

晋代陆云在给陆机的信中说：“曹公藏石墨数十万斤。”由此可见，曹操也很痴迷书法。

曹操虽善书，但由于忙于战事，无暇写字，流传于世的墨迹很少。宋郑樵在《通志·金石略》中，仅收录曹操书写的一篇《大飨碑》；明杨慎在《丹铅总录》中，也只是说到元朝时还有曹操书写的《贺捷表》；清叶奕苞在《金石录》中说，曹操在武昌黄鹤楼侧曾写有正书“涌月台”三字，并说“特大，凛凛有生气”。

目前，唯一能见到曹操手书真迹的只有两字，即他当年征汉中时写在石门南褒河一块大石上的“衮雪”，书体为汉隶大字，被列为褒谷摩崖石刻十三品之第一品，现藏于汉中市博物馆内。

据《三国志·魏书·武帝纪》载，曹操于建安二十年（215年）和建安二十四年（219年）两次来到汉中，曾登临褒谷故地，一览大好河山。但见石门外幽谷深滩中，石多浪激，水花四溅，飞流奔泻，汹涌澎湃，犹如白雪翻滚之雪浪，曹操逸兴遄飞，挥笔写下“衮雪”二字于谷中石尖，以喻褒谷山水之美。

从书法艺术来看，“衮”字一撇一捺，舒展超逸，挑起浪花，像湍急的水流，给人以张扬、不羁、奔腾、激荡的阳刚之气；“雪”字则安逸静谧，平和内秀，显示出娟秀清丽的阴柔之美。两字合二为一，则刚柔并济，仪态万方。

“衮雪”二字，不仅表现出褒谷涛走云飞的气势，更显示出魏武帝澄清寰宇的气魄与壮志。

清人罗秀书评价“衮雪”二字：“今见其书如此，如见其人矣……滚滚飞涛雪作窝，浪花并作笔墨舞，魏武精神万顷波。”

相传，曹操题完“衮雪”后，众将士齐声喝彩，魏王好不快意。彼时，一随从提醒他，“衮”字缺三点水。曹操抚掌笑曰：“江中之水甚矣，何须画蛇添足？”众大悟赞好。

曹操去世四五百年之后，唐太宗写诗追怀，赞曰：“英雄割据虽已矣，文章风流今尚存。”

鲁迅先生在《魏晋风度及文章与药及酒之关系》一文中，亦曾写道："曹操是一个很有本事的人，至少是一个英雄。我虽不是曹操一党，但无论如何，总是非常佩服他。"

"往事越千年，魏武挥鞭"。姑且抛开政治、军事不论，仅从文学与书法造诣来讲，曹操堪称一代大家。

李耳

如其所是，顺其自然

老子，是中国哲学之父，也是我最爱读的先贤圣哲之一。他虽然离我们很遥远，但是，他的思想已浸透到我们每个人的血脉之中，影响着一代又一代人的生活。我们思考问题、言谈举止之间，往往不知不觉地和老子产生千丝万缕般的关系，只不过大家没有觉察到罢了。

我这里不妨举些例子。今天人们都知道一个理念叫“有所为，有所不为”，很智慧，也很辩证。其实，老子就是最讲究“有为”与“无为”的，而且他特别提醒大家注意那容易被忽略的“无为”的这一面。他有句名言：“无为而无不为”（《老子》第三十八章），多么富于辩证色彩！

又比如，你想做大事，对这句话一定不会陌生：“千里之行，始于足下。”谁说的？老子！老子说：“合抱之木，生于毫末；九层之台，起于累土；千里之行，始于足下。”

（《老子》第六十四章）

再比如，你立志高远，有所作为，就不要满足于自己的小成绩，可以用一句话来鞭策自己，叫“大器晚成”（《老子》第四十一章）谁说的？老子！你一旦成功了，就要淡泊名利，“功成身退”（《老子》第九章），这也是老子来告诫你的。

生活中，不如意事十有八九，当有人受灾罹难，大家要去安慰，人们常说一句话：“祸兮福之所倚，福兮祸之所伏。”这句话就出自（《老子》第五十八章），他老人家教你辩证地看待一切，把握时机进行转化。

你发了财，就会有句提醒你的话：“金玉满堂，莫之能守。”（《老子》第九章）谁说的？老子！如果你发不了财，老子也有句开导你的话：“知足者富”（《老子》第三十三章）“知足不辱，知止不殆，可以长久。”（《老子》第四十四章）后来我们不就有了“知足常乐”的理念了吗？

再比如，罪犯、歹徒、贪官等落网了，大家就说：“法网恢恢，疏而不漏。”谁说的？老子！老子说：“天网恢恢，疏而不失。”（《老子》第七十三章）

我们去公园晨练，看到有的人打太极拳，动作行云流水、绵绵不绝，但是一个太极高手，可以把一个大汉推出一丈开外。为何？这其中就蕴含着老子说过的道理：“柔弱胜刚强。”（《老子》第三十六章）

你再看，有的人喜欢下围棋，有的人喜欢练书法，书法家和围棋高手经常说一句话，叫“知白守黑”，这也是老子说的。老子说：“知其白，守其黑。”（《老子》第二十八章）

此外，还有“上善若水”（《老子》第八章）、“宠辱不惊”（《老子》第十三章）、“和光同尘”（《老子》第四章）、“出生入死”（《老子》第五十章）、“大巧若拙”（《老子》第四十五章）等。这些理念都一一融化在我们的生活当中、行为当中、思想当中，指导我们的生活，矫正我们的行为，提升我们的思想。

老子是一位充满传奇色彩的人物。按唐代张守节《史记正义》注文引《朱韬玉札》和《神仙传》记载，他“身长八尺八寸，黄色美眉，长耳大目，广额疏齿，方口厚唇，额有三五达理，日角月悬，鼻有双柱，耳有三门，足蹈二五，手把十文”。

司马迁花了十八年的心血，写下了526500多个字的皇皇巨著《史记》，但是在为老子这位道家圣人作评传时，很可惜，只写了450多个字。因为史料太少，司马迁又很严谨，他起笔只写下了寥寥27个字：

老子者，楚苦县厉乡曲仁里人也。姓李氏，名耳，字聃，周守藏室之史也。

这是介绍了老子的籍贯、姓氏、职务。老子是春秋时期楚国苦县厉乡曲仁里人。苦县厉乡曲仁里何在？有人说在今天的河南鹿邑县城东，在那里还有许多有关老子的遗迹。不过，也有学者认为老子的故乡在安徽的涡县地区。

老子的工作是周朝的守藏室之史，这个职务相当于今天的国家图书馆馆长。

古人有个以孩子的特征来取名的嗜好。

相传老子一生下来，他的父母发现这个孩子跟别的孩子不一样，耳朵特别大，于是就给他取名“李耳”。老子又名老聃，聃就是耳朵大的意思，也有人说是耳朵没有耳轮。以致后来的画家、雕塑家都把老子的大耳朵凸显出来了。如果今天你到福建清源山去旅游，就会被道教老君岩一个特大耳朵的老子石刻像所吸引。

老子本姓李，为什么又叫老子呢？据说老子生下来不仅耳朵大，而且还有白胡须、白眉毛，于是人们就称他为老子了。至今，民间还流传着关于他的神话。

《史记正义》引的有关资料，其中有一条说："李母怀胎八十一载，逍遥李树下，乃割左腋而生。"

老子的母亲怀孕竟然长达八十一年，临盆的时候来到一棵李树下，割开左腋，生下了老子。他出生时已经有八十一年的孕期了，这大约就是为什么会有白胡须、白眉毛的原因了。

不过，学者还有文雅的说法。《史记正义》就另有一说：老子是个号，"老"就是"考"，"子"就是"孳"的意思，也就是"考教众理，达成圣孳，乃孳生万物，善化济物无遗也"。他是圣人，研究了许多道理，善于育化别人，济物又没有遗留，神圣地滋生出万物，因此就叫他老子了。

关于老子此人，司马迁在《史记》中提到几个有关人物：一是老莱子，为楚国人，与孔子同时；二是"自孔子死之后百二十九年"，有一位"太史儋"，曾见过秦献公；三是战国魏国将军李宗的父亲。然而，这些人到底是否是老子，连大"史圣"司马迁也只是"或曰""世莫知其然否"。也就是说，世上没有人知道那些说法是对还是谬。

再比如说，老子活了一百六十多岁，也有人说活了二百多岁，也不可考证了。大约老子是一位长寿的人。

孔子三十多岁后，在社会上已经有些影响了，但是他还一如既往，谦虚好学。当时老子名气很大，孔子决定去拜见老子，向他“问礼”。鲁国的君主鲁昭公特意为他提供了车马仆役，还有人陪同。于是，孔子千里迢迢，从鲁国陬邑（今山东曲阜）沿着滔滔黄河，一路向西，来到了周王朝的都城洛邑（今河南洛阳）。今天在洛阳市东关大街北侧，有一座牌坊，内有古碑，上刻“孔子入周问礼处”。

传说那天老子刚沐浴，正在晾头发。古人的头发是不许剪断的，因为身体发肤是父母给的，一辈子都不能剪断，否则就是不孝。所以男人的头发与女人一样长，而且要比现代女性的头发长得多。

孔子一踏进门，就被眼前的情景弄傻了。只见老子披着长长的头发，迎风而立，微微抬头，双目似闭非闭，面上似笑非笑，神情似醒非醒。树叶飘过，不动声色；微风拂面，声色不动，俨然一千年枯树，默然耸立。孔子心生疑惑，这就是当代最有名望的大思想家、大学问家老子？怎么会是这个样子，形同枯木？不过孔子很有礼貌，未打扰老子，默默地退了出去，静静地等候着。

当我读到《庄子》里的这段描述时，心里就有一种莫名的感动。这时，我的眼前就会出现大西北沙漠中的胡杨。它们默默地挺立于天地间，风动，沙动，水动，而它们岿然不动。生时一千年不死，死后一千年不倒，倒后一千年不朽！老子多么像它们啊，已经达到何等玄妙深邃的境界啊！

果然如此，当孔子会见老子，和他谈论时，孔子好像被老子带到了一个神奇的大海边上，看到了从来没有看到过的智慧的波浪，听到了从来没有听到过的哲理的涛声。

至于孔子向老子问了什么，老子又是如何回答的，历来说法不一。

一种说法是，孔子问老子周礼，老子说天下一切都在变，不应该再固守周礼了。另一种说法是，老子以长辈的身份开导孔子，君子要深藏不露，避免骄傲和贪欲。他是这样告诫孔子的："一个了不起的商人，深藏财货，而外表看起来好像是一无所有；一个有修养的君子，内藏道德，而外表看起来好像是愚蠢迟钝。你要去掉骄傲之气和贪欲之心，这些对你都没有益处。"

孔子的心灵被震撼了。据说孔子见完老子回去以后，几天没有讲话，而是深深地陷入沉思默想的状态中去了。后来学生要孔子谈谈对老子印象，孔子大发感慨：“真了不起啊，老子是人中之龙啊！而我只好像是瓮罐中的一只小小的飞虫啊！”（《庄子》）

孔子的学生不懂，进一步问老师，为什么称老子为龙呢？孔子说：“如果是只鸟，我当然知道会飞；如果是条鱼，我当然知道会游；如果是只野兽，我当然知道会跑。是鸟，就可以用箭射它；是鱼，就可以用线钓它；是野兽，就可以用罗网捕它。至于一条龙，我就不知它是怎样乘着风、驾着云遨游太空的。所以说老子是龙啊！”（《史记》）

对孔子和老子的这次晤面，当代著名学者余秋雨有着诗意的描写与高度的评价。他在《古道西风》一文里这样写道：

认真说起来，这是两位真正站在全人类思维巅峰之上的伟大圣哲的见面，这是中华民族两个精神原创者的会合。两千五百二十年前这一天的洛阳，应有凤鸾长鸣。不管那天是晴是阴，是风是雨，都贵不可言。

只有真正遇到同样品级的对话者，最好是对手，才会产生着了魔一般的精神淬砺。淬砺的结果，很可能改变自己，但更可能是强化自己。这不是固执，而是因为获得了最高层次的反证而达到新的自觉，犹如长天和秋水蓦然相映。

在中国文化的时空里，如果说老子是一条龙，那么孔子就是一只凤。正是这一老一孔，一龙一凤，一道一儒，才将中国的传统文化演绎得如此富丽多彩、生机勃勃。

老子看到周王朝衰败得不成样子，气数已尽，无力挽回颓势，也不必去救。一切都顺其自然，那才是天下大道。

于是，他决定到关外的大漠荒烟中去，隐居终老。

他骑着青牛，向函谷关出发。

老子一路向西，向西域走去，途经函谷关（另外一说为大散关）。函谷关在今天的河南灵宝县（现灵宝市），后来关口迁移到今天的河南新安县。这里两山对峙，中间一条小路，又深又险，好像在函子里一样，所以取名为函谷关。

守关的长官是尹喜，人称关令尹喜。这一天他正站在城关上瞭望，只见关谷中有一团紫气从东方冉冉飘来。关令尹喜是一位修养与学识极其高深的人。他一看这种气象，知道一定有圣人要来了。

于是，关令尹喜沐浴更衣，静候老子到来。

在关令尹喜热切的目光中，一位仙风道骨的人骑着一头青牛慢慢地向关口走来。

此人正是著名的思想家老子。

关令尹喜看到未曾给世间留下过文字的周朝守藏室史官要出关隐居，便提出一个要求：能否留下一篇著作，作为放他出关的条件？

这个要求，对老子来说未免有些过分，有些为难。

好在老子总是遇事不争，居然答应了。

老子被关令尹喜延请到陕西周至的楼观台。在秦岭的山岚雾霭中，在昏暗的清油灯下，老子澄怀观道、妙思迁想，将他的智慧一字一句地写在了竹简之上。就这样，一部伟大的著作横空出世了！据说，关令尹喜读到这样美妙的著作，被深深地吸引住了。他再也不想做什么边境官了，索性跟着老子一起出走了。

老子写完后，就出关了。没有人知道他的下落，司马迁说“莫知其所终”。

不过现在有学者认为，老子出关的大体行程路线是：出函谷关（今河南灵宝市东北），过大散关（今陕西宝鸡市西南），入甘肃，经游天水、陇西、临洮、兰州、酒泉等地后，又回到陇西邑，落户临洮，最终在临洮东山“飞升”。其子嗣在此繁衍生息。唐太宗李世民所修《氏族志》称：

“李氏凡十三望，以陇西为第一。”后世天下李氏都称老子为李姓“太上始祖”。老子西行落户甘肃之后始有“天下李氏出陇西”一说。由此可断李氏之一脉，其根以老子李氏一脉为宗。

如今，每年都有大量的海内外李氏后裔，不远万里到甘肃临洮“陇西堂”寻根问祖。

此一论断，为老子晚年最后的踪迹提供了一些可资研究的宝贵线索。

老子出关一直被人们津津乐道地传说着，演绎着。鲁迅先生也对此产生过浓厚的兴趣，专门创作了故事新编《出关》，还与别人打过一场笔墨官司。

现在通行的老子书，都分上下两篇。上篇的第一句是“道可道，非常道”；下篇的第一句是“上德不德，是以有德”。后人便取上篇的“道”字和下篇的“德”字，合称老子所写的书为《道德经》。但是，1973年长沙马王堆三号汉墓出土的帛书《老子》，不仅不分上下篇，而且德经在前，道经在后，文字也略有差异。

《史记·老子韩非列传》中说：“老子乃著书上下篇，言道德之意五千余言。”这和现行的《道德经》相吻合。我认为司马迁的说法应该是可信的。

《道德经》采用哲理诗的形式写成，整个哲学思想由“道”来展开。“道”是老子思想的主要范畴，“道”字在书中出现了七十余次。老子认为：道是一种混沌未分的原始状态，是天地之始，万物之母，是化生天地万物的本原；道是一种超乎时空的形而上的存在，它既不能依知觉去验证，也无法用言语来称道，所以老子起首就开宗明义地说：“道可道，非常道；名可名，非常名。”这与佛家的“说是一物即不中”道理相同。

道是不可言说的，绝非人们的感官所能感触认识到的，所以，老子说它“无状之状，无物之象，视之不见，听之不闻，博之不得”（《老子》第十四章）。道常无名，就像水一样，悄悄地流淌着。它避高趋下，不受任何阻碍；它随物赋形，不受任何约束；它滋养万物，不求任何回报；它无所不利，终却无迹可寻。老子认为，人也应该这样，把生命渗透于沙漠，蒸发于旷野，也就谁也无法侵凌了，“以其终不自为大，故能成其大。”（《老子》第三十四章）

《道德经》包含丰富的朴素的辩证法思想，比较系统地揭示了事物互相对立依存的关系。老子认为善恶、美丑、长短、高下、难易、进退、有无、轻重、虚实、曲直、静躁、阴阳、黑白、祸福、生死、强弱、刚柔等都是对立的统一，失去了一方，另一方也不能存在。他体察到事物的矛盾会相互转化，“反者道之动”是事物运动的规律。

在认识论上，老子则主张“涤除玄览”，静观万物的循环演变。他不重视经验知识，认为“不出户，知天下”。

在政治思想上，老子主张无为而天下治，并描绘了一幅“甘其食，美其服，安其居，乐其俗。邻国相望，鸡犬之声相闻，民至老死，不相往来”（《老子》第八十章）的“小国寡民”的“世外桃源”图。他反对儒家的仁义道德，主张“绝仁弃义，绝巧弃智，抱道守一”。

《道德经》不仅被道教徒奉为修持的圭臬，也成为指导人们生活的哲理书，事业创新的智慧书，被社会方方面面广泛地学习运用。唐玄宗说：“（《道德经》）其要在于理身、理国。理国则绝矜尚华薄，以无为不言为教。理身则少私寡欲，以虚心实腹为务”；宋代苏辙说：“言至道无如五千文”；明太祖说：“朕虽菲材，惟知斯经乃万物之至根，王者之上师，臣民之极宝”；清世祖说：“老子道贯天人，德超品汇，著书五千余言，明清静无为之旨”；清代思想家魏源说：“老子之书，上之可以明道，中之可以治身，推之可以治人”；近代文学家林语堂说：“老子的隽语，像粉碎的宝石，不需装饰便可自闪光耀”；哲学家金岳霖说：“中国思想中最崇高的概念似乎就是道”；哲学家张岱年说：“中国古典哲学的最高范畴是‘道’，而‘道’的观念是老子首先提出的”。

《道德经》作为道家学派开山之作，是中国文化史上的一座丰碑。千百年来，为《道德经》作注疏者不计其数，其中既有号称“九五之尊”的皇帝，又有名垂千古的文人学士；既有道教徒，也有佛教徒。

从先秦诸子到宋明大儒，在哲学思想上大都受到过《道德经》的启迪。在历代兵家那里，《道德经》的影子也是随处可见。为史家所称颂的汉代“文景之治”和唐代“贞观之治”，也都是以《道德经》的清静无为思想作为治国理念的。《道德经》对中国古代政治、哲学、军事、文学、艺术乃至中国人的民族性格和民族精神都产生了巨大的影响。

《道德经》不仅影响了一代又一代的中国人，还在世界范围内获得了广泛的传播，成为全人类共同的精神财富。据联合国教科文组织统计，世界上几千年来被翻译成外文而广泛传播的著作，第一是《圣经》，第二是《老子》；《纽约时报》公布，人类古往今来最有影响的十大作家，老子排名第一；全世界哲学素养最高的德国，据调查，《老子》几乎每家一册。

许多外国的哲学家、科学家、政治家、企业家都深受

《道德经》思想的影响，并从中受到启发，诸如黑格尔、罗素、海德格尔、托尔斯泰、爱因斯坦、李约瑟、汤川秀树等都对《道德经》给予了高度评价，美国前总统里根曾在国情咨文中引用了《道德经》中“治大国若烹小鲜”的话。

《道德经》中丰富的养生思想也日益受到广泛关注，许多国家都成立了以道家思想为指导的养生修炼团体。

这一切，关令尹喜功不可没。

李白

绣口一吐，就是半个盛唐

李白善写诗，“白也诗无敌，飘然思不群”“笔落惊风雨，诗成泣鬼神”，享有“诗仙”之美誉。

李白好饮酒，“花间一壶酒，独酌无相亲”“李白斗酒诗百篇，长安市上酒家眠”“五花马，千金裘，呼儿将出换美酒”，属“饮中八仙”之一。

李白精剑术，平日里，“宁知草间人，腰下有龙泉”；出行时，“抽剑步霜月，夜行空庭遍”。欢乐场，“起舞拂长剑，四座皆扬眉”；忧愁地，“三杯拂剑舞秋月，忽然高咏涕泗涟”“停杯投箸不能食，拔剑四顾心茫然”。醉酒后，“醉来脱宝剑，旅憩高堂眠”。不平事，“十年磨一剑，霜刃未曾试，今日把示君，谁有不平事”“托身白刃里，杀人红尘中”。可谓“剑不离身，身不离剑”。

李白爱交游，“五岳寻仙不辞远，一生好入名山游”“且就洞庭赊月色，将船买酒白云边”是他亲口说的。

李白懂外语，“醉草吓蛮书”，灭了渤海使者的气焰，涨了大唐帝国的威风。

李白有骨气，“仰天大笑出门去，我辈岂是蓬蒿人”“天子呼来不上船，自称臣是酒中仙”“安能摧眉折腰事权贵，使我不得开心颜”“黄金白璧买歌笑，一醉累月轻王侯”。玄宗斟酒、力士脱靴、贵妃捧砚至今传为千古美谈，甚至传说他“不能屈身，以腰间有傲骨”。

李白擅书法，谓予不信，有史为证。据孟棨《本事诗》载：“玄宗命白为宫中行乐诗，二人张朱丝阑于前，白取笔抒思，十篇立就。笔迹遒利，凤峙龙拿。”“笔迹遒利，凤峙龙拿”这寥寥八字就是李白擅书的最好明证。

黄庭坚写过一段跋语：

余评李白诗如黄帝张乐于洞庭之野，无首无尾，不主故常，非墨工椠人所可拟议。吾友黄介读《李杜优劣论》曰：“论文政不当如此。”余以为知言，及观其稿书，大类其诗，弥使人远想慨然。白在开元至德间不以能书传，今其行草殊不减古人，盖所谓不烦绳削而自合者欤?

孟綮、黄庭坚距李白生活的年代并不遥远，也许亲眼见到过李白流传下来的书作。只不过，李白的诗名太大，在“光焰万丈长”的诗名光环的遮蔽下，他的书名无形中便暗淡了三分。直到今天，知道的人亦不多。

另据宋《宣和书谱》记载，宋廷内府收藏的李白书作计有行书《太华峰》《乘兴帖》两种，草书《岁时文》《咏酒诗》《醉中帖》三种。此外，还有民间流传的“贵为箧笥之珍”而藏在箱底的。

由此可见，李白的书作也不少。遗憾的是，随着口头的传播与刊行，他的诗作流传下来了，他的书作却散失、消亡。尽管说“纸寿千年”，但终究逃脱不了战乱、火灾、水淹、虫蠹及其他难以预料的厄运。今天我们能够看到的唯一的一件李白的书法真迹，便是《上阳台帖》。

此帖在宣和末年进入内府，后流落民间，元代先后为张晏、杜本、欧阳玄等人收藏，明代被鉴藏家项元汴藏于“天籁阁”，清代先为安岐所得，再入内府，清亡后又散落民间，曾为一郭姓人家所得。中华人民共和国成立后，爱国民主人士张伯驹知道毛泽东酷爱书法，除了怀素外，还特别喜欢诗人“三李”（李白、李贺、李商隐）的书法，便把自己珍藏的李白书法真迹《上阳台帖》馈赠给毛泽东，后转赠故宫博物院珍藏。由是，这件稀世国宝才得以“诗意地栖居”。

山高水长，物象千万，非有老笔，清壮何穷。

十八日，上阳台书，太白。

据说，此帖乃当年李白在阳台宫为道教宗师司马承祯的壁画所题。此刻，我的思绪穿越千年时空，恍若梦回大唐。

唐朝是中国历史上贡献最大、国力最强、历时最长的王朝，无论在政治、经济、军事、外交还是文化、科技、宗教、艺术诸领域都取得了辉煌的成就。

它既有四方来贺、八方来朝的国威，又有兼收并蓄、开放包容的襟怀，还有曲江流饮、雁塔题名的风雅。唐代的翩翩佳公子李白自然不愿蛰伏于蜀中盆地，渴望鲲鹏展翅，有所作为。

开元十二年（724年）秋，二十四岁的李白“骇骥筋力成，意在万里外”，决意“仗剑去国，辞亲远游”，一路经巴渝、出三峡、抵江陵，与著名道士司马承祯相遇。司马承祯，字子微，号白云子，一向隐居在天台山玉霄峰，得道家真传，有服饵之术，是唐代著名的道教宗师。他先后多次被武则天、唐睿宗、唐玄宗召至京城。唐玄宗尊司马承祯为“全国道教首座”，并命其在王屋山自选形胜，置观以居。唐玄宗御书“廖阳殿”匾额，并派自己的胞妹玉真公主拜司马承祯为师，入王屋山修道，从此道风大盛。

李白与司马承祯，一个是刚从峨眉仙山下来的年轻道教信徒，潇洒出尘；一个是备受皇家尊崇、久居天台山的道门龙凤，鹤发童颜。李白敬仰子微道法玄远，子微欣赏李白有“仙风道骨，可与神游八极之表”。李白浮想联翩、诗兴大发，他觉得司马承祯好像是希有鸟，自己则好像是鲲鹏。只有希有鸟才能礼遇鲲鹏，也只有鲲鹏才能垂青希有鸟，当即作《大鹏遇希有鸟赋》，后改为《大鹏赋》。正是这次巧遇，为后来李白拜谒司马承祯及《上阳台帖》书法题跋埋下了伏笔。

天宝三年（744年），身为待诏翰林的李白，屡遭诽谤和谗害，不堪忍受政治的黑暗和官场的险恶，遂上书请辞，得以“赐金还山”，开始了他人生的第二次漫游。

这一年，是李白人生也是中国文学史上无法忽略的一年。

“诗仙”李白与“诗圣”杜甫在洛阳相会。

这次历史性的会晤，宛若两颗耀眼的巨星交相辉映在大唐乃至中国文学史的星空。也就是这一年，李白与杜甫结伴同游仅一河（指黄河）之隔的王屋山。

斯人已去，孤冢寂然，当年的司马承祯而今已长眠于地下，那满腔的幽愤与悲楚，如今向何人去诉说？当他徘徊于阳台宫殿内司马承祯的壁画前，睹物思人，定是心潮澎湃。想来，那《上阳台帖》定是李白在此情此景之下一挥而就的神来之笔！

如今，司马承祯的壁画已被战火及“文化大革命”的标语所遮掩，但遮不住的是《上阳台帖》那穿越时空的光华。

《上阳台帖》是李白唯一留存于世的真迹，是中国书法史上的奇葩。它是李白自书自咏的四言行草诗，苍劲雄浑而又气势飘逸，其落笔天成、纵放自如的书风，一如李白豪放俊逸的诗风。此帖之书风与欧、虞、褚、陆之风格迥异。

谈及《上阳台帖》书风，启功先生则有着自己独到的看法：“从墨迹的时代风格上看，这帖和张旭的《肚痛帖》、颜真卿的《刘中使帖》都极相近。当然每一家还有自己的个人风格，但是同一段时间的风格，常有其共同之点，可以互相印证。”我以为，此说十分允当。据明解缙《春雨杂述·书学传授》所载：“旭传颜平原真卿、李翰林白、徐会稽浩”，这说明李白草书来自张旭一脉。当代作家刘长春小持此观点，他认为“《上阳台帖》之作是李白受到张旭的影响，而又不愿重复张旭面目的天性释放和另一种创造”，正如元人郑杓所说的“太白得无法之法”。

《上阳台帖》虽仅有二十余字，却笔走龙蛇、飘然不群，前不见古人，后不见来者，有着极高的历史价值和艺术魅力，以至于后人给予了无上的褒奖。

宋徽宗赵佶跋文曰：“太白尝作行书，乘兴踏月，西入酒家，可觉人物两望，身在世外，一帖，字画飘逸，豪气雄健，乃知白不特以诗鸣也。”

元人张晏跋曰，“谪仙尝云：欧、虞、褚、陆真奴书耳。自以流出于胸中，非若他人极习可到。观其飘飘然有凌云之态，高出尘寰得物外之妙。尝遍观晋唐法帖，而忽展此书，不觉令人清爽”。

元代书法家欧阳玄观赏后，题诗云：“唐家公子锦袍仙，文采风流六百年。可见屋梁明月色，空余翰墨化云烟。”

明初宋濂跋《米南宫帖》时所论：“予尝评海岳翁书，如李白醉中赋诗，虽其姿态倾倒不拘礼法，而口中所吐皆成五色之龙。”

清人周星莲《临池管见》云：“新鲜秀活，呼吸清淑，摆脱尘凡，飘飘乎有仙气。”

东汉蔡邕《笔论》云：“书者，散也。欲书先散怀抱，任情恣性，然后书之。”意即为书法不仅是线条的舞动，笔墨的神韵，空间的布置，更是性情的宣泄，智性的书写。李白唯一存世书帖《上阳台帖》，在超凡脱俗的书法魅力之外，更收获一种“放之四海而皆准”的书法美学命题，那就是作书者，只有拥有开阔的襟怀，洒脱的怀抱，深厚的感情，自由的心境，才能够挥洒自如，下笔有神，千古流芳。

袁克文

才华横溢君薄命，一世英名是鬼雄

历史总会有惊人的相似之处。

“治世之能臣，乱世之奸雄”，这是东汉名士许劭对“一代枭雄”曹操下的评语，后来此语被很多人拿来用在了“窃国大盗”袁世凯身上。

无独有偶，袁世凯的两个儿子——袁克定和袁克文，也被人拿来比之为曹操的两个儿子——曹丕和曹植。

这不仅源于袁克定为了争夺帝位继承人而兄弟“豆萁相煎”的事实，也因为袁克文的才高八斗很容易让人联想到曹子建（曹植的字）。

袁世凯是个将才，少有大志，好读兵书，一生戎马倥偬，但他出身于簪缨之家、书香门第，从他的曾祖父以来，家里进士、举人出了不少。

袁世凯虽然学历仅限于秀才，但他幼承庭训，打心里是热爱文化的。他虽然是行伍之人，不热衷功名，但希望他的儿子走科举之路，博取功名。因此，在儿子教育上舍得花本钱，不惜重金遍请名师硕儒，培养出了“才比子建”的“民国四公子”之一的袁克文。

袁克文是袁世凯的次子，清光绪十六年七月十六日（1890年8月30日）出生，系袁世凯的三房姨太太金氏在朝鲜汉城（今韩国首尔）所生，后过继给大姨太沈氏。因袁世凯平定“壬午政变”有功，朝鲜王李熙送四位贵族女子予其做妾，其中就有王妃之妹金氏。因此，在袁克文的身上，除了有清朝重臣的血统，还流淌着朝鲜贵族的血脉。他后来聪明绝顶，大概与其混血儿的基因不无关系吧！

袁克文是个有来历的人，据他在《洹上私乘》中说：一日中午，其父假寐，梦见朝鲜王用金锁链拴着一头豹子赠他。他接受了，将豹子拴在堂下，喂以果食。豹子忽然挣断锁链，直蹿入内室，惊出一身冷汗，醒来却是南柯一梦。正疑惑是福是祸，下人来报信，说二公子出生了。袁世凯大喜：“原来老天赐给我一儿子！”彼时，金氏也梦到一巨兽，状似豹子。因梦中豹子色彩斑斓，袁世凯给次子赐名“克文”，字“豹岑”，亦作“抱存”，乳名招儿。及长，袁克文因收藏有宋人王晋卿《蜀道寒云图》，得物志喜，自署“寒云”，后以“寒云”行世。

还有一件奇事。据说袁克文满周岁“抓周”时，抓了一枚田黄石章料，袁世凯请人用那方上等田黄雕了豹形钮，篆阴文“豹岑”两字，系在袁克文腰间。这似乎冥冥中就有一种预示，袁克文长大后多才多艺，诗词歌赋、琴棋书画、金石考证无所不精。

袁克文自幼天资聪颖，博闻强记，过目不忘，有着“神通”之誉。袁克文的养母沈氏原本是青楼女子，才艺俱佳，能吟诗，善弹琴；生母金氏出身于名门贵族，是个才女，汉学功底深厚，琴棋书画无所不通。在两位母亲潜移默化、悉心调教下，袁克文开始发蒙读书，打下了扎实的“童子功”。他自称“六岁识书字，七岁读经史，十岁习文章，十有五学诗赋，十有八以荫生授法部员外郎”，有着“袁门子建”之美誉。

光绪二十七年（1901年），袁世凯升任直隶总督兼北洋大臣，举家迁往天津。袁克文就读于天津北洋客籍学堂。彼时，著名学者孙师郑任该学堂监督。生性自由的袁克文，对学堂严格而死板的教育不感兴趣。袁世凯便在家中设馆，延请著名学者严修、董宾古等人教授诸子。袁克文自恃博学多闻，常给老师出难题，几位西习（塾师）都管教不了他。

为了袁克文的教育，袁世凯煞费苦心，多方延揽名师。一次，袁世凯微服闲逛妓院，堂上有一副对联，令其眼前一亮，但见粗服乱头，枯笔怪字，联语曰：

少之时不亦乐乎；

卿以下何足算也。

上款为：翠喜大姐雅正；下款为：扬州大方嘱书。

他暗自思忖："此人集'四书'中的圣人言，用在这个腌臜的地方，也恰到好处，想必这位写家是个怀才不遇、落拓潦倒的角色。"于是，他向妓女翠喜打听大方的情况。翠喜将大方先生的故事和盘托出。

大方姓方，名尔谦，字地山，号无隅，江苏扬州人，生于清同治十年（1871年），父亲方沛森为同治丁卯科举人。他幼年失怙，与弟方泽山由长姊抚养成人。其父见兄弟二人聪颖多慧，故摒弃杂务，悉心课读，少时在乡里并负文名，时称"二方"，比作宋代的苏轼和苏辙。

据说，方地山十岁考中秀才，是个神童。其弟泽山十六岁时，考中江南乡试解元。而地山科场失意，于是，放纵不羁，饮酒赋诗，征歌选色，醉卧花丛。自称“大方”，腰间挂一铜印，上刻老子语“大方无隅”四字。喜风雅，广交游，文人雅士，三教九流，友朋满天下。

方地山在天津城南赁屋三间，置一大脚女子为妾，自署其门曰“大方家”。袁世凯慕名而来，登门求访，欲聘方地山为袁克文老师。方地山提出三大条件：第一，袁大人需像孟尝君对待冯谖那样，以名士待我；第二，如何教，主家不必过问，正所谓疑人不用，用人不疑；第三，月薪200银元。袁世凯一一应允，于是在家设馆，聘方地山为袁克文老师。

袁克文初见方地山，少年气盛，不肯行跪拜礼，问先生有何功名。方地山反问：“令尊大人不也没有功名吗？”继而，克文说要考考先生，遂口占一联：“酒酣欲化庄生蝶”。话音刚落，方地山脱口而出：“饭饱敢为孺子牛”，克文纳头便拜。

袁克文与方地山性情相投，一见如故，在方地山的教导下，勤奋好学，熟读四书五经，学业大进，诗词歌赋、琴棋书画无不涉猎，更学得一手作联硬功夫。人誉方地山为“联圣”，称克文为“联贤”。方地山自谓“文字多于语言，饮食少于男女”。

有一年除夕，袁世凯遣人问方地山是否续聘。方地山用红纸写了一副春联，表明其志，赠袁家东主：

出有车，食有鱼，多谢孟尝能客我；
金未尽，裘未敝，今年季子不还家。

袁世凯为留住方地山教授诸子，特意为他捐了四品衔。谁知方地山毫不领情，自撰一联悬于室内，自嘲曰：

捐四品官，无地皮可刮；
赁三间屋，以天足自娱。

“天足”指大脚妾。方地山放浪不羁、潇洒风流的名士做派，对袁克文影响至大。两人惺惺相惜，亦师亦友，日后结为儿女亲家。儿女婚事也极为简单，定亲时相互交换一枚稀世古泉算作聘礼。有方地山联语为证：

两小无猜，一个古泉先下定；
万方多难，三杯淡酒便成婚。

堪称国民年间的一段士林佳话。

袁克文善诗，其诗文在当时被誉为“高超清旷，古艳不群”。他在二十四岁时就出版了第一部旧体诗集——《寒云诗集》，分上、中、下三卷，由易实甫选定，共选诗一百余首。书用仿宋字排印，线装。题签为袁克文亲笔所书。当时印数不多，过了若干年，连他自己也一部不存了。后来他的老师方地山为他征集到一部朱印本，可是只有上下卷，中卷尚付阙如。方地山在诗集扉页上题了首七绝，赠给他保存，诗云：

人间孤本寒云集，初写黄庭恰好时。
手叠丛残还付与，要君惜取少年诗。

方地山的意思是要袁克文好好保存，可惜到后来还是散佚了。

《寒云诗集》中《感遇》一诗中的“绝怜高处多风雨，莫到琼楼最上层”，被其兄袁克定检举为有反对帝制之意。袁世凯一怒之下，将袁克文安置北海，禁其出入。袁克文整日以摩挲宋版书籍、金石尊彝消磨岁月。彼时，全国反对袁世凯称帝的人士也大多引用其诗，说连袁项城（世人对袁世凯的习惯性称呼）识大体的儿子都不赞成帝制，何况别人。

袁克文诗名由是大噪。

民国二年（1913年）冬，袁克文在中南海“流水音”，与易顺鼎、闵尔昌、罗瘿公、步章五、何震彝、梁鸿志、黄秋岳结诗社，请画师汪鸥客作《寒庐茗话图》，时人称为“寒庐七子”，堪称诗坛佳话。

除了擅长写诗外，袁克文也填得一手好词，可惜大多散佚。他去世后，他的表弟张伯驹为其广事搜罗，巢章甫、郑逸梅相助，所获较多，奈以付印不易，只油印一本词集，名《洹上词》（包括《寒云词》《豹龛诗余》《庚申词》，共近两百首）。

张伯驹在《〈寒云词〉序》赞之曰：“寒云词跌宕风流，自发天籁，如太原公子不修边幅而自豪，洛川神女不假铅华而自丽。呜呼！霸图衰竭，文采犹存，亦足以传寒云矣。”又据张伯驹《春梦记游》载：“庚午（1930）岁冬夜，以某义务事共演戏于开明戏院……卸妆后，余送寒云至霭兰室饮酒作书，时密密洒洒，飞雪漫无边际天，室内炉暖灯明，一案置酒肴，一案置纸笔，寒云右手挥毫，左手持盏，即席赋《踏莎行》词。词云：‘随分衾裯，无端醒醉，银床曾是留人睡。枕函一晌滞余温，烟丝梦缕都成忆。依旧房栊，乍寒情味。更谁肯替花憔悴。珠帘不卷画屏空，眼前疑有天花坠。’”

目前传世的《寒云词》，基本上都属于艳情词，且大都是写给欢场女子的。这些词，虽谈不上“古艳不群”，倒也可归入柳永一门。这位“近代曹子建”，将自己的风流文采掷于青楼楚馆，而在生活方式上也更像“忍把浮名，换了浅斟低唱”的柳永。

袁克文在写作上堪称“多面手”，除了诗词歌赋，还写小说，散见于京沪的报章杂志上。他曾为周瘦鹃主持的《半月》杂志写过小说，侠情的有《侠隐豪飞记》，侦探的有《万丈魔》，轶事的有《三十年闻见行录》。这些小说，后来由大东书局合印为《 袁寒云说集》一册。

袁克文多才多艺，为人称道的首推他的书法。据说他的字写得很好，三杯酒下肚，写起字来纵横驰骋、豪情奔放，大有苏东坡之风。

袁克文的书法，早年师从津门四大书家之一的严修，得其真传，遍临诸帖，真草隶篆，各体兼擅，信手挥洒，臻达妙境。他的书法超逸清俊，既具云霞意气，又抱泉石胸襟，既能作簪花格，又能作擘窠大字，自然不同凡响。

袁克文有一手绝活，即让人叹为观止的“悬空笔”技法。他可以撤掉桌子，把纸悬空，由人拉住两端，他挥毫泼墨，一气呵成。悬空作书不能再追求力透纸背，不过空灵飘逸，风神潇洒，别有一番风味。

袁克文还有一嗜好，他是个瘾君子，整日高卧烟塌，吞吐烟霞，懒于起身，索性发明了一种懒人书法，在床上方设置纸板，可以将纸夹住，纸面向下，他平卧床上仰而书之，写得一手灵飞经小楷，字迹娟秀，毫无欹斜疏懈之病，友人观之，无不惊叹。当时上海各报章杂志，纷纷请他写报头。《上海画报》赠订户的“明星笺”“名花笺”，是他题识而影印的。

袁克文出手阔绰，挥金如土。1918年，他到上海游玩，据说一次花去60万大洋，很快千金散尽，沦落到靠卖字疗饥的地步。他登报鬻书，由方地山、宣古愚、张丹斧、冯小隐、范君博、余谷民（余大雄）代订的小引云：“寒云主人好古知书，深得三代汉魏之神髓，主人愈穷而书愈工，泛游江海，求书者不暇应，爰为拟定书例。”

民国十六年（1927年）夏，登报鬻书，那是在北返之前自订的。如云："三月南游，羁迟海上，一楼寂处，囊橐萧然，已笑典裘，更愁易米，拙书可鬻，阿堵傥来，用自遣怀，聊将苟活，嗜痂逐臭，或有其人，廿日为期，过兹行矣，彼来求者，立待可焉。"

尽管袁克文的润笔价格不菲，但慕名求字的人络绎不绝。据说山东督办"狗肉将军"张宗昌请他写了一幅中堂，价码是1000元银洋。

有一年，袁克文书兴甚豪，登报减润鬻书，一日书联四十副，一夕间尽售罄，乃购胡开文古墨，写一百联以酬知好。

1927年，袁克文在《北洋画报》登报卖字时，认为自己落拓江湖，与"寒云"二字有关，于是声明："不佞此后将废去寒云名号，因被这寒云叫得一寒寒了十余年，此次署名克文，在丁卯（1927年）九月以后，无论何种书件，均不再用寒云二字矣。"但是过了几年，故态复萌，又用寒云。

袁克文与其表弟张伯驹，都是民国时期的收藏大家。他曾为自己陈列收藏的"一鉴楼"自撰长联：

屈子赋，龙门史，孟德歌，子建赋，杜陵诗，稼轩词，耐庵传，实父曲，千古精灵，都供心赏；

敔行镜，攻胥锁，东宫车，永始斝，梁王玺，宛仁钱，秦嘉印，晋卿匣，一囊珍秘，且与身俱。

从此长联中，可以窥出袁克文收藏博雅宏富之一斑。

袁克文的收藏，最早得益于他的业师方地山。方地山素有“江都才子”之誉，诗词文章、金石书画无所不通。袁克文受其影响至深，后又经收藏专家李盛铎、傅增湘、徐森玉等人的指点，深入堂奥，成为斫轮老手。

袁克文在收藏界虽然是后起之秀，但凭借“皇二子”的特殊身份以及无往不胜的金元攻略，很快脱颖而出。他嗜古成癖，举凡铜、瓷、玉、石、书画、古钱、金币、邮票、古籍、善本、香水瓶、古今中外的秘戏图、光怪陆离的稀世珍品，无一不好。他对藏品只问对的，不论贵的，只要他看中的东西，一掷千金，志在必得。

某年，袁克文获得一枚商代玉龟币，欣喜若狂，将其书斋易名为“龟盦”。咏纪古物之作命名《龟盦杂诗》。又得一商鉴，出土于陕西岐山，鉴上有古文字，黄叶翁认为是“三千年创见之奇宝也”，斋名“一鉴楼”。得汉赵飞燕之玉环，自署“宝燕”或“燕环”；得汉永始玉罳，将室名定为“罳斋”。他的收藏品中最珍贵的“镇宅之宝”要算白玉刚卯。黄叶翁说：“海内刚卯之可信者，仅寒云所藏一枚。”又获得一件严卯，因名佩双印斋，自署“佩佩”。

袁克文喜藏字画。1912年，他以高价购得宋人王晋卿《蜀道寒云图》，但见画中层峦叠嶂，尽染积雪，一朵寒云，漂泊无定，那种落寞、凄凉与无奈，联想到自己落拓江湖的处境，不觉悲从中来，题诗以记，“故国江湖秋更老，倦游身世梦更残”，显然把自己的身世、心境都融入了画中，落款时，他信笔署上“寒云”，以此为号。他还藏有唐人写《洛神赋》、宋赵大年《风尘三侠图》。

袁克文尤喜藏书，以宋版书为最。古籍善本的收藏以宋版书为尊，藏界素有“一页宋版，一两黄金”的说法，常人欲得一宋版且难，而袁克文在数年间竟然收集了宋版书二十九种一百一十六册，加上其他善本孤本近两百种。因此，他还将自己的藏书楼易名为“皕宋书藏”。

这些宋版善本，雕镂不苟，校阅无讹，且书写均出于名家之手，非匠人为之。袁克文因反对其父帝制，被幽禁在北海雁翅楼，终日与这些典藏为伴，摩挲其间，研读不辍，还在书上一一钤上“上第二子”印，乐此不疲，并将把玩心得写成《宋本八种提要》等。他将从黄荛圃手上所收宋版书《鱼玄机集》，装在明代宫人朱漆粉盒中。步章五女弟子汪碧云善书，遂托步章五转贻碧云题写书签。袁克文得意非常，谓之“四美”，即书美、粉盒美、汪碧云美，加上她的字美。

在古玩杂项中， 袁克文以集泉为乐。其师方地山自称“泉圣”。与他俩有共同泉癖的还有高邮人黄叶翁。 袁克文拓泉堪称一绝，是拓泉高手。1929年独居津门时，袁克文常常以此为乐，一拓就至深夜，不辞劳苦，弄得满身墨污。

某日，袁克文从董康经处易得一枚银质元代承华普庆泉，爱不释手，佩不去身。一日易衣，忘解下，让衣妇窃去。他非常痛惜，悬200元求之，不得。数年后，忽有人持泉求售，即为该泉。失而复得，袁克文欣喜之下，特置酒席，邀朋友共乐。袁克文古泉珍品极丰，诸如王莽布泉、铅泉、银泉金错刀、宣和元宝银小平泉等。方地山赞他：“不恨古人吾不见，恨古人不见吾泉耳。”

袁克文在收藏钱币方面，除了古币，对古今各国金银稀币及纸币也兼收并蓄，所藏有70余国稀币，挑选精拓200余品，用玉版宣纸装裱成四厚本，以工楷加以题注，外面用明代瓷青纸为封面，书签为《世界古今货币一斑》，共两部，一自存，一贻友。

袁克文的收藏带有研究性质。他喜集牌，写《雀谱》；他喜集邮，写《说邮》；他集钱币，写《钱简》《古逸币志》《古泉杂诗》《货腋》和《还泉记》等；他藏印章，写《洗印记》。弟子俞逸芬说他“搜罗之广博，考证之精审，皆足自成一系统”。

老友张丹斧早谈到袁克文收藏时说：“寒云生平嗜古，所得佳品至夥，但亦偶供消遣，兴尽则视若浮云。或以质钱，或以易物，虽贬价受亏，亦所弗计。如宋椠李长吉、鱼玄机、韦苏州诸集，如元绘佛像巨帧十三幅，六朝人绘《鬼母揭钵图》，如元大朝徐天启诸泉，均以廉值让人，或赠诸友好，后精研各国古金币，荟集各国邮票，价俱达万金，而以数千金挥斥之去。其它小品，如刚卯、严卯、汉罚之属，今殆犹藏诸箧衍。”

袁克文曾刻一方印“与身俱存亡”，钤于古籍、字画。意即要与这些“千古精灵”“一囊珍秘”终生相伴。但后来却落拓江湖，穷困潦倒，以变卖古董度日，从前万金搜求的金币、邮票、书画等藏品，只要急等用钱，遂便宜出手，当年的王谢风流，转头成空，皆成梦幻泡影，令人扼腕叹息。

袁克文因写诗反对父亲帝制，父子反目，兄弟参商，遂出走津门，避居沪上。后为防止长兄袁克定的迫害，拜兴武六帮头子张善亭为师，同列“大”字辈，有开香堂收弟子的权利。

青帮从清朝康熙年间创立起，辈分极其严格，到民国初年已传了二十多辈，以“清净道德、文成佛法、能仁智慧、本来自性、圆明兴礼、大通悟觉”排行。上海滩三大佬中，黄金荣、张啸林是“通”字辈，杜月笙是“悟”字辈。袁克文是“大”字辈，在当时青帮中算是辈分最大。当时流传着“南有杜月笙，北有袁克文”的说法。

据说，袁克文的弟子有几百人之多。当时有无赖少年，打着袁克文的旗号到处招摇撞骗，惹是生非，不为外人了解。为此，袁克文在上海《晶报》上刊登“门人题名”，云：“不佞年甫三十，略无学问。政求师之年，岂敢妄为人师。乃有好事少年，不鄙愚陋，强以人之患者，加诸不佞，既避之不获，复却之不可，忝然居之，自觉愧悚。而外间不谅，更有不辞自卑，托言列门墙者，殊繁其人。在彼则偶尔戏言，在予则益增颜汗。或且讥予冗滥，诟予妄谬，不尤自恧欤！乃就及门诸生，记其名字，以告知我厚我者焉。”

袁克文共列了16个人的名单："沈通三（一名国桢）、沈恂斋（一名荆香，字馨庵）、邱青山、金碧艳（名景萍）、孔通茂、朱通元、温廷华、李智、董鸿绶、庄仁钰、周天海、唐敦聘、戚承基、徐鹏、金珏屏、陈通海。"

他对这16位弟子的评价是："或学识超迈，或年齿加长，若言师道，实有忝焉！又有荆君剑民，亦曾请列门墙，不佞再三辞谢，并愿附于友例，乃蒙谅原，心乃释然。此外则无矣。"袁克文只认这16位入室弟子，其余敬谢不敏。

后来金碧艳、金珏屏行为不检，一度被袁克文摈诸门墙之外。他还在《晶报》上发表了一篇名为《小子鸣鼓而攻之》的文章。金碧艳是伶工，遂托"通天教主"王瑶卿向袁克文疏通说和，袁克文又写了一篇《勖碧艳》，加以告诫后复为弟子。后又写了《碧艳歌妙记》，谈与金碧艳合演《审头刺汤》之事。又有《艳云嘉耦记》，记金碧艳的家世、弃读学戏和登台演出的声誉，以及为之主婚之事。

1931年的正月， 袁克文染上了猩红热病，他的老师方地山来到他天津的寓所探望。在寒冷的冬天里，袁克文病体孱弱，气息奄奄。师徒二人执手相对，神情黯然，苦笑着以各自名字写了副对联：

大方大，大莫能容，但一味模糊不怕再来天大事；

寒云寒，寒真彻骨，要百般忍耐才知自有岁寒心。

方地山后来加注：

辛未正月自娱寒云枯坐，戏为此联，渠欲买佳纸书之，乃弗果，可为流涕。

几天后，在猩红热病没痊愈的情况下，风流成性的袁克文又跑到长期包住的民国饭店，找相好，吃花酒，旧病复发，命丧九泉，享年四十二岁。

据说，袁克文签名的“云”字，疾笔草书像画个耳朵，也像“四十二”的合文，而他恰巧在四十二岁时撒手人寰，可谓一字成谶。

《北洋画报》免费刊发讣告：

寒云主人，潇洒风流，驰骋当世，尤工词章书法，得其寸楮者，视若拱璧。好交游，朋侣满天下，亦本报老友之一。体素健，初不多病，而竟以急症，于二十二日晚病故津寓。从此艺林名宿，又少一人，弥足悼矣！

这位挥金如土的翩翩佳公子，死时却一贫如洗，人们在他书桌的笔筒里只找出了二十元钱。他的丧事都是他的青帮弟子们出钱操办的。出殡那天，送行的亲朋好友、徒子徒孙及津门军政商界要人达四千之众。

另外，除了天津的僧、道、尼之外，还有北京广济寺的和尚、雍和宫的喇嘛念经超度，北平韵乐社的丝竹笙笛等，依仗长至数里。一大奇观是，千名烟花女子系白头绳立成方阵，哭奠祭灵，哀婉欲绝。他的丧事在当时轰动一时。

据唐鲁孙记载，当时“灵堂里挽联挽诗，层层叠叠，多到无法悬挂”。

老师、朋友、亲戚、知交、“联圣”方地山挽联：

聪明一世，糊涂一时，无可奈何惟有死；

生在天堂，能入地狱，为三太息欲无言。

在众多挽联中，唐鲁孙认为最贴切、最出色的是梁鸿志的挽联：

穷巷鲁朱家，游侠声名动三府；
高门魏无忌，饮醇心事入重泉。

陈诵洛的挽联亦称佳构：

家国一凄然，谁使魏公子醇酒妇人以死？
文章余事耳，亦有李谪仙宝刀骏马之风！

后来，沪上著名红学家邓云乡忆起袁克文，说道：

（寒云）不但出身特殊，而且学问也好，但生平行事又颇海派，非遗老，亦非革命派，多少沾点帮派边，只是洋场名士耳！

寥寥数语，便恰当地总结出袁克文的一生。

袁克文的墓地，在天津西沽江苏义园中，他的老师方地山在碑文上用两句话来概括其一生：

才华横溢君薄命，一世英明是鬼雄。

辜鸿铭

平生无憾事，唯一爱女人

20世纪初，西方人曾流传一句话：到中国可以不看三大殿，不可不看辜鸿铭。

辜鸿铭何许人也？

他原名汤生，字鸿铭，号立诚，自称慵人、东西南北人；

他生在南洋，学在西洋，婚在东洋，仕在北洋，教在北大；

他一生获得十三个博士学位，精通英、法、德、拉丁、希腊、马来语等九种语言，曾为六国使节充当翻译，被孙中山和林语堂称为“中国第一语言天才”。

在街头倒读英文报纸，嘲笑英国人；

讥讽美国人没有文化；

年过花甲，能把弥尔顿的六千一百多行无韵长诗《失乐

园》倒背如流，

第一个将中国“四书”中的三部《论语》《中庸》《大学》翻译到西方；

凭三寸不烂之舌，向日本首相伊藤博文大讲孔学，

与文学大师列夫·托尔斯泰书信来往，讨论世界文化和政坛局势；

被“圣雄”甘地称为“最尊贵的中国人”。

辜汤生从小接受的是西式教育，是一个地道的“崇洋派”。然而，他并没有一味地媚外，而是在国外不遗余力地倡导“中国精神”。彼时的他与中国素未谋面，祖国在他心中还只是个遥远的幻影。他的“中国精神”无所归依。促使他与中国真正结缘的，是一位中国的大学者马建忠。1881年岁末，被英国政府派往新加坡任辅政司的辜汤生，幸运地遇到了《马氏文通》的作者马建忠。

彼时，马建忠在巴黎获得法学博士学位，奉李鸿章征召，回国入其幕府襄助洋务。他奉派出访印度，归国途经新加坡，暂作停留，寄寓在海滨旅馆。辜汤生慕名前往晤谈，两人一见如故。三日倾谈，马建忠博古通今，舌灿莲花，使辜汤生领略到中国文化的博大精深。他恍若醍醐灌顶，人

生观及生活方式顿然作出一百八十度的大转变，毅然决定回国，从此踏上了一条“认祖归宗”的路。

一次，辜汤生前往上海请教学者马建忠未遇，便随处旁听一些塾师讲授四书，汤之盘铭“苟日新，日日新，又日新”这句话给他留下了深刻的印象。他进而悟到：精神上的洗礼，品德上的修炼，思想上的改造，又何尝不是如此？联想到基督教徒的每日忏悔，辜汤生决意使自己废旧图新，追求中国精神，并使之完美。于是，他借用“汤之盘铭”之句，给自己取字：鸿铭。鸿者，大也。商汤王在洗澡盆上刻写警语，辜汤生将之放大，刻在心中，使之成为他一生信守的座右铭。

1885年，辜鸿铭在返回香港的船上，舌战几位肆意诋毁中国的“洋鬼子”，为同船的广州候补知府杨玉书所奇，乃向两广总督张之洞引荐。由是，辜鸿铭进入了晚清重臣张之洞幕中，成为张的外交顾问秘书。张之洞对他颇为器重，曾对人说：“鸿铭经纶满腹，确是杰出之才。”

从此，辜鸿铭沉湎于中国浩繁的典籍之中，如饥似渴，孜孜以求，弥补自己在国学方面的不足，最终腹笥充盈、学贯中西，成为中国文化的代言人。

“予岂好辩哉？予不得已矣！”辜鸿铭经常将孟子的这

一语录挂在嘴边。在现实生活中，他愤世嫉俗，目空一切，语出惊人，辩才无碍，是一个直追东方朔的能言善辩之士，一个震惊中外的语言天才。

辜鸿铭知名度最高的世界级辩论，莫过于他为纳妾制所作的“一壶多杯”论。辜鸿铭是主张纳妾者，除了正妻淑姑外，还纳有一日本小妾吉田贞子。一个是小脚，一个是天足，辜鸿铭戏称为他的两帖生活药剂——兴奋剂和安眠药。辜鸿铭以拆字法将“妾”字解释为“立女”，认为：妾者，扶手也，即供男人疲倦时做扶手用。

辜鸿铭曾向两位美国女子宣讲他的这一怪论。对方反驳道：“岂有此理？照辜先生这样说，我们女子疲倦时，又何尝不可将男人做扶手？男人既然可以多妾多扶手，女子为什么不可以多夫？”言下甚为得意，以为辜鸿铭理屈词穷矣。不料辜鸿铭连声：“否！否！汝曾见一个茶壶配四只茶杯，但世上岂有一个茶杯配四个茶壶者乎？”两女子目瞪口呆。

无独有偶，与此说相类似的还有一例。辜鸿铭曾在北京饭店的宴会上戏弄过一位英籍贵妇。那位贵妇跟他搭讪：“听说你一向主张男人可以纳妾，照理来说，女人也可以多招夫婿了。”辜鸿铭大摇其头，连声否定：“不行！不行！论情不合，说理不通，对事有悖，于法不容！”那位英籍贵妇正要提出质询，辜鸿铭又反问道：“夫人代步是用黄包车，还是用汽车？”她据实相告：“用汽车。”辜鸿铭于是不慌不忙地说：“汽车有四个轮胎，府上备有几副打气筒？”此语一出，哄堂大笑，那位英籍贵妇顿时败下阵来，面红耳赤，嗒然若丧。

辜鸿铭言辞犀利，幽默机智，常常让那些自命不凡的洋人颜面扫地、甘拜下风。诚如作家李国文所赞叹的：“这位老先生，对于洋人，对于洋学问，敢于睥睨一切，敢于分庭抗礼，从他身上看不出一丝奴婢气，这一点作为一个中国人来说，应是十分要得的。”

辜鸿铭给祖先磕头，洋人嘲笑他说：“这样做你的祖先就能吃到供桌上的饭菜了吗？”辜鸿铭唇相讥：“你们在先人墓地摆上鲜花，他们就能闻到花香了吗？”

洋人问他：“为什么中国人留辫子？”他如是答：“为什么外国人留胡子？”当外国人谴责中国妇女缠足野蛮时，他大加反击：“你们西洋女子为何要束腰呢？”

有一天，辜鸿铭在北京椿树胡同的私邸宴请欧美友人，点的是煤油灯，烟熏火燎，气味呛鼻。有人说，煤油灯不如电灯和汽灯亮。辜鸿铭笑答：“我们东方人，讲求明心见性。东方人心明，油灯自亮。东方人不像西方人那样专门看重表面功夫。”那些洋人不知他是在说佛理，还是谈哲学，抑或故弄玄虚，还真被唬住了。

1917年，蔡元培出任北大校长，提出了“兼容并包”的办学宗旨。他亲自送聘书，延请辜鸿铭为北大英文系教授。辜鸿铭头戴瓜皮小帽，身穿长袍马褂，脑后拖着一条灰白的辫子，一副清朝遗老的形象，特立独行，保持着鲜明的个性。一日，有人对辜鸿铭说：“如今国土变更，何以还脑后垂辫？”辜鸿铭说：“此乃我独有的审美观念，与政治思想无涉。”又说：“中国存亡，在德不在辫。辫子除与不除，原无多大出入。”

一日，群朋小酌，大家推让辜鸿铭坐首席。坐后，大谈中西文化，席间有人问辜鸿铭：“孔子之教，好在哪里？”辜鸿铭说：“刚才诸君互相推让，不居上座，即是孔子之教。假如行西洋物竞天择之教，优胜劣败，这一席酒菜势必先要竞争一番。”妙论一出，语惊四座。

辜鸿铭曾说：“现在人作文不通，用词不当，譬如‘改良’一词，以前人都说‘从良’，没有说‘改良’。你已经‘良’了，还改什么？要改良为娼吗？”

辜鸿铭好臧否人物，口无遮拦。他曾说：“张之洞学问有余，聪明不足，其病在傲；端方聪明有余，学问不足，其病在浮。张之洞傲，门下多为伪君子；端方浮，门下多真小人。”

当辜鸿铭拖着小辫第一次走进北大课堂时，学生们哄堂大笑。辜鸿铭平静地说：“我头上的辫子是有形的，你们心中的辫子却是无形的。”闻听此言，狂傲的北大学生一片沉寂。

以致有人把他的言行提升到了关乎国家形象的高度，并给予了如是评价：“庚子赔款以后，若没有一个辜鸿铭支撑国家门面，西方人会把中国人看成连鼻子都不会有的。”

明人袁宏道说：“余观世上语言无味、面目可憎之人，皆无癖之人耳。”

与袁宏道同时代的文人张岱说得更是不留情面：“人无癖不可与交，以其无深情也。”

自古迄今，凡终成大事者，不唯有经天纬地之才，坚忍不拔之志，亦有爱物成痴之癖。

在中国近代，“文坛怪杰”辜鸿铭亦有一癖好，即令人匪夷所思的“莲癖”。这里的莲并非周敦颐所爱的莲花，而是指旧时中国女人所特有的“三寸金莲”。

缠足、宦官与科举是中国封建专制社会的三大“特产”，而“三寸金莲”正是在封建文化这棵千年大树上开出的“恶之花”，历来为人嘲讽与诟病。

然而，自古迄今，亦不乏爱护者。诸如南唐后主李重光，北宋文豪苏东坡，元末名士杨铁崖，明代风流才子唐伯虎，清代评花御史方绚、新亭客樵李笠翁、随园主人袁子才、红顶商人胡雪岩，民国奇人姚灵犀，都是“莲谜”，个个堪称“莲癖”。他们或写诗填词，或著书立说，或妓鞋行酒，或品藻赏鉴，以致形成了一门独特的学问——“莲学”。

在我看来，他们爱莲，大多是旧式文人的附庸风雅、逐美猎艳，抑或一种自我爱怜，爱则爱矣，算不上真爱，比起辜鸿铭来，简直逊色多了。

辜鸿铭爱莲，不单单是一种风雅之举，而是将其纳入生活之中，可谓爱得大胆，爱得彻底，爱得惊世骇俗。

辜鸿铭是个颇受争议的人物，是个矛盾的混合体。尊之者誉其为“醇儒”，诮之者贬其为“狂徒”。一方面，他自幼留学西方，受过系统的西式教育，呼吸的是西方民主、自由空气；另一方面，却又极力排外，反对西方文明，维护中国封建文化和伦理道德。当国人大肆鼓吹西学时，他却对世人诟病的“国耻”情有独钟，诸如热衷帝制、赞美纳妾、留辫子、穿长袍……尤其对中国女人的小脚垂爱有加，以致爱莲成癖。

辜鸿铭一生爱女人，寻花问柳，狎妓冶游，更爱女人的小脚。他的这一癖好，竟引出一段荒诞的笑话。据说在北大执教期间，一日辜鸿铭去一位学生家看藏书，见到开门的丫头的小脚，顿生兴趣。本来他是来看学生所藏宋版书的，此时却心意全乱，匆匆浏览，触景生情给学生写了一副古人集句：古董先生谁似我？落花时节又逢君。这位学生悟出先生是想得到这个丫头，自然投其所好，送上门去。那丫头行前把小脚洗了又洗。到了辜府，辜鸿铭捉起丫头的小脚，嗅不到一丝肉香（臭味），趣味索然，差人把丫头送了回去，并附一信，只书四字："完璧归赵"。

任两广总督幕僚期间，已届而立之年的辜鸿铭，曾苦苦寻觅小脚美人，众里寻他千百度，终于发现湘女淑姑拥有一双"特别神气美妙的金莲"，裙下双钩，尖如玉笋，莲步轻移，婀娜多姿，宛若凌波仙子，大喜过望，将其明媒正娶，抱得美人归。

辜鸿铭十分欣赏淑姑的小脚，诗兴大发，还为她写诗颂之："春云重裹避金灯，自缚如蚕感不胜。只为琼钩郎喜瘦，几番缣约小于菱。"

辜鸿铭日后戏称："我的一生有如此之建树，原因只有一条，就是我有兴奋剂和安眠药（镇静剂）日夜陪伴着我。"辜鸿铭所说的"兴奋剂"，指的是他的小脚原配夫人淑姑，据说是湖南人；"安眠药"，指的是他的天足小妾吉田贞子，是日本人。

据说辜鸿铭每当写作遭遇瓶颈、才思枯竭之际，就会大声召唤妻子淑姑到他身旁，将其小脚握在手里捏弄，捧到嘴边嗅闻，还喃喃口诵"七字真言"——"瘦、小、尖、弯、香、软、正"。片刻，辜鸿铭就像注入了"兴奋剂"一样来了精神，顿感神清气爽，灵感突发，思如泉涌，下笔千言，倚马可待。

金莲品藻者，不仅观赏其形，还细嗅其味。对此，辜鸿铭有着一番高论，曾放言："女人之美，美在小脚；小脚之妙，妙在其臭。君不闻，于百千食品什物中，凡有臭豆腐、臭鸡蛋之类属，此之风味，庶几堪与女人小脚之臭味可比。""妇人特有的肉香，脚味算头一等！"

曾有一家北京的报刊翻译并登载了辜鸿铭与英国记者关于缠足的一番奇谈。

据报载，英国某报记者在北京中央公园"来今雨轩"茶座上，见到辜鸿铭在品茗，便上前访问。两人由中国的纳妾谈到妇女缠足。在辜鸿铭以“杯一壶众”论击退了英国记者关于纳妾的肆意挑衅后，英国记者又转移话题问：“中国妇女缠足，以一百磅左右的体重，集中在一双小脚上，是否违背人体的生理？而且听说中国男性喜欢嗅小脚，请问辜先生有何高见？”

辜鸿铭微笑作答：“英国人最高的艺术是跳足趾舞（芭蕾舞），如龙飞凤舞，回翔周旋，这是女性美的最高表现，不过，你们是摆在台上供大众看的，我们中国的妇女小脚，只是私人欣赏的，与贵国各异其趣而已。”接着又说：“至于说会使生理畸形，也不仅我们中华一国为然，英国人在十七世纪到十八世纪，女性有‘束腰’之风，在腰部用奇重不堪、高达一尺的缠腰夹，把腰身夹得像蜂腰一般，这对生理是否也会发生畸形，腰部内脏是否会退化？”英国记者无话可说，双方相与抚掌而已。

过了一会儿，英国记者似乎不大甘心，突然又冒出一句话来，问：“何以中国人喜欢闻小脚的臭味？”辜鸿铭大笑而答：“那也不是尽人皆然，犹之西方人喜欢吃臭忌士（Cheese：乳酪），吃之前还要闻闻它的臭味，这是一种嗅觉上的艺术，唯有爱吃臭忌士的人，才懂得这种艺术。”

辜鸿铭生活在一个不幸的时代，国家积贫积弱，国土惨遭蹂躏，国人任人宰割，面对内忧外患的祖国，他“哀其不幸，怒其不争”，无力回天，只好愤世嫉俗、长歌当哭，以偏执而近乎狂放的姿态来维护自己仅有的一丝尊严。他的“旷达自喜、睥睨中外”，他的恃才玩世、特立独行，尽管为人诟病，但如其同时代的学人陈彰所评价的：“此正如浮云之掩月，无所损其光辉！”

金岳霖

曾经沧海难为水，除却巫山不是云

水木清华，人文渊薮。

许多年前，在清华园里曾经住过几个著名的人物，号称“清华三孙”。一个是经济系的陈岱孙，一个是理学院的叶企孙，另一个是哲学系的金龙荪，也就是金岳霖。

撇开学术造诣，若论人生传奇，无人能及金岳霖。他的一生，自呱呱坠地之日起，就充满了传奇色彩。

金岳霖，字龙荪，祖籍浙江诸暨，1895年8月26日出生于湖南长沙。那天正是农历七月初七，据说他的父亲刚好从外面骑马回家，途中遇到一大蛇横在路中，遂等蛇横过后才策马而行。及至回家，才知夫人正要分娩，其父便决定：如果生下来是女孩就叫“巧巧”，若是男孩就取名“龙荪”，这就是金岳霖字的由来。

金岳霖出世不凡，天资聪颖，博闻强记。他小的时候，有一次居然在梦中背“四书”，他的姑姑拿着书对照，结果发现一字不差。他十几岁的时候，就表现出了惊人的逻辑才能。他指出谚语“金钱如粪土，朋友值千金”里包含着明显的逻辑错误，如果把这两句话作为前提，推出的结论应该是“朋友如粪土”。

辛亥革命前夕，金岳霖考入清华学堂，接着民主革命爆发，他索性剪去头上的辫子，还仿唐诗《黄鹤楼》写了一首打油诗：“辫子已随前清去，此地空余和尚头。辫子一去不复返，此头千载光溜溜。”

1914年，金岳霖获得赴美留学的奖学金。听说国内袁世凯要恢复帝制，他独自大哭了一场。留美先入宾夕法尼亚大学，他服从家人的意见选修商业科，后来因提不起兴趣，写信给五哥说：“簿计者，小技耳。吾长七尺之躯，何必学此雕虫之策。昔项羽之不学剑，盖剑乃一人敌，不足学也。”

于是，他改学政治学，转入哥伦比亚大学。仅仅两年就获得了博士学位。那一年，他二十五岁。

金岳霖在美国、英国留学了十二年之久，经受了一番欧风美雨的洗礼。1926年，金岳霖学成回国，受聘于清华大学，教授逻辑学。后受校方委托创办哲学系，担任系主任。这个系最初只有一个教师，就是金岳霖，也只有一位学生，就是沈有鼎，一师一生，号称一系。彼时，他年仅三十二岁。

回国不久，金岳霖发表了他的第一篇哲学论文《唯物哲学与科学》。他在文中写道："世界上似乎有很多的哲学动物，我自己也是一个，就是把他们放在监牢里做苦工，他们脑子里仍然是满脑子的哲学问题。"其实，金岳霖本人就是这样一只"哲学动物"。

短短几年间，金岳霖声名鹊起，在学术界确立了难以撼动的地位。

时人说，中国只有三四个分析哲学家，金岳霖是第一个。

而眼界极高的张申府则说："如果中国有一个哲学界，那么金岳霖当是哲学界之第一人。"

说起哲学家，人们便会想到刻板固执、幽玄冷漠、老气横秋的形象。人们对哲学家的态度，常常是高深莫测、敬而远之。但是，金岳霖不是这样的哲学家。他身材高大，仪表端庄，有时西装革履，执手杖，戴墨镜，一派绅士风度；有时着运动衫，穿短裤、球鞋，像一个训练有素的运动员；有时在西装外面套个中式长袍，戴个八路军的棉军帽。

金岳霖一生天真烂漫，幽默乐观，率性而为，从不为名利所累。

他终身未娶，无儿无女，家中雇一男佣，专门给自己做饭。他酷爱养大公鸡，家中养了一群大公鸡，没有一只母鸡。吃饭时，有一只奇大的大公鸡堂而皇之地伸长脖子啄食桌上菜肴，他竟安之若素，与鸡平等共餐。偶尔，他会带着大公鸡出去溜达。

金岳霖还喜斗蛐蛐。他的屋角摆着一个大篓，篓里有许多小罐，罐里全是各种蛐蛐。尽管这样，男佣老王还是经常被他叫去抓蛐蛐。金岳霖还说，斗蛐蛐“这游戏涉及高度的技术、艺术、科学。要把蛐蛐养好、斗好，都需要有相当的科学”。

“无红袖添香，有群鸡做伴”，金岳霖我行我素，怡然自乐。

他还喜欢“看”水果。他买苹果和鸭梨，尽拣个儿大的买，买下不吃，全按大小个儿一溜儿排列在条案上，十分自得地观看。有时他还将自己的水果拿去和别的教授的孩子的水果比小大。倘若他的大，乐个不停；如果小了，就送给小朋友，下次再买。

抗日战争时，金岳霖辗转昆明，进入西南联大。那时，他的衣着很有特色，常年戴着一顶呢帽，进教室也不脱下。每一学年开始，给新的一班学生上课，他的第一句话总是："我的眼睛有毛病，不能摘帽子，并不是对你们不尊重，请原谅。"他的眼睛怕光，曾配了一副眼镜，镜片一只为白，一只为黑。黑白相间，很有意思。

一次，金岳霖登台演讲，讲到得意处时，忽然停下，对学生说："对不起，我这里有个小动物。"然后把右手伸进后脖颈，捉出一个跳蚤，捏在手中细看，表情甚为得意，大有"扪虱而谈"的名士风度。

金岳霖最为动人之处，不是他的学术造诣，不是他的特立独行，而是他的至情至性。他一生钟情林徽因，磊落坦荡，为了她，终身不娶。有人说他才是真正懂得爱情的人，他对林徽因的痴恋让"三洲人士共惊闻"。

1955年，一代才女林徽因英年早逝，金岳霖痛苦万分。适逢他的一个学生到办公室看他。金岳霖先不说话，后来突然说："林徽因走了！"一边说，一边号啕大哭。他两只胳膊靠在办公桌上。几分钟后，才慢慢地停止哭泣。他擦干眼泪，静静地坐在椅子上，目光呆滞，一言不发。学生陪他默默地坐了一阵，才把他送回家。

在林徽因的葬礼上，金岳霖和一个朋友送上一副挽联：“一身诗意千寻瀑，万古人间四月天。”“四月天”来自林徽因一首诗中的名句：“你是人间的四月天”。这“四月天”在西方通常指艳日、丰硕与富饶。在他眼里，她就是他不谢的四月天，鲜亮，丰美，骄傲，令他一世寂寞也心甘情愿。1983年，八十八岁的金岳霖接受陈宇的采访，回忆起那场二十八年前的追悼会，依然痛切地说：“追悼会是在贤良寺开的，我很悲哀，我的眼泪没有停过。”

林徽因去世后，有一年金岳霖郑重其事地邀请一帮至交好友到北京饭店赴宴，众人大惑不解。到了之后，宾主入座，金岳霖才幽幽地说：“今天是徽因的生日！”顿使举座感叹唏嘘。那天是林徽因的五十二岁生日，离她去世正好一年两个月零九天。

林徽因死后，梁思成续弦，孤单的金岳霖便与林徽因和梁思成的儿子梁从诫住在一起。

梁从诫亲切地喊他“金爸”，为他送终。

古龙

我有一杯酒，足以慰风尘

武侠小说“三剑客”中，如果说金庸似茶，梁羽生似水，那么，你便似酒。

你原名熊耀华，笔名古龙，祖籍江西，生于香港，1950年随父母定居台湾。

父母因感情不和，经常争吵，甚至大打出手，终至感情破裂，闹上法庭。你幼小的心灵无法忍受家庭风暴，遂与父亲断绝关系，离家出走。

从此，你过上了流离失所、浪迹天涯的生活。

你一边上学，一边打工，念完高中，竟奇迹般地考进了淡江大学。入学不到半年，肄业离校。

从此，你成了一个江湖浪子。

你借酒浇愁，打架斗殴，加入了四海帮，过上了“刀口上舔血”的生活。

一次，林清玄与你一起泡温泉，看见你伤痕累累，满身刀疤。

原来，你笔下的武侠小说其实就是你现实的生活，只不过你把它从现代投射到了古代，美化了书中的剑客，写出了像楚留香、李寻欢那样的英雄。

再后来，你结识了诸葛青云、卧龙生、司马翎，起初是为他们代笔，卖文为生，后来你另起炉灶，出版了自己的第一部武侠小说《苍穹神剑》，从此一发而不可收，走上了武侠小说创作之路。

你放浪形骸，挥金如土，嗜酒如命，酒量干云。

燕青在《初见古龙》中写到你，“默不作声，只是酒来必干，自得其乐”，“喝酒时，头一仰，便是一杯”，那种豪迈的酒量让他暗暗心惊。

林清玄回忆：“有一回，光是我们两人对饮，一夜就喝掉六瓶XO，喝到眼睛不能对焦了，人在酒台一仰身就昏睡了过去。”

林清玄当编辑时，曾向你催稿。你说：“你不跟我喝酒，我就不写给你。”

于是，你们两人就开始喝，但是怎么喝也不醉。索性一人拿一个脸盆，一人倒6瓶绍兴酒，然后“干盆”，看谁先把一盆酒喝掉。经常喝着喝着，两个人同时醉倒。

骑最快的马，爬最高的山，吃最辣的菜，喝最烈的酒，玩最利的刀，杀最狠的人。

你就是这样的人。

你笔下的剑客，从楚留香到陆小凤，从孟星魂到柳长街，从小李飞刀到萧十一郎，莫不嗜酒如命。

“人在江湖，身不由己。”

原以为这是一句古语，孰料却出自你的笔下。

如人饮水，冷暖自知。

那是“过来人”的“见道语”。

黄昏。月起。孤灯。残烬。

寥寥几字，便勾勒出一种意境，短小精悍，如剑一般利落，并未伤人，却已令人不寒而栗。

你说，长句读如浩荡大河一泻而下，突然以短句相接，犹如一把剑把水截断，可以收到波澜大起大落的特殊效果。

这是你独创的语言文字的一大特色。

你临终前的最后一个星期，林清玄去看你，你给他写了一幅字：

陌上花开，可以缓缓醉矣；忍把浮名，换了浅斟低唱。

你幽幽地说，过去开怀痛饮，是要掩饰内心的空虚，现在看到陌上的花，也可以醉了。

弥留之际的你，却对你的朋友林清玄说："酒不是好东西，以后要少喝酒呀！"

后来，林清玄在《温一壶月光下酒》里，对喝酒有了一番透骨的体悟："佛家虽然讲究酒、色、财、气四大皆空，我却觉得，喝酒到极处几可达佛家境界，试问，若能忍把浮名，换作浅酌低唱，即使天女来散花也不能着身，荣辱皆忘，前尘往事化作一缕轻烟，尽成因果，不正是佛家所谓苦修深修的境界吗？"

1985年9月21日，因肝硬化、静脉出血，你在台湾去世，享年四十八岁。你的朋友用了四十八瓶轩尼诗XO给你陪葬，希望你永远与美酒相伴。

纳兰容若说：“身后名不如生前一杯酒。”

才子张潮说：“若无翰墨棋酒，不必定作人身。”

你一生嗜酒如命，为酒而生，为酒而死，亦留下了许多令人动容的豪言酒语。

酒之一物，真奇妙，你越不想喝醉的时候，醉得越快，到了想喝醉的时候，反而醉不了。

朋友，要与有热血的人交；酒，要与有热血的人喝；恋爱，要与有热血的人谈；死，要为有热血的人死。我不是圣贤豪士，我只有一腔热血。

为什么酒与忧愁总是分不开呢？酒已入愁肠，却没有泪。谁也不愿意在人前流泪，英雄儿女们的眼泪，本不是流给别人看的。酒在愁肠，泪在心里。脸上只有笑容。

小李飞刀成绝响，人世不见楚留香。

轻轻地，你走了，正如你轻轻地来。你轻轻地招手，作别西天的云彩。

你孤独地走了，身后留下七十多部武侠小说。

在娱乐泛化时代，在英雄难觅的年代，读着你的小说，想象你关于酒的逸闻趣事，品味你留下的豪言酒语，依然剑气森森，酒香四溢，令人沉醉。

古来圣贤皆寂寞，唯有饮者留其名。

文怀沙

茶，是人在草木间

在中国当代文学艺术界，有这样一位老人，我们很难用独步天下来论定。

他虽与屈子相隔千年，却诗心相通，不惜用毕生的心血来研究他，赢得了“活屈原”的美誉；

他虽享有一百零八岁的高龄，却笑称自己尚不足五十公岁；

他催生两部红学专著，却始终否认红学的存在；

他佩服鲁迅的“硬骨头”，却把“多情才子，薄命君王”的李煜奉为心中的偶像；

他爱芳草，亦爱美人，自称平生先后爱过九个女人，但他的每一次恋爱都和初恋一样，对所爱的每个女人说过的话没有一句是重复的；

他是国学泰斗，却喜穿和服，也不介意韩国人抢走我们的“老祖宗”；

他年轻时嗜酒如妻，年长后爱茶成痴；

他，便是以风流倜傥、浪漫多情而闻名的楚辞泰斗、红学专家、吟咏大师、国学大师文怀沙。

他多才多艺，腹笥充盈，治学以研究楚辞称世，对经史百家、历代诗词、歌赋、佛学、红学、音乐、书画、金石等广有涉猎。

人们熟识的文老，多半囿于以上层面。殊不知，他还精通茶道，爱茶成痴，晚年生活更是以茶为伴、须臾不离。

年轻时的文怀沙，以钟情于酒而闻名于世。他曾坦言：那时候年轻，不想结婚，老婆就是酒，以酒为妻。每天早上是一斤白酒，中午一斤，晚上一斤，早上不吃点心、牛奶，就喝一斤白酒。

抗日战争初期，文怀沙因时局动荡，忧国忧民，常常借酒浇愁，长歌当哭。一日，他在大学讲授完课后，到一个小镇去喝酒，结果喝酒过度，摔到了阴沟里。不仅摔断了腿，而且因为酒精中毒，不省人事。

医生无法唤醒他，一位好心的江湖郎中把他带到一个酿酒的地方，将他赤身裸体放在酒曲上，用农家的破棉被捂在身上。这样整整过了三天三夜，他才醒过来，从此移情于茶。

有人笑他："酒是妻，怎可弃？"他笑曰："酒都谋害亲夫了。我本身是两个文怀沙：一个是酒的文怀沙，已经死了；一个是茶的文怀沙。"

后来，文老应邀写了一篇题为《燕堂茶话》的碑文。碑文是为迎接2008年奥运会所刻，一块在上海浦东，一块在深圳。碑文这样写道：

茶文化与酒文化是两种截然不同的文化，酒令人糊涂，茶令人清醒。

郑板桥说"难得糊涂"，文怀沙说"难得清醒"。

只听说酗酒闹事，却不曾听说品茶打架。

醒酒的良方是饮茶。

酿酒始于奴隶社会，喝茶则先于阶级社会。茶人是酒人的老前辈。我晚年倡导"三字经"——正、清、和，与茶文化一脉相承。

人类糊涂之极，导致战争；世界清醒气爽，则走向和平。

我主张：少开酒楼，多设茶馆。

以上短文写完后，文老又写了一篇后记，自评道：

本人青年时代曾有过酒精中毒的经验，几乎醉死。复醒后戒酒，遂移情于饮茶。

囿于个人遭遇，以上“茶话”难免片面性，如冷静地平心而论：茶与酒各有千秋，即糊涂和清醒各有各的用处。可悲者：该糊涂时偏偏清醒，该清醒时又偏偏糊涂。

有的人大事糊涂，小事清醒；有的人小事糊涂，大事清醒。

看来清醒与糊涂也许有互补作用。

古今歌颂酒的诗文，真是太多、太多。本诸“矫枉必须过正”，我歌颂茶！

我赞美屈原高唱“举世皆醉，唯我独醒”。我认为所以“独醒”乃不饮酒之故。我心目中的酒徒郭沫若先生反对我的论断，曾对我说，屈原酒量特别大，所以喝不醉也。

在论及茶文化时，文老说：“一个茶字写得好，人在草木间，人是万物之灵，所有的生命体，到人是最高的。草是芳草，屈原歌颂的主题有两个：一个是芳草，一个是美人。茶当属芳草，所以茶亦有浩然正气。”

文老认为，列夫·托尔斯泰写出《战争与和平》，很伟大。他的伟大之处在于揭示出了人类社会的永恒主题，即一个是战争，一个是和平，正是这两大车轮，才推动着人类社会滚滚前进。人类在向往和平，但是战争的威胁永远存在。要避免人类的毁灭，只有一个手段，就是和平。

酒文化代表战争，茶文化代表和平。当茶能够在某个程度上取代酒的时候，来中和社会的不安，那么茶就变成了制止动乱、制止战争的手段了。人类向往和平，社会倡导和谐，向往和平、倡导和谐的人就要学会喝茶。《易经》上讲保合大和，在文老看来，茶文化正合乎此道。

诚如他倾慕天下美人一样，文老也钟爱天下一切好茶，且同样是“爱的认真而不重复”。他以追求极致美的心态遍尝天下好茶，无论是何种茶类，只要好茶就是文老的“最爱”。对于近年来兴起的铁观音、普洱茶，文老是钟爱有加。文老说他对茶有着很深厚的感情，就像他对他的母亲的深厚感情一样。

虽然已是耄耋之年，文老却精神矍铄，鹤发童颜，手上、脸上无寿斑，这自然会让人想到他的养生之道与长期喝茶有关。但他从不把自己的长寿秘诀归结为单一的喝茶，认为以平和的心态面对世事才是真正的养生之道。

晚年的文老，经常爱写“正、清、和”三个字。他解释说：“孔子尚正气，老子尚清气，释迦尚和气，东方大道其在贯通并弘扬斯三气也。”

这三个字，是文老对东方文化的高度提炼。

文老认为，“正”字念去声，“清”是阴平，“和”是阳平。“正”是吸进去，叫纳，“清”与“和”是用嘴呼气，用嘴微微地吐出来，合起来就是道家说的“吐纳”。“吐纳”讲究扬清激浊，文老在这点上的感受与品茶极为相似。品好茶时，人的最高境界就是能感受到体内的清气上升、浊气下降，就像古人所说：“五碗肌骨轻，六碗通仙灵，七碗吃不得也，唯觉两腋习习清风生。”

苏曼殊

和有情人，做快乐事，不问是劫是缘

乌舍凌波肌似雪，亲持红叶索题诗。

还卿一钵无情泪，恨不相逢未剃时。

——节选苏曼殊《本事诗》

他是个私生子，混血儿，生在东瀛（今日本），长在中国，一生多舛，半世飘零，身世有着“难言之恫”；

他是个身披袈裟的和尚，早岁剃度，三次出家，又三次还俗，芒鞋破钵，游走红尘，最后参透的却是“忏尽情禅空色相，佛说原来怨是亲”；

他是个风流倜傥的情种，西装革履，风度翩翩，流连青楼，狎妓贿酒，声称“藉色证空，以情悟道”，有着“风流和尚”“沉沦菩提”称号；

他是个任侠尚义的志士，以“我不下地狱，谁下地狱”

的佛陀大乘精神投身革命，以杀止杀，试图救万民于水火之中，在时代的洪流中惊起风云万丈；

他是个行云流水的诗僧，成就独特，存诗百首，堪比扬州杜牧，楚泽屈原，被誉为“灵界诗翁”“千秋绝笔”“古典诗一座最后的山峰”；

他是个天纵之才的画僧，其画率任己意，超逸清空，有着“般若趣味”与“菩提语境”，“达到了一种在近代中国绘画里罕见的空灵的美”；

他是个至情至狂、至疏至真的君子，“奢豪好客，肝胆照人”，其交识的友人从陈独秀、柳亚子、章太炎到蒋介石、汪精卫、刘师培，遍及各界，一个一个排起来可成一幅民国以来文人名士的缩影图；

他，就是民国时期“不可无一、不可有二”的异数——苏曼殊，与弘一法师并称“南社二僧”。

清光绪十年八月初十日（1884年9月28日），一个午时，远在日本的横滨，一个平凡的生命呱呱坠地，他就是后来被世人称作诗僧、画僧、情僧、革命僧的传奇人物苏曼殊。

苏家是广东望族。苏曼殊的祖父苏瑞文，以操持洋务而发家。父亲苏杰生继承殷实家业，十八岁即赴日经商，初营苏杭布匹丝绸，后转营茶叶，因经营有方，家境殷富；又因其“秉性慈善”，慷慨好施，口碑甚佳，闻名侨商，被大家视为“苏善人”。苏杰生有三房妻妾，正妻黄氏，大陈氏、小陈氏分别为妾，均无子。为继承宗祧，接续香火，苏杰生又娶日籍女子河合仙为妾，但又与其妾妹若子私通，生下乳名为三郎的苏曼殊。

苏曼殊是个私生子，混血儿，没有名分，一经落地，冥冥中就已注定了他一生命途多舛、孤苦飘零的厄运。为了免去家庭矛盾，苏杰生谎称曼殊是河合仙所生，而其生母若子未及三月就给孩子断奶，含泪回到樱山娘家，据说后来嫁给了一位海军军官（一说三个月后病逝）。

苏曼殊出生时先天不足，又早断母乳，体弱多病，“几死者屡”，之所以没有夭殇，幸赖河合仙的悉心抚养和外祖父、外祖母的百般怜爱。

六岁那年，父亲将其带回广东香山县沥溪村白鹤港老家，将其日本名字“宗之助”改为“亚戳”，与其嫡母黄氏、庶母大陈氏共同生活。在那样一个妻妾成群、一父数母与各爱其子的家庭里，除了祖父母对他加以呵护外，其余家庭成员（嫡母、庶母甚至父亲）都与他有隔膜，对他冷若冰霜。尤其是大陈氏，蛮横凶悍，心肠毒辣，轻则呵斥，重则殴打，使他受尽百般歧视与折磨，幼小的心灵饱尝到人情的冷暖、世态的凉薄。

七岁时，曼殊从业师苏若泉，入“简氏大宗祠”内私塾读书，开始了人生最初的启蒙教育。

十二岁那年，曼殊身患疟疾，高烧不退，奄奄一息。大陈氏将其锁进柴房“以待毙”，幸得嫂嫂照顾，为其医治，并设戒口菜肴，使其逐步好转，死里逃生。

忆及梦魇般的童年生活，曼殊尝谓：“思维身世，有难言之恫。”洵非虚言。

曼殊四岁那年，一日一位过路的相士看到他目宇清奇、默然孤索的样子，遂抚顶叹息道：“是儿高抗，当逃禅，否则，非寿征也。”

相士天机乍泄，一语成谶，曼殊后来三次出家，又三次还俗，终未摆脱命运的劫数。

十二岁，曼殊大病初愈，幼小的心灵受到毁灭性的伤害。“人皆谓我无母，我岂真无母耶？”曼殊飘若一片孤叶，出走寻母，路遇新会慧龙寺住持赞初法师，随之一路化缘，至广州长寿寺（一名六榕寺）披剃，受沙弥戒。他虽遁入空门，但尘缘未了，心中尚有执念，有欲望。一日，他无意获一伤鸽，难耐饥饿，遂偷吃鸽肉，犯了清规，被逐出山门。

十五岁，曼殊到日本寻母，就读于大同学校。“常于暇时绘僧像，学念经以为乐，所着之衣，所剃之头，一举一动，酷似僧人，同学咸呼之曰苏和尚。”彼时，幼小的心灵里早已埋下了出世的种子。后来有人说，他对佛有着天然的倾向。

十六岁时，曼殊与日本少女菊子初恋，因遭家人反对而告吹，菊子蹈海殉情，曼殊抑郁回国，前往广州白云山蒲涧寺出家。为表诚意和决心，他以“自刎”要挟住持为其剃度，并“闭关”三月，潜心修行。这是他第二次出家。

庙宇里的古佛青灯，怎及红尘里的烟火人间；粗茶淡饭，又如何抵得过佳肴美味？闭关三个月后的曼殊，开始有些耐不住寂寞，一米阳光、一片落叶、一缕清风、一朵白云撩拨得他凡心涌动，遂写下“山斋饭罢浑无事，满钵擎来尽落花”的诗句。他终于忍不住当和尚的寡淡，在一个月黑风高的晚上，逃离蒲涧寺。

曼殊身在佛门，心系红尘，曾投身革命。

1903年，因章太炎、邹容二人被清政府“永远监禁”，曼殊遂辗转香港，在陈少白创办的中国日报社供职。陈少白的冷淡使其万念俱灰，他开始厌恶政治，遂萌发远离政治“五浊恶世”的意念。

清光绪三十年十一月十七日（1904年1月4日），在忧愤彷徨下，曼殊从香港返广东番禺出家，在海云寺受俱足三坛大戒，皈依了由唐代筠州洞山良价及弟子曹山本寂所开创的、主张“我心即佛”的“曹洞宗”。这是他第三次出家。然而，他终究耐不住青灯古佛、忍饥挨饿之苦，窃取已故师兄博经的度牒，一路跌撞，回到中国日报社复职。

从此，他过起了半僧半俗的生活，在出世与入世、情与禅、欲与戒之两端踏刃而舞，既做不了真正的和尚，又做不了完整的凡人。

曼殊为人，“襟怀洒落，不为物役”，郁达夫赞其为“才子，奇人，有浪漫气质”，章太炎则称之为“亘古未见的希世之才”！王德钟在其《燕子龛遗诗序》中甚至说：“旷观海内，清艳明隽之才，若曼殊者，殊未有匹焉。”佛学大师马一浮曾对其作十六字评语：“固有超悟，观所造述，智慧天发，非假人力。”

据传，曼殊作画时总是身着禅绸，有娉婷女郎侍立在旁，研墨牵纸。若画三月桃花，则蘸取女郎唇上胭脂。其画绮艳逼人，令人心摇神驰。

一次，他在东京马路上看到一艺妓正在搭电车，他跑步去追，可是追过去时电车已走，因为跑得太快，摔跌了两颗门牙，朋友讥笑他为“无齿之徒”。

还有一次，曼殊在天蟾舞台看戏，隔座为一艳装盛服的少妇。少妇吸水烟时，吹灰屑落于曼殊衣袍上，他竟坦然处之，任其延烧。人问其故，则以“不拂美人之意”应答，旁观者无不称奇。

曼殊“工愁善病”，常常“镇日闭门不出，无垢无净”“背人兀坐，歌哭无常”，间或以绘画自遣，画好后却付之一炬。

曼殊还有一嗜好，即喜欢搜集女子照片，绘制女性发髻。不论是学生女友、伶人舞女、歌星艺妓，只要搜集到手，便奉为瑰宝，悉心珍藏，将不少时光消磨于珠光钗影之中。

曼殊寄居上海“国学保存会藏书楼”期间，突发奇想，欲以僧人身份戏弄洋人，宣泄心中的郁闷。一天，曼殊来到龙华街头，趺坐地上佯装捉虱，并向走过的洋人做了一个诡异的动作，意思是让虱子飞入洋人雪白的衣领里。

洋人用英语大骂，曼殊亦操一口流利的英语，反唇相讥。最后双方脱衣检查，看谁身上有虱子。当几个洋人把曼殊的僧衣脱掉后，竟发现里面是雪白的西式衬衣，而且洒过上好的香水，香气扑鼻。再仔细搜检衬衫，竟一无所获。曼殊要洋人脱衣，接受检查。洋人不肯，垂头丧气，落荒而逃。

为摆脱现世的烦恼，曼殊“以痛止痛”，采取了自戕自渎而又令人痛心的方式，恣意放纵着自己的欲望，豪饮暴食，寻求感官的刺激，歆享眼前的快乐。

一日，曼殊前去拜访“南社”友人易白沙。白沙用中餐款待，曼殊大快朵颐，尽食炒面一碗、虾脍两盘、春卷十枚、糖果之类无数。宴罢告别，白沙约道：“明日还能再过来坐坐吗？”

曼殊摇头：“不行，吃多了！明日须病，后日亦病。三日后当再来打扰。”

他的挚友柳亚子曾回忆道：“君工愁善病，顾健饮啖，日食摩尔登糖三袋，谓是茶花女酷食之物。余尝以芋头饼二十枚饷之，一夕都尽，明日腹痛弗能起。”

曼殊一旦有润笔收入，总爱买三四袋摩尔登糖饱食。有一次，他很想吃糖，不料囊中无钱，竟然用锤子将口中所镶金牙敲下，一任血肉模糊，拿去换糖吃，因此得了个“糖僧”“甘党”的称号。

鲁迅先生这样描述他称之为“古怪”的朋友苏曼殊：“黄金白银，随手化尽，有了钱就喝酒用光，没有钱就到寺里老老实实过活。这期间有了钱，又跑出去把钱花光。”

在鲁迅先生看来，这位身披袈裟的僧人，更像个浪荡公子。每每手头宽裕，他便呼朋引伴吃饭。一旦“客少，不欢也”，便托人辗转相邀，“宴毕即散，不通姓名，亦不言谢”。

1915年秋，曼殊旅居西湖“秋社”，文朋诗友的接济使他暂时摆脱了靠典当度日、“穷至无裤”的窘迫生活，手头日渐宽裕，又开始大手大脚地花钱。一日，他前往放鹤亭一农妇家，取一件自己定做的僧衣，信手丢下十元钱。那妇人忙着找钱，等钱找齐了，抬头一看，他已飘然而去，无影无踪了。

在沪上海宁医院养病期间，一天曼殊从沉睡中醒来，随手拿起一张报纸，当看到报上一则推销德国新制玩具的广告时，恰好有一朋友前来探病，遂请求这位朋友以置衣之资代他前去购买。玩具一到，他摩挲不已，爱不释手。彼时，又有一友人来访，见其情状，亦随口夸赞。谁知他却把这件心爱之物赠送友人。友人坚辞不得，只好勉强收下。

即使生病住院，他照样挥霍如旧，以至于把随身衣物典当一空，不得不“赤条条”地裹在被褥里，等待朋友来接济出院。

对曼殊的率性而为、至情至性，郁达夫可谓独具慧眼，看得真真切切。他认为：曼殊诗比画好、画比小说好，而浪漫的个人生活，则比他的诗画小说都要好。

曼殊一生，率真烂漫，纵意恣情，云水行脚，四海飘零，出家而不在家，受戒而不持戒，过着半僧半俗、亦情亦禅的生活，与弘一法师一样都是“做得十分像人的人”，本身就像一件艺术品，比他的作品更纯真、更浪漫，因而更为人称道。

“断铅零粉总随身，奇癖平生爱美人”，曼殊身为私生子，有一种蚀骨的悲凉，以及对于母爱强烈的渴望。于是，他如飞蛾扑火般地投入天下美好女子的温柔乡，甚至“乞求在与不幸的妓女们交往中，领略一点生活的温馨”，寻找到母亲的影子，慰藉他孤独的魂魄，弥补他创伤的心灵。

于是，他一生耽迷风月场，出入秦楼楚馆，倚红偎翠，狎妓贿酒，“每在沪上，与名士选色征歌无虚夕”，只要有妓女倾诉身世之苦，“即就囊中左右予之，虽千金不吝”。

据说，他花在青楼楚馆的开支多达1877元，而当时一个女仆的月工资只有一元钱，因而有着“风流和尚”“沉沦菩提”等称号。

清光绪二十四年（1898年），曼殊随表兄林紫垣去日本横滨求学，在养母居住的逗子樱山庄，与日本姑娘菊子一见钟情，后飞鸽传书，暗自相会。然而，他们的恋情却遭到了苏家的强烈反对。尤其是曼殊的本家叔叔，知道此事后，斥责曼殊败坏了苏家名声，并迁怒于菊子父母。菊子父母当众痛打了菊子，结果当天夜里菊子蹈海殉情。

此为情劫一。

曼殊赴东瀛寻母时，遇表姐静子，“袅娜无伦”“清超拔俗”。静子知书达理，通诗词音画，两人爱慕日深。然曼殊终以“余实为三戒俱足之僧，永不与女子共住”为理由，慧剑斩情丝，决然逃脱情网。

此为情劫二。

曼殊生死以之，万里投荒，在“狮子国”锡兰（今斯里兰卡）菩提寺遇华裔女子佩珊。她视曼殊为“活佛降世”，恳求曼殊将她救出苦海，并决意以身相许。异域相逢，身世飘零，曼殊亦陡生“同是天涯沦落人，相逢何必曾相识”之感，油然生怜香惜玉的悲悯情怀。怀着此种情感，焉能去参拜佛祖？曼殊幡然醒悟，决意回国，临行前为佩珊绘山水画一幅，作跋“余以絷身情网，殊怀蹉跎。今将西入印度，佩珊，与余最亲爱者也，属余作图……因画此留别。呜呼，异日同赴灵山会耳！”云云，以志情愫。

此为情劫三。

清光绪三十一年（1905年），曼殊从上海来到杭州，挂单于西湖灵隐寺。白天在西湖畔作画，夜晚在“杨柳岸”眠花宿柳，遇花雪南，两情相悦，两人红帐对坐，秉烛夜谈，却从未有过肌肤之亲，曼殊给花雪南写诗以表其志：

忏尽情禅空色相，琵琶湖畔枕经眠。

不向情田种爱恨，画楼宁负美人恩。

半月后，曼殊在杭州参加一位朋友的生日宴，巧遇好友赵伯先。令他吃惊的是，他看到在赵身边一派大家闺秀的花雪南。经询问才知花雪南乃赵伯先堂妹，本名赵春笺，是杭州富商的千金。她平日听表哥赵伯先说苏曼殊，倾慕其才情，遂乔装打扮，混入“杨柳岸”，做烟花女子，试图接近曼殊。但曼殊守身如玉，不破佛门戒规，极力拒之。花雪南万念俱灰，在灵隐寺剃度出家，法名慧静。

此为情劫四。

是年秋，曼殊遭遇情殇后，应好友刘三邀请，出任南京陆军小学英文及图画教师。在此期间，遇“秦淮校书”金凤，两人一见钟情。金凤请求曼殊娶她，曼殊以“托钵飘零，四海为家”为由拒之。后金凤从良，被一富商赎出。曼殊在“尽日伤心不见人”的凄怆下，为金凤绘制一幅水墨山水，并题跋云：“乙已，与季平行脚秣陵，金凤出素绢索画，未成，而金凤他适。及后渡湘水，作此寄之。宁使殷洪乔投向石头城下耳。”

此为情劫五。

清宣统元年（1909年），曼殊再次东渡日本，探母，养病。在艺妓馆，遇调筝人百助枫子。一个筝曲幽怨，一个满腹愁肠，两人引为知音，互生爱慕。曼殊曾为百助画像一幅，画中美人低头拨弦，眉间有水莲花的娇羞与轻愁。两人情爱的点滴，则记入曼殊的《本事诗》（十首）。

无量春愁无量恨，一时都向指间鸣。

——《本事诗》其一

赠尔多情诗一卷，他年重检石榴裙。

——《本事诗》其七

痴男怨女，直爱得看朱成碧。情到浓时，百助有意以身相许，与曼殊永结同心。但在两人相处的那一夜，曼殊一边承认自己情欲煎熬，一边还是提出分手。

还君一钵无情泪，恨不相逢未剃时。

——《本事诗》其五

袈裟点点疑樱瓣，半是胭脂半泪痕。

——《本事诗》其八

我本负人今已矣，任他人作乐中筝。

——《本事诗》其十

“雨笠烟蓑归去也，与人无爱亦无嗔。”樱花飘落的季节，曼殊与百助含泪泣别，从此相隔天涯。

此为情劫六。

曼殊恩师庄湘有女名雪鸿，博学慧美，能与其谈雪莱、拜伦。庄湘愿把女儿许配于他，但曼殊垂泪哭诉：“吾证法身久，辱命奈何？”两人有缘无分。

此为情劫七。

1918年，曼殊病逝。

其灵柩厝上海广肇山庄。六年之后，1924年，孙中山先生才出资，依其生前“何处停侬油壁车，西陵终古即天涯”之意愿，由友人陈去病将其遗骨移葬于杭州西湖之阳、孤山之阴，冢旁躺着他的好友、“鉴湖女侠”秋瑾和那个梅妻鹤子、终身未娶的隐士林逋，与之遥遥相望的，则是南齐钱塘名妓苏小小的义冢。

残阳影里吊诗魂，塔表摩挲有阙文。谁遣名僧伴名妓，西泠桥畔两苏坟。

不知是偶然的巧合，还是上苍刻意的安排？

一个是风流倜傥的名僧，一个是才貌俱佳的名妓，二人同姓苏，一生爱好西湖山水，同样有着卓尔不凡的才情和遗世独立的傲骨。

曼殊一生喜欢与女性交往，并与多个女子产生恋情。然而，他对女性的倾慕，貌似放浪，实则坚贞。虽出入青楼，阅人无数，却一直守身如玉。“每在沪上，与名士选色征歌无虚夕。座中偶有妓道身世之苦，即就囊中所有予之，虽千金不吝，亦不计旁观疑其挥霍也。或匝月兀坐斗室，不发一言。饥则饮清水食蒸栗而已”。镜花过眼，不着点尘；彩虹影波，美收目中，“百花丛里过，片叶不沾身”，不破佛门戒规，始终保持着一个清白的童身、一个佛徒的忠贞。

出家之后，曾经有位来自草堂寺的游方僧，见曼殊仍旧神色忧虑，便问他：“披剃以来，奚为多忧生之叹耶？”

曼殊答道：“今虽出家，以情求道，是以忧耳。”

一生不肯俯就的苏曼殊，终究抵不过命运的安排。

1918年5月2日，当新文化运动来临前夜，他留下“一切有情，都无挂碍”八个字后，病逝于上海，享年三十五岁。

南社诗友写下挽联：“曼殊本是多情种，一领袈裟锁火焰！”

除却几只粗陋的箱子和一些胭脂香囊，这位著名的画家、诗人竟然一无所有。

据说，圆寂前夕，曼殊见一友人欲捻死一只虱子，遂制止道：“不要毙，只掷之窗外即可。你这样捻它，它将十分痛苦地死去。请发菩提善心。”

长年佛光花雨的沐浴，滋养了曼殊一颗善良的心。这使我想起《大唐情史》里的一幕，那个辩机和尚，临刑前不忘救下一只铡刀口的蚂蚁。

汪曾祺

人生得意须尽欢

若无翰墨棋酒，不必定作人身。

——清·张潮

酒是人间尤物，天有酒星，地有酒泉，人有酒仙。尤其文人与酒，更是脱不了干系。仲尼饮酒不乱，阮籍酒中隐遁，刘伶掘地以埋，陶渊明葛巾漉酒，李太白斗酒百篇，贺知章金龟换酒，苏舜钦《汉书》下酒……古往今来多少事，皆传为千古美谈。

文人汪曾祺，亦不例外。

汪曾祺一生喜欢写字、画画，喜爱草木、美食，喜欢唱戏、喝酒，淡泊自守，不为物役，集小说名家、散文宗师、戏剧高手于一身，是一位充满士大夫情调的慧业文人。

生活当中的汪曾祺，若有因嗜成瘾的东西，那便是酒了。

他的孩子们回忆：“妈妈高兴的时候，管爸叫‘酒仙’，不高兴的时候，又变成了‘酒鬼’。做酒仙时，散淡超脱，诗也溢彩，文也隽永，书也飘逸，画也飞扬；当酒鬼时，口吐狂言，歪倒醉卧，毫无风度。仙也好，鬼也好，他这一辈子，说是在酒缸里‘泡’过来的，真是不算夸张。”

他的朋友林斤澜亦言：“可不可以设想，汪曾祺青年早熟，接着半生坎坷，若没有这一口酒，会不会有晚成的文章如水如月呢？弄不好付之水花镜月了呢？”

汪曾祺的酒量怎样？酒德如何？作家邓友梅在文章中有过详尽的描述。

他写道：“曾祺嗜酒，但不酗酒。四十余年共饮，没见他喝醉过。斤澜有过走路撞在树上的勇敢，我有躺在地上不肯起来的谦虚，曾祺顶多舌头硬点，从没有失过态。他喜欢边饮边聊，但反对闹酒。如果有人强行敬酒、闹酒，他宁可不喝。我跟他一块参加宴会，总要悄声嘱咐东道主，只把一瓶好酒放在他面前就行，不要敬也不必劝，更不必替他斟酒。大家假装看不见他，他喝得最舒服，最尽兴。”

由此可知，汪曾祺的酒量很大，从未喝醉过。即使喝高了，顶多舌头硬点，从没有失过态。他反对闹酒、劝酒，喜欢自饮自酌，尽情尽性。

酒者，就也，酒就人性情，人的性情亦在酒里被浇铸，汪曾祺可谓懂得喝酒的人。

汪曾祺以酒为伴，嗜酒如命。

一次，他和女儿谈到生态平衡问题，戏言：“如果让我戒了酒，就是破坏了我的生态平衡。那样活得再长，有什么意思！”

然而，经年累月，长饮不辍，毕竟弊大于利。到了晚年，汪曾祺的酒精性肝炎发展成肝硬化。在医生的警告下，他改饮葡萄酒。在家里，因有人管着，他不能喝，出外参加活动就难免有些“小动作”。

关于此事，作家朱伟在文章里写道：“汪先生这一生不跟自己、也不跟别人计较，因此活得不累。他肝不好，但天天馋酒，老伴看得严，但他还是偷喝，被发现了就像孩子般天真地笑，笑得那样年轻。他最后离去其实也还是因为酒……因好酒而离去，也不能算遗憾，想干什么就干什么，活一天就高兴一天。他最后离去时，据说并没有经历痛苦。”

1997年4月底，汪曾祺应邀去四川参加一个笔会。回京后没几天，5月11日，他突然消化道大出血，被送进医院。他向家人承认，在四川喝了白酒，而且超了量。

早在半年前，他的肝硬化导致了食道静脉曲张，医生说一旦破裂会很危险。医生的话不幸言中，5月16日，消化道再次大出血，汪曾祺与世长辞。

清人张潮有句名言："若无翰墨棋酒，不必定作人身。"

如果世上没有翰墨辞章可以寄情，没有敲棋手谈可以娱性，没有美酒流连可以解忧，就不必投胎为人，就不值得到世间走一遭。汪曾祺可以说做到了这一点。他生于酒，死于酒，此生也算无憾了。

诚如他的好友邓友梅悲痛地说："从感情上说，我倒觉得他临离开这个世界前，兴致极好地喝两杯未必是坏事。若在告别人生之前，连回味一下酒趣也没办到，反倒大小是个遗憾。"

马一浮

飘飘何所似，天地一沙鸥

马一浮（1883—1967），乳名锡铭，幼名福田，后更名马浮，字一浮，号湛翁，晚号蠲叟，或蠲戏老人，浙江绍兴人。

他是现代新儒家的早期代表人物之一，儒学、佛学、文学、哲学、书法无所不精，会通百家，兼容并包，出入佛道，归于六经，与梁漱溟、熊十力合称“现代三圣”。

周恩来称他为“现代中国的理学家”，梁漱溟则以“千年国粹，一代儒宗”赞颂之，美国学者尊其为“中国当代孔子”。

说起国学大师，马一浮是饶不开的一座高峰。他是唯一一个自诩为“大师”的人。作为现代学术界中国学的集大成者，其学问如浩浩海洋，广博无垠，深邃莫测；其为人如巍巍山峰，沉稳厚重，笃实安详；其性格如青青翠竹，正直不阿，高风亮节。他一生立志为学，绝意仕进，远谢时缘，身居陋巷，闭门读书，不慕权贵，风骨傲岸，志大愿深，操守卓越，彰显出“千年国粹，一代儒宗”的大家风范。

马一浮在青年时期就开始蓄须，至老鬓眉交白，霜髯逾尺，美髯飘飘，似乎成了他精神风貌的标志。他的蓄须，众说纷纭：有说是为了纪念早逝的妻子，以示不再续弦；有说是为了弥补其面部缺陷。其实，它只是马一浮脆弱的自尊和在异国屈辱的一个记忆。

那是在清朝末年，清政府曾将一批珍贵文物运到英国展览。代表团成员中，有不少博闻广见的专家、学者，但大多数是明于知古，暗于通今，不能与英人直接交谈。尤不谙英语，凭翻译诸多不便，亦不足以彰显我国文化的真精神和真面貌，颇感遗憾。

当清政府听到杭州有位名流马一浮，学识渊博，知古通今，而且精通法、德、日、英、拉丁等七国语言时，认为与英人打交道，他是最合适的人选，遂特聘他为代表团顾问。刚从国外回来的马一浮，方当盛年。他随代表团出国时，西装革履，风度翩翩，但终因是东方人，且个子矮小，不为彼方耆宿所重视，常被“洋鬼子”呼作boy（男童）。马一浮引为奇耻大辱，愤而蓄须，直至终老。

在万国博览会上，“洋鬼子”万万没有料想到，就是这位被他们呼作boy（男童）的马一浮，后来居然成为闻名中外的著名学者。

抗日战争后期，马一浮在复性书院讲学时，英国以李顿爵士为首组成八位著名教授联袂访华。他们一行慕名到四川乐山复性书院，拜访马一浮，由当时的四川教育厅厅长郭有守陪同并任翻译。

双方会面时，英国的八位教授频频提问，内容偏重于中国学术之特点、中西学术之异同等重大问题。担任翻译的郭有守，虽善英语，但对中西哲学知识欠缺，因此在翻译时往往词不达意。

马一浮听后很不满意，遂摈弃翻译，直接用英语与来宾对谈。玄言娓娓，妙义层出，旨深语圆，叩之不竭。间以拉丁语阐释西方古典哲学，使几位教授惊愕不已，无不叹服。

几位教授归国后，纷纷撰文，记述此次会谈之收获，众口一词，盛赞马一浮学问深湛，不愧为中国一代儒宗。

1912年辛亥革命成功后，1月1日孙中山就任临时大总统，任命蔡元培为教育总长。作为马一浮的同乡好友，蔡元培写信给马一浮，希望他来教育部任秘书长，襄助部务。

从美国、日本留学归国的马一浮，正以复兴儒学为己任，便欣然答应。及至抵达南京，与蔡元培促膝谈心后，才知蔡元培的主张是反对尊孔，废除六经，并已公布了废除中小学读经科。

道不同不相为谋，就职不到三个星期，马一浮就辞了这份差事，理由是："我不会做官，只会读书，不如回西湖。"

对于马一浮辞官，他的学生乌以风认为，官场的黑暗和腐朽，要马一浮这样正统的人周旋其间，勉为其难，于是只能"立志为学，绝意仕进，远谢时缘，闭门读书"。

1917年，蔡元培出任北大校长，再次邀请马一浮到北大任文科学长，马一浮不假思索，即以"古闻来学，未闻往教"八字回绝。显然，这是他对蔡元培所奉行的"反孔废经"的回答。

1929年，中国现代心理学先驱陈大齐代理北大校长，再次聘请马一浮去北大讲学，马一浮仍然拒绝。他解释说，不是不想出斋讲学，只是学校既已罢黜儒学，学生只求多闻博识，只要经世致用，自己不可能满足他们的要求。

1936年，中国气象科学的宗师竺可桢出任浙江大学校长，三次登门，恭请马一浮到浙大讲学，其间又写了一封诚恳的信函，但马一浮依然坚辞不往。在三顾茅庐没有结果之后，竺可桢仍说："浙大的大门永远向马先生敞开！"

杜甫有诗云，飘飘何所似，天地一沙鸥。

正如马一浮先生的一生，淡泊名利，匿居陋巷，不求闻达，远谢时缘，立志为学，践行尽性，将毕生精力倾注于我国传统思想文化当中。他虽留过洋，却没有西化，成为20世纪中国一个纯粹的儒学卫道士；他没有开宗立派，公开声明只讲固守传统，却留下了另一种影响；他刚直不阿，风骨傲岸，甚至略显迂阔，这和他的学问一样有名。

后记

修得浮世欢喜心

天有不测风云，人有旦夕祸福。

2018年清明节，我回甘肃老家扫墓。

天南海北回来了一帮同学，邀我聚会。

当晚，乐极生悲，不幸发生意外——我的左腿胫骨平台骨折。翌日，返回西安做了手术。

以前来去自如的我，只能病卧在床，徒呼奈何了。

无意看到一本书，书中有一篇文章《生病是祸更是福》，是一位僧人写的。作者说“人生病的时候能够闲下来休息，倒也不是一件坏事，此时保持内心安稳堪为最佳良方”“事情都有两面性，生病也是如此。若能认识到生病的益处，我们便容易拥有一份良好的心境，尝试做到身苦心不苦”。僧人这一番话，如当头棒喝，令我幡然醒悟，烦躁的心得到了些许平复。

愚者转境不转心，智者转心不转境。

面对突如其来的灾难，我知道怨天尤人、悲观厌世是于事无补的，只能徒增一些烦恼罢了。

苏东坡曾说：“因病得闲殊不恶，安心是药更无方。”

贾平凹亦在《说生病》一文里写道：“生了病如立了功，多么富有，该干的事都不干了，不该享受的都享受了，且四肢清闲，指甲疯长，放下一切，心境恬淡，陶渊明追求的也不过这般悠然。”

读到这些文字，当下释然。我开始调整心态，乐观面对，坦然领受。

好在是爱书人，有书籍可以做伴，有文字可以疗伤，伴我度过了春夏与秋冬。遂少了份寂寞，多了份清欢。

我埋首书斋，像一条鱼，遨游在书籍的海洋里，怡然自乐。

有一天，读到了引万千网友热议的畅销书《一生欠安》，惊叹于作者李梦霁的独特视角与出众才情，遂产生了想写一本人物传记的念头。

如果说，《一生欠安》着眼于乱世中的女子，写出了她们一生情感历程中的悲戚、不幸，乃至不平，那么，《修得浮世欢喜心》则立足于远去的文人墨客，写出了他们在红尘里的浮沉、仕途的起落与人生的翻转，是一场肉身的觉醒与灵魂的飞扬。

念念不忘，必有回响。

谁能想到，当初令我惊羡的才女李梦霁，如今竟做了我这本书的策划编辑，因缘当真不可思议！

删繁就简三秋树，领异标新二月花。

二十万字的书稿，经她之手，刀砍斧削，去粗取精，删减一半有余，使得本书主题分明，内容纯正，耐人寻味。而“修得浮世欢喜心”这一书名，禅意与厚重并存，既有月白风清的雅致，也有一霎顿悟之惊喜。

这一切，得益于梦霁专业的眼光、超强的能力与敬业的精神。

真正的平静，不是避开车马喧嚣，而是在心中修篱种菊。

《修得浮世欢喜心》是我在养病期间的一大收获，是安妥我灵魂的一本书，希望广大读者能够喜欢，希望能够在薄情的世界里带给你们一份清凉，一份欢喜，一份自在，从而自由而深情地活着。

一饮一啄，莫非前定。

兰因絮果，必有来因。

承蒙策划编辑李梦霁慧眼独具，贾平凹、肖云儒、邢小利、吴言生众名家联袂推荐。这人生难得的文缘，令我永远心怀感念与感激！

新年的钟声已敲响，冬天过去了，我心之冰河也已然解冻，窗外绽放的梅送来了春的消息。

把笔之顷，我的心中和风一片，六脉春融。

2019年仲春

于西安印心庵

图书在版编目(CIP)数据

修得浮世欢喜心 / 印心著. —北京：人民交通出版社股份有限公司，2019.10

ISBN 978-7-114-15672-4

Ⅰ.①修… Ⅱ. ①印… Ⅲ. ①名人—列传—中国 Ⅳ. ①K82

中国版本图书馆CIP数据核字（2019）第136766号

Ukiyoe

书　　名：修得浮世欢喜心

著 作 者：印　心

监　　制：邵　江

策　　划：李梦霁

责任编辑：李梦霁

特约编辑：刘楚馨　陈力维

营　　销：吴　迪　杨　帆

责任校对：孙国靖　扈　婕

责任印制：张　凯

出　　版：人民交通出版社股份有限公司

地　　址：（100011）北京市朝阳区安定门外外馆斜街3号

网　　址：http://www.ccpress.com.cn

销售电话：（010）59636983

总 经 销：北京有容书邦文化传媒有限公司

经　　销：各地新华书店

印　　刷：北京盛通印刷股份有限公司

开　　本：880 × 1230　1/32

印　　张：8.375

字　　数：136千

版　　次：2019年10月　第1版

印　　次：2019年10月　第1次印刷

书　　号：ISBN 978-7-114-15672-4

定　　价：46.80元